Peter H. F. Jakobs

Türkei

Peter H. F. Jakobs

Türkei

Antike, Christentum, Islam

Verlag Josef Knecht · Frankfurt am Main

© 2000 Verlag Josef Knecht, Frankfurt am Main
Alle Rechte vorbehalten – Printed in Germany

Umschlaggestaltung: Kiesewetter & Partner, Freiburg i. Br
Umschlagmotiv: Ephesos, Johannesbasilika
© Super Stock GmbH München
Satzbearbeitung: Fotosetzerei G. Scheydecker, Freiburg i. Br.
Herstellung: Freiburger Graphische Betriebe 2000

Gedruckt auf umweltfreundlichem,
chlor- und säurefrei gebleichtem Papier

ISBN 3-7820-0832-4

*Den türkischen Erdbebenopfern
von 1999 gewidmet*

Inhalt

Vorwort 9

1. Landschaft und Geschichte 11
   Kleinasien – Istanbul: die Metropole am Goldenen Horn – Byzanz und der Bilderstreit

2. Mit Paulus unterwegs 25
   Paulus – Tarsos – Kilikische Pforte – Derbe – Binbirkilise – Konya – Alahan Manastırı – Silifke – Side – Aspendos – Perge

3. Das Tal der Kirchen 49
   Kayseri – Göreme – Niğde

4. In der Heimat des heiligen Nikolaus 74
   Telmessos – Xanthos – Patara – Myra – Limyra

5. Stadtplanung – Philosophie – Orakel 92
   Kuşadası – Priene – Milet – Didyma – Herakleia – Latmos

6. Eine Weltstadt der Antike – Ephesos 115
   Kultur- und Handelsstadt – Das Artemision – Der Artemiskult – Johannesbasilika – Konzil – Siebenschläfer

7. Städte der Verheißung 138
   Smyrna (Izmir) – Pergamon (Bergama) – Thyatira (Akhisar) – Bin Tepe – Sardes (Sart) – Philadelphia (Alaşehir) – Laodikeia (Eşki Hisar) – Hierapolis (Pamukkale) – Akhan – Aphrodisias

8. Zwischen Konzil und Halbmond 174
Nikaia (Iznik) – Prusa (Bursa) – Nikomedeia (Izmit) – Chalkedon (Kadiköy)

9 Zwischen Pontosgebirge und Schwarzem Meer 193
Trabzon – Sumela – Erzurum

10. Das Land im Schatten des Ararat 214
Armenien – Işhan – Dörtkilise – Bana – Kars – Ani – Ishakpaşa Sarayı – Van – Akdamar

Zeittafel 241

Glossar 246

Bibliographie 251

Bildnachweis 253

Karten 254

Vorwort

Heutige Reisende, zumal Kulturreisende, sind anspruchsvoll. Sie wollen von einem Land mehr erfahren, als nur einen Blick auf die Landschaft werfen und ein paar Ruinen betrachten, die zufällig am Weg liegen. So jedenfalls erging es mir, als ich vor fast 30 Jahren zum ersten Mal Istanbul aufsuchte und durch die Türkei reiste, voller Staunen über den kulturellen Reichtum des Landes.

Wie aber dem Anspruch gerecht werden? Schon die Landschaft Kleinasiens ist voller Kontraste. Hohe Gebirgszüge wie der Taurus im Süden, das Pontische Gebirge an der Küste des Schwarzen Meeres und die bizarre Bergwelt um den Ararat im Osten sind für das Landschaftsbild Kleinasiens ebenso bestimmend wie die blühenden Küstenlandschaften im Westen und Südwesten. Entsprechend gegensätzlich ist das Klima. Und die heutige Türkei ist zwar ein zentralistisch geführter Nationalstaat, wie er für das Europa des 19. und auch noch für die erste Hälfte des 20. Jahrhunderts typisch war, und ist dies nach der Vertreibung der Griechen von der Westküste und der Ausrottungspolitik gegenüber den Armeniern im Osten erst recht. Aber seine Bevölkerung ist bei weitem nicht so homogen, wie sie auf den ersten Blick erscheint. Neben den regional durchaus unterschiedlich geprägten türkischen Volksgruppen leben in der Türkei nach wie vor kleinere ethnische Minderheiten, wie die nomadisierenden Kurden in Ostanatolien, die armenische Volksgruppe zwischen Erzurum und dem Van-See sowie kleinere arabische und syrisch-christliche Gruppen nahe der syrischen Grenze.

Erst recht komplex ist Kleinasien als Geschichts- und Kulturlandschaft. An ihr haben mit wechselndem Glück viele Völkerschaften, Religionen und Zivilisationen mitgebaut. Hier trafen wie sonst in keinem Land des Mittelmeeres und des Nahen Ostens die unterschiedlichsten Kulturen aufeinander. Immer wieder kam es zu Ablösungen und neuen Symbiosen.

Da heißt es auswählen. Das frühe Christentum und Byzanz bieten sich dafür als einer der Schwerpunkte an. Schließlich darf nicht vergessen werden, dass Kleinasien eines der frühesten Ausbreitungsgebiete des Christentums war und dass unter der Herrschaft von Byzanz Kleinasien kulturell wie religiös mit allen – auch fragwürdigen – politischen Beimischungen über ein ganzes Jahrtausend vom Christentum geprägt war.

Aber die christliche Periode darf nicht isoliert betrachtet, sondern muss im Zusammenhang mit den antiken Kulturleistungen wie mit den Denkmalen aus islamischer Zeit gesehen werden. Dabei wird man feststellen, dass die Antike von der Baugeschichte bis zum politischen Herrschaftssystem nicht nur Byzanz beeinflusst hat, sondern bis in die Gegenwart auch im Islam stark nachwirkt.

Reisebegleiter sollen ein Land übersichtlich machen. Die vorgeschlagenen Routen dienen der Reiseplanung und zwanglosen Orientierung. Sie sind als Auswahl gedacht für diejenigen, die sich für einen Türkeiaufenthalt nur wenig Zeit nehmen können. Wer länger reist, wird Routen auch nach eigenen Gesichtspunkten kombinieren können. Und natürlich kann angesichts der Vielgestaltigkeit von Landschaft und Geschichte kein Reisebegleiter noch praktikablen Umfangs Vollständigkeit anstreben. Deshalb wird Konstantinopel z.B. nur im Eingangskapitel in einigen knappen Strichen mit den wichtigsten Denkmalen vorgestellt. Bei allem Zwang zur Auswahl hofft der Autor, dem Leser und Benutzer aber doch zweierlei zu ermöglichen: ein besseres Verständnis der Geschichte des Landes im Nacheinander und Ineinander der Zivilisationen und die Vertiefung und Konkretisierung der großen Entwicklungslinien am Beispiel von für die jeweilige Zeit und Stilrichtung typischen Kulturdenkmalen.

Neustadt im Schwarzwald, am 1. Juli 2000

Peter H. F. Jakobs

1. Landschaft und Geschichte

Im Herbst 1998 feierte die **moderne Türkei** den 75. Jahrestag ihrer Gründung. Am 29. Oktober 1923 wurde die Republik Türkei ausgerufen, nachdem wenige Tage vorher Ankara zur Hauptstadt und zum zentralen Verwaltungssitz des neuen Staates erklärt worden war. Vorausgegangen war eine lange Periode des politischen und wirtschaftlichen Niedergangs des einst mächtigen Osmanischen Reiches. In weiten Landesteilen herrschten Unruhen; die Macht des Sultans war durch die Präsenz der westlichen Siegermächte nach dem Ersten Weltkrieg eingeschränkt. Um Ruhe und Ordnung wieder herzustellen, ernannte der Sultan Mustafa Kemal Paşa (genannt Atatürk) zum leitenden Heeresinspekteur. Statt aber den Forderungen der Hohen Pforte zu entsprechen, stellte sich dieser, als er 1919 bei Samsun anatolischen Boden betrat, auf die Seite des Widerstands, der sich sowohl gegen die Besatzungstruppen der Siegermächte wie gegen die osmanische Herrschaft richtete.

Kemal Atatürk (1881–1938) – den Ehrennamen Atatürk, „Vater der Türken", führte er erst ab 1934 – war der Sohn eines Beamten in Thessaloniki. In dem für damalige Verhältnisse weltoffenen Klima der makedonischen Stadt, war der im Ersten Weltkrieg angesehenste türkische Heerführer schon früh mit Vertretern der jungtürkischen Bewegung in Berührung gekommen, mit deren Zielen und Beweggründen er allerdings nicht immer übereinstimmte. Sehr nachdrücklich hatte er sich 1914 gegen den Eintritt des Osmanischen Reiches in den Ersten Weltkrieg an der Seite des Deutschen Reiches ausgesprochen.

Atatürk gelang die politische Konsolidierung der nationalen Bewegung, er erreichte die Wiedervereinigung Anatoliens und verhinderte 1920 den Zusammenschluss der östlichen Provinzen Kleinasiens zu einem armenischen Nationalstaat, was nach

*Abb. 1 Der Beginn des Frühlings.
Auf dem Weg zum Tauros-Gebirge unweit von Nigde.*

den völkermordähnlichen Massakern unter den Armeniern praktisch zugleich das Ende der armenischen Minderheit in der Türkei bedeutete. In den beiden folgenden Jahren mussten auch die meisten Angehörigen griechischer Minderheiten Westanatoliens das Land verlassen. Die Siegermächte akzeptierten schlussendlich die volle Souveränität des neuen türkischen Staates. Es folgten die so genannten kemalistischen Reformen. Bereits 1922 wurde das Sultanat aufgehoben, im März 1924 folgte die Abschaffung des Kalifats; damit verschwand die alte islamische Ordnung, die seit der Islamisierung des Landes die Einheit der „Gemeinde der Gläubigen" verkörpert hatte. Die Türkei wurde in einen säkularen Staat nach westlichem Muster umgewandelt. Die Modernisierungspolitik Atatürks zielte allerdings nicht auf eine Abwendung vom Islam, wohl aber auf die strikte Trennung von Staat und Religion. Der Islam verlor seine Stellung als Staatsreligion, die Koranschulen wurden geschlossen, der Besitz islamischer Stiftungen wurde staatlicher Kontrolle unterstellt, die islamische Kleiderordnung verworfen, das Tragen des Fez verboten, das Zivil-, Straf- und Handelsrecht westlichen Mustern angepasst. Der Sonntag wurde offizieller wöchentlicher Feiertag. Die Frauen erhielten das volle, aktive und passive Wahlrecht. 1928 erfolgte die Einführung der lateinischen Schrift, Arabisch und Persisch wurden aus den Lehrplänen der Schulen gestrichen. Die Verwaltung wurde nach zentralstaatlichen Prinzipien reorganisiert, die Wirtschaft weitgehend staatlich gelenkt.

Mit den *Reformen Atatürks* wurden nicht nur die Grundlagen für ein modernes Staatswesen geschaffen; mit ihnen näherte sich die Türkei trotz aller Betonung eines strikt eigenen nationalen Weges auch stärker europäischen Vorstellungen an. Den Bemühungen, sich Europa weiter zu nähern mit der Aussicht, einmal Vollmitglied der Europäischen Union zu werden, stehen allerdings bis heute beträchtliche interne und externe Hindernisse entgegen, vor allem die fortwirkenden politischen Spannungen mit Griechenland und der nach wie vor nicht gelöste Zypernkonflikt. Trotzdem dürfte die Zukunft der Türkei an Europas Seite liegen.

Überaus kontrastreich ist die *Landschaft* und voller Wechselfälle ihre *Geschichte*. Im Westen der Küstenstreifen am Marmara-Meer mit den Provinzen Bithynien und Mysien; diesen benachbart der Küstenteil an der Ägäis mit der südlich anschließenden Mittelmeerregion; dieser benachbart die Landschaften von Lydien und Ionien und von Karien über Lykien bis nach Pamphylien. Im Norden bildet das Schwarze Meer die natürliche Grenze mit Paphlagonien und den Erhebungen des pontischen Gebirges bis zu den armenischen Gebieten im Osten. Das Kernland Kleinasiens bildet jedoch das Hochland Anatoliens mit den Landschaften Phrygien, Galatien und Kappadokien. Letztere reicht sowohl bis an den südlichen wie an die östlichen Landesteile der Anatolienregion, zu der auch die Landschaften Kilikiens und der Kommagene mit dem Taurusgebirge gehören. In dieser östlichen Region haben nicht nur der Euphrat und der Tigris ihre Quellen, in den Gebirgen Ostanatoliens unmittelbar an der Grenze zu Armenien und zum Irak erhebt sich mit 5100 Metern ü.d.M. auch der höchste Berg Kleinasiens, der Ararat (Büyük Ağri Daği).

Die archäologischen Zeugnisse Kleinasiens reichen zurück

bis in das 7. Jahrtausend v. Chr. Einer der bedeutendsten Siedlungsplätze aus dieser frühen Epoche konnte bei Çatal Hüyük, südlich von Konya, freigelegt werden. Zu den frühen Siedlern Anatoliens gehören die *Hethiter*, eine der drei großen indoeuropäischen Völkergruppen, die wahrscheinlich bereits um die Mitte des 3. Jahrtausends v. Chr., aus dem kaukasisch-armenischen Gebiet kommend, sich in Zentralanatolien niedergelassen haben. Ausdruck der Blüte des hethitischen Reiches ist die große Hauptstadt Hattusa aus der Zeit zwischen 1600 bis 1200 v. Chr. Ihre Reste wurden unter Leitung des Deutschen Archäologischen Instituts zu Beginn des 20. Jahrhunderts bei Bogazkale östlich von Ankara ausgegraben. Dem Ende des hethitischen Reiches folgten die Einwanderungswellen der Dorer, Äoler und Ionier, die ihre Kolonien hauptsächlich an der Ägäis und in den südlichen Regionen Kleinasiens gründeten. Die griechische Besiedelung war um 700 v. Chr. in etwa abgeschlossen. Zwischendurch aber waren die *Phrygier* – zu ihren Herrschern zählte der sagenhafte König Midas – in das Gebiet Inner- und Westanatoliens eingedrungen. Nach kurzer lydischer Herrschaft übernahmen die *Perser* die Oberhoheit über weite Teile Kleinasiens und gründeten Satrapien vor allem im westlichen Teil des Subkontinents. Aber weder der Perserkönig Kyros noch dessen Nachfolger Dareios und Xerxes im 5. Jahrhundert v. Chr. vermochten, trotz der damaligen persischen Vorherrschaft am östlichen Mittelmeerraum je Griechenland einzunehmen. Statt dessen gelang es *Alexander dem Großen* auf seinem Vormarsch durch Vorderasien die Perser 333 v. Chr. bei Issos und zwei Jahre später bei Gaugamela vernichtend zu schlagen und damit die griechischen Siedlungen Kleinasiens endgültig aus der Hand der Perser zu befreien.

Doch schon nach dem Tod Alexanders (323 v. Chr.) wird das politische Bild Kleinasiens wieder instabil. Das Reich Alexanders wird aufgeteilt in ein Westreich unter Lysimachos und in ein Ostreich unter Seleukos. Daneben entstehen noch einige kleinere Fürstentümer. Aus einem dieser Kleinreiche geht im 3. Jahrhundert v. Chr. das Pergamenische Reich unter Führung von Eumenes I. hervor. Im Unterschied zu den anderen Kleinstaaten der Region verstanden die pergamenischen Könige, sich das inzwischen erstarkte Rom als Bundesgenossen zu sichern. Als dann der letzte König von Pergamon, Attalos III. (133 v. Chr.), sein Reich direkt Rom unterstellte, wurde der westliche Teil Kleinasiens zur römischen Provinz Asia. Aber erst im ersten vorchristlichen Jahrhundert konnte Rom seine Herrschaft über ganz Kleinasien ausdehnen.

In den ersten Jahrhunderten der neuen Zeitrechnung erlebten die Städte und Landschaften Kleinasiens im Schutz der „Pax Romana" erneut einen beachtlichen wirtschaftlichen und kulturellen Aufschwung. Nachdem Oktavian, der spätere Kaiser Augustus, aus den Bürgerkriegen nach der Ermordnung Caius Iulius Caesars (44 v. Chr.) als Sieger hervorgegangen war und das Römische Reich neu ordnen konnte, herrschte in der Region über rund 200 Jahre praktisch Frieden. Während dieser neuen Blütezeit, vor allem um die Mitte des 1. Jahrhunderts n. Chr. bildeten sich in vielen Städten Kleinasiens judenchristliche und erste heidenchristliche Gemeinden. Die herausragende Gründergestalt war der *Apostel Paulus*, der durch seine Missionsreisen wie durch die theologische Grundlegung der christlichen Lehre am nachhaltigsten für die Verbreitung der neuen Glaubensbotschaft und die Einwurzelung des Christentums in der hellenistischen Welt von damals Sorge trug. Spuren seines Wirkens finden sich viele in Kleinasien.

Mit der Verlegung der Hauptstadt des Reiches nach *Byzanz*, im Jahre 324 legte Konstantin zugleich den Grund für das oströmische, später byzantinische Reich. Unter Byzanz wurde Kleinasien zur Symbiose aus griechischer Kultur, römischer Staatskunst, byzantinischem Kaiserkult und christlichem Glauben. Mit Kaiser Justinian (527–565) und dessen berühmtem Gesetzeswerk, dem Codex Iustinianus, erreichte diese Symbiose ihren Höhepunkt. Die ersten vier großen Konzilien der Christenheit – Nikaia (325), Konstantinopel (381), Ephesos (431), Chalkedon (451) – wurden in Kleinasien bzw. auf dem Boden der heutigen Türkei abgehalten. Bis in das 9. Jahrhundert sollten dann noch drei weitere folgen. Plätze, die unmittelbar mit den Reisen des Paulus oder mit der Entstehung von Schriften des Neuen Testamentes zusammenhängen, wurden zu wichtigen geistig-religiösen Zentren. Aus Kleinasien kommen auch die vier Kirchenväter der Ostkirche, die drei großen Kappadokier Basileios, dessen jüngerer Bruder Gregor von Nyssa, sein Freund Gregor von Nazianz und Johannes Chrysostomos. Sie wurden sowohl zu wichtigen Schöpfern christlich-griechischer Literatur wie zu Wegbereitern des christlichen Mönchtums. Bis heute sind sie Grundpfeiler ostkirchlicher Theologie und Spiritualität.

Von der Nähe Konstantinopels stark beeinflusst konnten sich besonders in der westlichen Küstenregion auch viele kleinere Städte kulturell und wirtschaftlich hervorragend entwickeln. Doch schon ab Ende des 6. Jahrhunderts waren sie zunehmend Bedrohungen durch die Perser im Osten wie durch die Slawen und Awaren an den West- und Nordgrenzen des Reiches ausgesetzt. Es folgten die Angriffe der Araber und damit die ersten Auseinandersetzungen mit der neuen Religion, dem Islam. Bereits unter Kaiser Herakleios (610–641) war das byzantinische Großreich so sehr geschwächt, dass viele kleinasiatische Städte den aus dem Osten heranrückenden Arabern keinen ausreichenden Widerstand mehr entgegensetzen konnten. Spätestens mit der vernichtenden Niederlage des byzantinischen Heeres gegen die vorrückenden Seldschuken unter Alp Arslan in der Schlacht von Malazgrit (1071), nahe am Van-See, war der Weg Kleinasiens in den Islam vorgezeichnet. Schon vorher (1054) war es zum endgültigen Bruch zwischen West- und Ostkirche gekommen. Trotzdem hoffte man im Abendland noch längere Zeit in Koexistenz und Kooperation mit Byzanz sowohl die biblischen Stätten Palästinas wie die frühchristlichen Kleinasiens für die Christenheit zurückzugewinnen. Es fehlte nicht an entsprechenden Versuchen. Aber weder Kreuzzüge noch die vorübergehende Errichtung eines lateinischen Kaiserreichs in Byzanz führten zum Erfolg. Die politischen Interessen zwischen Ost und West waren zu gegensätzlich. Und Restbyzanz wurde durch Übergriffe und Intrigen westlicher Herrscher zusätzlich geschwächt.

Kleinasien wurde zunächst *seldschukisch*, später mit dem Einfall der Mongolen (1243) und den dann nachrückenden türkischen Osmanen zum Mittelpunkt osmanischer Herrschaft und ist es bis in die jüngste Vergangenheit geblieben. Nach der Eroberung Konstantinopels durch die Türken (1453) wird die einstige byzantinische Kaiserstadt neue Hauptstadt des Osmanischen Reiches. Die Hohe Pforte wird zu einer Weltmacht, und die Türken rücken Mitteleuropa bedrohlich nahe, zweimal bis vor Wien, das erstemal 1532, das zweitemal 1683. Aber ab Beginn des 18. Jahrhunderts verliert auch das Osmanische Reich immer mehr von seiner politischen und wirtschaftlichen Bedeutung. Mit dem Eintritt des Westens in die Moderne konnte die islamische Herrschaft am Goldenen Horn nicht Schritt halten. Trotzdem blieb etwas von der alten Brückenfunktion, die mit dem wieder neu einsetzenden Interesse des Westens an morgenländischer Kultur und Geistigkeit im Verlauf des 19. Jahrhunderts in der westlichen Kunst und Literatur sogar zu romantischer Verklärung führte. „Ex oriente lux" hieß es jetzt. Viele Kulturreisende, darunter Jakob Philipp Fallmerayer und Karl Eduard Zachariä, ebenso Lady Mary Wortley Montagu und Ida Pfeiffer berichteten fast schon schwärmerisch über das orientalische Leben im 18. und 19. Jahrhundert. Istanbul bot sich dafür besonders an.

Mit der Christianisierung des Reiches wurde die antike Welt neu definiert, aber nicht einfach außer Kraft gesetzt. Antike Formen wurden weiter tradiert. Das byzantinische politische Weltbild, die Idee, das Reich mit dem neuen Glauben zu verbinden, geschützt und regiert durch den Kaiser von Gottes Gnaden, der an Christi statt auf Erden herrscht, war als Herrschaftsform und Herrschaftslegitimation der antiken Gedankenwelt alles andere als fremd. Sie wurde für alle Kaiser Ostroms und Byzanz' verbindlich. Ohne das darin „aufgehobene" römische Erbe wären viele Erscheinungsformen der byzantinischen Kultur überhaupt nicht verständlich. Aus dem großen Imperium Romanum sollte ein womöglich noch mächtigeres Imperium Christianum hervorgehen. Konstantin wurde somit der Wegbereiter in eine neue Zeit. Staatsidee und christlicher Glaube gingen eine neue Verbindung ein, die sich anders als zwischen Westkirche und Reich trotz aller politischen Wechselfälle bis in die Gegenwart herein als nur schwer auflösbar erweist. **Konstantinopel** wurde zur Verkörperung dieser Idee.

Bis heute ist ungeklärt, was für den Standort der neuen Hauptstadt eigentlich den Ausschlag gab. Doch lassen sich leicht Gründe dafür finden, warum Konstantin ausgerechnet diesen Ort am Bosporus an der Stelle des alten, zerfallenen Byzantion dafür bestimmte. Eine nicht zu unterschätzende Vorgabe war ohne Zweifel die unvergleichliche Lage zwischen dem Marmara-Meer, dem Bosporus und dem Goldenen Horn. Die ursprüngliche, auf die severische Zeit zurückgehende Ausdehnung der Stadt wurde unter Konstantin in kürzester Zeit auf sechs Quadratkilometer verdreifacht, und nicht einmal hundert Jahre später wurde das Stadtgebiet noch einmal verdoppelt. Die Stadt dehnte sich damit stark nach Westen aus. Unter Theodosios II. wurde eine ca. 6,5 Kilometer lange, dreifach gestaffelte Landmauer errichtet. Sie sollte der Stadt Schutz bieten, aber dem Besucher, wenn er durch eines der mächtigen Stadttore oder gar vom Südwesten her durch die Porta aurea die Hauptstadt betrat, auch deren Macht und Reichtum vor Augen führen.

Nicht selten wird die Meinung vertreten, das „meerumkränzte" Byzantion bzw. Konstantinopel sei von vornherein als eine rein christliche Stadt geplant worden. Geht man von den überlieferten Martyrien während der Verfolgungszeit unter Kaiser Commodus (180–192) aus, dann spricht zwar vieles dafür, dass es dort spätestens gegen Ende des 2. Jahrhunderts eine christliche Gemeinde gab. Von daher konnte wohl schon Byzantion eine gewisse christliche Prägung angenommen haben. Aber als neue Hauptstadt des Reiches hatte Konstantinopel vor allem politischen, wirtschaftlichen und verkehrlichen Zwecken zu dienen. Und Konstantin selbst ließ neben politischen Repräsentationsbauten und christlichen Kirchen auch zwei Tempel errichten; der eine war der Muttergottheit Rhea, der andere der Stadtgottheit Tyche geweiht. Zudem heißt es bei Eusebios: „Die ganze nach dem Kaiser benannte Stadt war völlig gefüllt mit aus allen Völkern herbeigeholten kunstreichen ehernen Weihegeschenken."

Faszinierend ist die Weltmetropole am Goldenen Horn wie in alten Zeiten für den Besucher auch heute noch. Beeindruckend die Silhouette, wenn man sich von der Seeseite der

Stadt nähert. Dabei erschließt sich die städtebauliche Struktur Istanbuls einem nicht auf den ersten Blick. Doch beim näheren Hinsehen zeigt sich, dass der Vorwurf einer gewissen Strukturlosigkeit bereits für das alte Konstantinopel nicht galt. Mit der Erweiterung nach Westen wurde das dortige hügelige Gelände mit seinen sieben Erhebungen in das Stadtgebiet einbezogen. Der neue Regierungssitz sollte dem altehrwürdigen Rom wenigstens äußerlich in gewisser Weise angeglichen werden. Auch bei der Konzeption vieler Plätze und öffentlicher Gebäude war für Konstantin das Vorbild Rom maßgebend gewesen. Doch wenn man von der theodosianischen Landmauer herkommend die einzelnen Straßenführungen betrachtet, dann sieht man, wie alle Zufahrtswege auf den entscheidenden Punkt hinweisen, auf das geistig-religiöse Zentrum der Orthodoxie im byzantinischen Staatengefüge, die „große Kirche", die ‚Megale ekklesia', die *Hagia Sophia*, das Sinnbild byzantinischen Selbstverständnisses schlechthin.

Die historischen Quellen nennen übereinstimmend Konstantin als Bauherrn, die feierliche Einweihung der ersten dreischiffigen großen Basilika fand aber erst unter dessen Sohn Konstantios II. am 15. Februar 360 statt. Der Hauptkirche Konstantinopels war in der Folgezeit aber kein gutes Schicksal bestimmt. Immer wieder wurde die Basilika von Bränden heimgesucht, so dass sie unter Theodosios II. grundlegend erneuert werden musste; aber bereits 532 während des Nika-Aufstandes brannte sie erneut nieder. Folgt man dem Geschichtsschreiber Justinians, Prokop, dann entschied sich der Kaiser noch im gleichen Jahr für eine vollkommen neue Kirche; sie sollte zu einem der imposantesten Sakralbauten der christlichen Welt werden. Entstanden ist eine architektonische Schöpfung, die nicht nur für das 6. Jahrhundert, sondern über die Grenzen von Byzanz hinaus für den christlichen Sakralbau beispielgebend wurde.

Ihre baulichen Gestaltungsprinzipien standen für einen Neuanfang. Dieser bezog sich aber nicht nur auf die architektonische Ordnung, vielmehr wurde er zum Ausdruck der Reichsidee in der Tradition des römischen Imperiums, zum Zeugnis einer neu gefestigten Glaubenswelt und zum Symbol uneingeschränkten politischen Herrschaftswillens. Das besondere Kennzeichen der monumentalen Architektur: der basilikale Richtungsbau wird von einer einzigen Kuppel überspannt. Für Konzeption und Durchführung standen dem Kaiser die angesehensten Ingenieure seiner Zeit, der Grieche Anthemios von Tralles und der Architekt Isidoros von Milet, zur Verfügung. Der Bau konnte in der relativ kurzen Zeit von fünf Jahren vollendet werden. Voller Staunen über das Wunderwerk soll Justinian ausgerufen haben: „Jetzt habe ich Salomon übertroffen." Gemeint hatte er damit den salomonischen Tempel in Jerusalem.

Der äußere Kern des ursprünglichen Baues war ein massiger Block, überspannt von einer tambourlosen Kuppel mit in der Folgezeit aus Gründen der Statik notwendig gewordenen, mehrfach verstärkten Widerlagern von Halb- und Viertelkuppeln vor der nördlichen und südlichen Fassade. Schon die Mächtigkeit des Äußeren lässt ahnen, welche gewaltigen und kühnen Proportionen das Innere bestimmen. Die Kuppel beherrscht den gesamten Bau und bestimmt allein den Raumeindruck. Sie ist die allumfassende Mitte. Dabei wirkt die Kuppelarchitektur nicht aufgesetzt, sondern hängt nach den Worten Prokops im Ersten Buch der Bauten „wie eine goldene Kugel am Himmel". Zu diesem Eindruck tragen nicht wenig die 40 Fenster am Kuppelfuß bei, durch die der gesamte Innenraum wie in sphärischem Licht erscheint – ein architektonisches Lehrbeispiel ostkirchlicher Theologie, an dem sich künftig alle Sakralbauten der Orthodoxie würden messen lassen müssen.

Der hohe geistige Anspruch wird bereits am Grundriss erkennbar. Die basilikale Bauform wurde mit der monumentalen Zentralarchitektur des römischen Pantheons verschmolzen. Die großen aufstrebenden Wände der Nord- und Südseite ruhen auf zwei Geschossen von Säulenarkaden und sind durch zwei Fensterzonen gegliedert. Nach außen öffnen sich Seitenschiffe mit darüber liegenden Emporen. Um die Mächtigkeit der vier die Kuppel tragenden Pfeiler zu mindern, wurden an den vier Ecken des Mittelschiffs Säulenexedren eingebaut, die die Raumwirkung der Hagia Sophia als Zentralbau zusätzlich verstärken. Aber was sich bereits am Baukonzept und seiner Ausführung zeigt, wird durch die kostbare Ausgestaltung des Rauminneren noch überboten. Marmorverkleidungen von

Wänden und Pfeilern, kostbare marmorne Säulen, verschwenderischer Reliefschmuck an Kapitellen, prachtvolle, aufwendige Mosaike an den Wänden und Dekorationen am goldenen und silbernen liturgischen Mobiliar gaben Kunde von der überragenden Bedeutung der Hagia Sophia für das religiöse wie das politische Selbstdarstellungsbedürfnis des byzantinischen Kaiserreiches. In ihr fanden die prunkvollsten Zeremonien des Kaisers, des Patriarchats und des kaiserlichen Hofes statt. Der Bau verkörpert auf einzigartige Weise die Stellung und den Anspruch des Kaisers als Wahrer und Beschützer der Christenheit.

Die Hagia Sophia, vielleicht die bedeutendste Schöpfung der christlichen Welt überhaupt, wurde zum großen Vorbild auch im Osmanischen Reich, allerdings weniger als religiöses Zentrum, wenngleich der kirchliche Prachtbau noch am Tag der Eroberung Konstantinopels durch Mehmet II. Fâtik in eine Moschee verwandelt wurde, sondern wegen ihrer Bauform und deren technischer Ausführung. Der große Baumeister Suleimans des Prächtigen, Sinan, war einer ihrer Bewunderer und ließ sich von der Hagia Sophia beim Bau seines Hauptwerks, der Süleymaniye Camii, anregen. Dabei hatte Sinan sichtlich den Ehrgeiz, die Hagia Sophia durch eine noch weiter gespannte Kuppel zu übertreffen. Auf Sinan ist auch zurückzuführen, dass Baustil und Bautechnik der Hagia Sophia spätere Moscheenbauten im Osmanischen Reich stark beeinflussten und bedeutende muslimische Architekten den monumentalen christlichen Sakralbau sich zum Vorbild nahmen.

Byzanz war trotz der Verschmelzung von religiösem Weltbild und politischer Herrschaft, von kaiserlicher Macht und geistlicher Autorität kein Monolith. Vielmehr wurde das Reich immer wieder heimgesucht von politischen Kämpfen und religiösen Kontroversen, die oft mit härtesten Mitteln und auf rücksichtsloseste Weise ausgefochten wurden, deren Sinn heutiger „westlicher" Mentalität aber nur schwer zu vermitteln ist.

Die wohl schwerste Krise, in die das Reich gestürzt wurde und die es bis in seine Grundfesten zu erschüttern drohte, war der so genannte **Bilderstreit** (Ikonoklasmus, wörtlich: „Zertreten von Bildern"). Er lief über eine die Gemüter etwas beruhigende Zwischenzeit in zwei Stufen ab und hielt das Reich mehr

*Abb. 2   Das Wahrzeichen der Orthodoxie – die Hagia Sophia von Konstantinopel.
Ansicht vom Westen auf die Aya Sofia in Istanbul.*

als ein ganzes Jahrhundert (726–843) in Atem. Er löste mehrere Verfolgungswellen aus und drohte sowohl die Ostkirche selbst zu spalten wie den ohnehin schon weit aufgerissenen Graben zwischen byzantinischer und abendländischer Kirche weiter zu vertiefen. Untergründig hatte der Streit schon länger vor sich hin geschwelt. Zum offenen Ausbruch kam er, als Kaiser Leon III., der selbst entgegen manchen Annahmen nicht eigentlich als bilderfeindlich bekannt war, 726, gedrängt von bilderfeindlich eingestellten Bischöfen vor allem aus Kleinasien und getrieben von Parteiungen am Hof, das Christusbild über dem Bronzenen Tor des Kaiserpalastes entfernen ließ. Endgültig beendet wurden die Auseinandersetzungen erst 843, als die Kaiserin-Witwe Theodora den Bilderkult ganz offiziell wieder einführte und durch die Ausrufung eines „Festes der Orthodoxie" endgültig sanktionierte.

Die Maßnahme Leons III. löste sowohl in der Hauptstadt wie vor allem in Griechenland erbitterten Widerstand aus. Die Widerstrebenden konnten aber nicht verhindern, dass als Folge kaiserlicher Weisung bildliche Darstellungen in Kirchen, vor allem in der Hauptstadt, soweit vorhanden, zerstört oder übertüncht wurden. Übrig blieb bzw. an die Stelle der Bilder trat allein das Kreuz als Siegessymbol Christi. Unter Konstaninos V. (741–775), dem Sohn Leons III., steigerte sich der Eifer der Bilderstürmer zum Exzess. Auf der Synode von Hiereia ließ Konstantinos die Verwerfung des Bilderkultes theologisch begründen und inszenierte zugleich eine erbarmungslose Verfolgung seiner Befürworter – mit Gefängnisstrafen, Folterungen und grausamen Hinrichtungsmethoden. Betroffen von der Verfolgungswelle war besonders das Mönchtum, für das der Bilderkult nicht nur theologisch im Sinne der Verehrung des Abbildes, das auf das Urbild verweist, gerechtfertigt war, sondern auch ein wichtiges Element der Volksfrömmigkeit darstellte. Nach Konstantinos' Tod flaute der Streit ab. Das *Zweite Konzil von Nikaia* (787) verwarf die bilderfeindlichen Beschlüsse der Synode von Hiereia, brachte aber keine endgültige Beruhigung. Unter den späteren Nachfolgern Konstantinos', Leon V. (813–820) und Theophilos (829–842), kam es erneut zu Auseinandersetzungen. Wenn sich die Einsicht in die Zulässigkeit der Bilderverehrung dann doch durchsetzte und die Orthodoxie insgesamt aus dem Streit eher gestärkt hervorging, dann war dies neben der theologischen Begründungsarbeit eines Johannes Damaszenos und eines Theodoros von Studiu, der bilderfreundlichen Einstellung des theologisch hervorragend gebildeten Patriarchen Nikephoros und vor allem der klug vermittelnden Politik der Kaiserin Theodora zu verdanken.

Die religiösen wie die politischen Gründe für den das ganz Byzanz so lange aufwühlenden Streit sind bis heute nicht ganz geklärt. Einflüsse aus dem Judentum und aus dem näher rückenden Islam mögen eine Rolle gespielt haben. Beide Religionen lehnten Bilderverehrung ab bzw. galten als „bilderlose" Religionen, was die Bilderstürmer in den Augen der Befürworter der Bilderverehrung als „Nachahmer" von Anders- bzw. Ungläubigen wiederum besonders verdächtig machte. Wohl auch sollte das religiös wie politisch einflussreich gewordene Mönchtum zurückgedrängt werden.

Zum Teil ging es allerdings auch um echte theologische Argumente. Ungeklärte Fragen im Zusammenhang mit der so genannten Zwei-Naturen-Lehre – Christus Gott und voller Mensch zugleich –, wirkten auch nach den Entscheidungen zur Zwei-Naturen-Lehre des Konzils von Chalkedon (451) noch lange nach. Monophysitische Strömungen betonten einseitig die Göttlichkeit Christi, diese aber lasse sich bildlich nicht darstellen; darstellen lasse sich nur die menschliche Natur Christi; dies aber sei dann Nestorianismus, der in Christus einseitig nur die Menschlichkeit betonte.

Es sollte überdies nicht vergessen werden, dass das ganze erste christliche Jahrtausend auch im Abendland – Ansätze zu einem Bilderstreit gab es auch im Karolingerreich – zögerlich war gegenüber bildlichen Darstellungen von Personen und Ereignissen der Heilsgeschichte. Erst im Hochmittelalter mit der sinnenfreudigen Gotik bekam das Bild seinen beherrschenden Platz.

Warum die Ostkirche und bei allen notwendigen Unterscheidungen die Christenheit insgesamt dann doch zu einer Position fand, die dem menschlichen Bedürfnis nach sinnenfälliger Darstellung entgegenkommt, ohne ihn damit zu Götzendienerei zu verführen, lässt sich am besten wohl mit den Worten des schon erwähnten Patriarchen Nikephoros ausdrücken: „Wenn also das Evangelium, das ins Gehör der Gläubigen dringt, solcher Ehren wert ist – unser Glaube kommt ja von Hören – dann hat das, was dem Auge entgegentritt und durch die sinnliche Wahrnehmung dieselbe Lehre vermittelt, sogar einen Vorzug infolge der schnellen Unmittelbarkeit der Unterrichtung, weil der Gesichtssinn besser als das Gehör zu beglaubigen vermag. Jedenfalls darf er nicht als zweitrangig abgetan werden. Es ist also Evangelium!" (Migne, Patrologia graeca, 100).

2. Mit Paulus unterwegs

Kleinasien erwies sich als außergewöhnlich fruchtbar für die Ausbreitung des Christentums, das dann unter Byzanz dem Subkontinent über ein ganzes Jahrtausend sein Gepräge gab. Der Boden für den christlichen Glauben war gut bereitet durch die spezifisch kleinasiatische Mischung aus griechischer Götterwelt und orientalischer Religiosität, aus der sich bereits vor Beginn der christlichen Ära eine Art virtueller Monotheismus herausschälte. Eine starke jüdische Diaspora hatte daran entscheidenden Anteil.

Auf kleinasiatischem Boden entstanden die meisten der ersten christlichen Gemeinden außerhalb Palästinas. Sie standen fast alle in einem Zusammenhang mit der Missionstätigkeit des **Apostels Paulus**. Die jüdische Diaspora, die örtliche Synagoge, war für die neue Glaubensrichtung der natürliche Anspiel- und Ausgangspunkt. Aber Paulus wagte gegen den Widerstand der Jerusalemer Urgemeinde und judenchristlicher Kreise außerhalb Palästinas den Ausbruch aus dem judenchristlichen Milieu – „Apostelkonzil" in Jesusalem (Apg 15,1–29), „Antiochenischer Streitfall" (Gal 2,1–14). Indem er Konvertiten aus dem Heidentum von der Erfüllung jüdischer Ritualgesetze (Beschneidung!) „freisprach", öffnete er das Christentum erst der damaligen Welt außerhalb des Judentums.

Paulus selbst stammte aus Kleinasien. Die *jüdische Diaspora* Kleinasiens war seine Welt, eine sehr selbstbewusste Diaspora, mit der hellenistischen Geistes- und Geschäftswelt wohlvertraut, aber eigenständig jüdisch und ohne Komplexe der heidnischen Umwelt gegenüber. Etwas von diesem Selbstbewusstsein schlägt bei Paulus noch durch, wenn er in Phil 3,5–6 gegen judenchristliche Gegner (die „Verschnittenen") seine eigene jüdische Identität in Anschlag bringt: „Ich wurde am achten Tag beschnitten, bin aus dem Volk Israel, vom Stamm Benjamin, ein Hebräer von Hebräern, lebte als Pharisäer nach dem Gesetz, verfolgte voller Eifer die Kirche und war untadelig in der Gerechtigkeit, wie es das Gesetz vorschreibt."

In **Tarsos** (heute Tarsos Çayi), der Hauptstadt der damaligen römischen Provinz Kilikien am Unterlauf des Kydnos im Westen der kilikischen Ebene wurde Paulus als Sohn jüdischer Eltern geboren. Von seinen Eltern ererbte er das tarsische wie das römische Bürgerrecht. In Tarsos wuchs er auf „als Bürger einer nicht unbedeutenden Stadt" (vgl. Apg 21,39). Nach dem Bericht des Lukas (Apg 22,3) hat Paulus seine jüdische Ausbildung beim Gesetzeslehrer Gamaliel in Jerusalem erhalten. Aber seine Verbindung zu Tarsos blieb aufrecht; einige Zeit nach seinem Damaskuserlebnis und bevor er (um das Jahr 47) zu seiner ersten Missionsreise aufbrach, hielt er sich nochmals längere Zeit in seiner Geburtsstadt auf.

Heute ist Tarsos eine Provinzstadt mit rund 200 000 Einwohnern, bekannt vor allem für die Verarbeitung landwirtschaftlicher Produkte. Und wie schon in der Antike ist Tarsos heute noch ein wichtiger Verkehrsknotenpunkt an den Achsen Konya-Ankara (Ankyra) und Adana (Antakya)-Antalya. In hellenistischer Zeit, auch noch zur Zeit des Paulus, galt Tarsos als eine von zeitgenössischen Schriftstellern viel gelobte Hochburg des Geisteslebens, die nach Strabon (XIV, 5, 13) Athen und Alexandrien in nichts nachstand und die laut einem Münzfund sich damals – wohl in Konkurrenz zu Ephesos – für „die erste, größte und schönste Stadt Kleinasiens" hielt – mit einer eigenen Hochschule, zu deren Absolventen u. a. Antipatros, das Schulhaupt der Stoa (2. Jahrhundert v. Chr.) und der spätere Vorsteher der Bibliothek in Pergamon Athenodoros (1. Jahrhundert v. Chr.) gehörten. Paulus, der – vermutlich von seinem dem gehobenen Bürgertum angehörenden Vater – das Handwerk eines Zeltmachers erlernte und später stolz war, dieses ausüben zu können und nicht „vom Evangelium" leben zu müssen, dürfte trotz der von Lukas berichteten Schulung des Paulus durch Gamaliel in Jerusalem mit dem geistigen Klima seiner Vaterstadt durchaus vertraut gewesen sein und vermutlich auch die dortige Hochschule besucht haben. Auch wenn Paulus in seinen

Briefen weitaus mehr als jüdischer Apokalyptiker denn als hellenistischer Intellektueller erscheint, spricht schon das ausgezeichnete, wenn auch keineswegs leichte Griechisch des von Hause aus aramäischsprachigen Paulus für dessen gute Bildung.

Vom antiken Tarsos, aus der Zeit des Paulus, das seine Bedeutung auch seiner günstigen topographischen Lage unweit der Küste auf direktem Weg zur Kilikischen Pforte verdankte, ist freilich wenig übrig geblieben. Die historischen Denkmäler sind durch das moderne Tarsos, das man heute auf der Straße über Mersin nach Adana erreicht, weitgehend verloren gegangen bzw. überbaut worden. Im Osten der Stadt sind einige Fundamente, teilweise aus Marmor, bloßgelegt worden, die einem kaiserzeitlichen (dem Herakles-Sandon geweihten?) Tempel zugeordnet werden.

Neben Fundamenten eines *Theaters* und wenigen Resten der Stadtbefestigung ist an der Ausfallstraße nach Mersin das von der einheimischen Bevölkerung so genannte *Kleopatra Kapısı* (Kleopatra-Tor) erhalten. Der Name des Tores soll an die Begegnung zwischen Marc Anton und der ptolemäischen Königin Kleopatra VII. (41 v.Chr) in Tarsos erinnern. Im Norden der Stadt sind noch etliche Bögen eines Aquädukts zu sehen, und verlässt man Tarsos in Richtung Adana, stößt man außerhalb der Stadt bald auf die Reste einer römischen Brücke. Zu den wenigen Glanzpunkten aus der römischen Antike gehört auch ein Mosaikfußboden, der heute im Museum von Antakya zu sehen ist. Auf dem aus der 1. Hälfte des 3. Jahrhunderts datierten Mosaik sieht man drei Bildfelder mit mythologischen Szenen, eine Satyr-Mänaden-Darstellung, den Raub des Ganymed und Orpheus zwischen wilden Tieren. Einige andere Kostbarkeiten, wie der Achilles-Sarkophag, sind heute im Archäologischen Museum von Adana zu bestaunen. Auch vom einstigen Hafen, der durch einen Kanal mit dem Meer verbunden war, ist kaum etwas erhalten. Der Grund dafür sind die vielen, teilweise katastrophalen Überschwemmungen durch den Kydnos, durch die im Laufe der Jahrhunderte eine bis zu sechs Meter tiefe Schwemmlandschaft entstanden ist.

Antike Denkmäler, die sich der Zeit des Paulus direkt zuordnen ließen, sind erst recht spärlich. Wohl spricht man von einem *„Haus des Paulus"*, doch der unweit von der Atatürk Caddesi gelegene Bau, der damit in Verbindung gebracht wird, stammt wahrscheinlich erst aus dem 16. Jahrhundert; Ähnliches gilt für einen „Zieh-Brunnen des hl. Paulus". Auch das vorhin erwähnte Kleopatra Kapısı bzw. Kançık Kapısı wird zu Unrecht als das *„Tor des hl. Paulus"* bezeichnet. Doch ist davon auszugehen, dass Tarsos zur Zeit, als Paulus dort lebte, wie andere vergleichbare Städte damals auch mit öffentlichen und sakralen Bauten reich ausgestattet war. Auch war Tarsos schon von seiner Lage her ein Schmelztiegel zweier Kulturen: der griechisch-römischen des Westens und der orientalisch-semitischen des Ostens. Jüdische Erziehung und griechische Bildung gingen hier Hand in Hand. Auch dürfte Paulus in Tarsos schon früh mit den heidnischen Mysterien konfrontiert worden sein. Tyche war die örtliche Hauptgottheit. Demeter, Dionysos und Asklepios wurden verehrt. Auch der Isiskult gehörte ebenso zum religiösen Szenario der Stadt.

Der Legende nach war Jason, ein Schüler des Paulus, erster Bischof der örtlichen christlichen Gemeinde. Aber wo ihr Zentrum gewesen sein könnte, lässt sich nur vermuten. Man meint es nach einer – nicht belegbaren – Überlieferung an der Stelle der 1385 erbauten Ulu Camii (1385) gefunden zu haben. Hier glaubt man auch die Hagia Sophia von Tarsos aus spätantiker Zeit aufgrund antiker Fundamente, römischer Säulenschäfte und einiger weniger Kapitelle, die sich an der Westseite der Moschee erhalten haben, lokalisieren zu können. Es gibt Berichte, dass dort eine byzantinische Kirche gestanden habe, bevor nach dem 1. Kreuzzug aus Tarsos ein lateinisches Bistum wurde. 1198 krönte hier der päpstliche Legat, Konrad von Wittelsbach und Erzbischof von Mainz, Leon I. zum König der Armenier. Im 13. Jahrhundert haben in der gleichen Kirche noch weitere Königskrönungen stattgefunden, bis dann 1275 die Hagia Sophia während der Eroberung durch die Mamelucken ein Raub der Flammen wurde.

Noch eine andere Moschee, die *Eski Camii* im Stadtzentrum in der Nähe des römischen Bades, wird mit der Antike und als Paulus-Kirche mit dem Apostel in Zusammenhang gebracht. Doch handelt es sich hierbei um eine mittelalterliche, dreischiffige Basilika, die ganz im Stil der fränkischen Architektur Syriens und Palästinas erbaut wurde. Selbst die Umwandlung in eine Moschee hat daran so gut wie nichts geändert.

Ca. 50 Kilometer nördlich von Tarsos, auf dem Weg nach Konya und Ankara, erreicht man auf einer Höhe von 1050 Metern den Pass Gülek Boğazı. Er liegt heute etwas abseits von der gebührenpflichtigen Schnellstraße nach Pozantı. Schon im Altertum gehörte die Passstraße durch die **Kilikische Pforte** (Pylai Kilîkiai), zu den wenigen Übergängen über das Taurusgebirge, durch die die südliche Küstenlandschaft mit der anatolischen Hochebene verbunden war. Der von steil aufsteigenden Felswänden aus Kalkstein eingeschlossene Engpass, ein schmaler, in den Felsen geschlagener Grat, gehörte zu den wichtigen strategischen und handelspolitischen Plätzen des südöstlichen Kleinasiens. Früher führte der Weg an der östlichen Seite der Schlucht entlang, an der engsten Stelle nur in einer Breite von etwas mehr als zwei Metern. Wer den Pass behaupten konnte, hatte auch die Kontrolle über die Handelswege zwischen Anatolien und dem Vorderen Orient. Viele Herrscher in der Antike haben deshalb versucht, den Pass unter ihre Kontrolle zu bringen. Von der eminenten strategischen Bedeutung des Passes konnte sich Alexander der Große überzeugen, als er 333 v. Chr. auf seinem Vormarsch nach Kilikien die Kilikische Pforte für nicht mehr einnehmbar hielt, falls ihm der Feind bei deren Besetzung zuvorkommen sollte. Es war Alexanders Glück, dass der persische Satrap von Kilikien dies nicht erkannte. Später, als zum Beginn des 9. Jahrhunderts der Kalif Harun-al-Raschid gegen den byzantinischen Kaiser Nikephoros I. über den Pass zog, mussten die Byzantiner leidvoll erfahren, wie wenig ohne die Kontrolle über die Kilikische Pforte etwas auszurichten war.

Ob Paulus bei seinen Reisen, die ihn ins innere Anatolien, nach Derbe und Ikonion führte, den Weg über die Kilikische Pforte gewählt hat, wissen wir nicht, können es aber angesichts der von Paulus besuchten Orte annehmen. Als Alternative wäre ihm nur der Weg zunächst der Küste entlang in Richtung Westen über das isaurische Seleukeia (Silifke) und dann von dort über den Tauros nach Ikonion geblieben..

Auf allen seinen drei Reisen durch die Provinzen Kleinasiens war **Derbe** in Lykaonien für Paulus eine seiner wichtigsten Stationen. Das heutige Kertı Hüyük, wo das antike Derbe entdeckt wurde, liegt rund 20 Kilometer nordöstlich von Karaman unweit der Ortschaft Ekinözü. Bei Ausgrabungen bzw. Geländebegehungen wurden dort zwei Inschriften gefunden, aus dem 2. Jahrhundert die eine, die andere – weniger gesichert – aus dem 4. bzw. 6. Jahrhundert. Die ältere, wahrscheinlich aus dem Jahr 157 n.Chr., erwähnt für Derbe einen Bischof Sestillianos aus der Regierungszeit des Kaisers Antoninus Pius (138–161 n.Chr.); die jüngere, eine Grabinschrift, bezieht sich auf einen Bischof Michael. Man darf also annehmen, dass Derbe schon früh Bischofssitz war. Dagegen fehlen alle Hinweise auf das Stadtbild Derbes zur Zeit des Paulus.

Für Paulus und seinem damaligen Mitstreiter Barnabas war Derbe (vgl. Apg 14,6) während seiner ersten Missionsreise zum Zufluchtsort geworden, nachdem sie in Ikonion (Konya) vor der aufgebrachten Menge hatten fliehen müssen – eine Situation, die Paulus bekanntlich ja noch oft erlebte. Auf dem Weg von Ikonion nach Derbe kamen sie durch *Lystra*. Dort heilten sie nach einem Bericht der Apostelgeschichte (vgl. 14, 8–18) einen Gelähmten. Die wohl etwas leicht- und abergläubischen Leute in Lystra, die das Wunder sahen oder von ihm hörten, meinten nun in der ersten Erregung, in der Gestalt des Paulus und Barnabas seien Zeus und Hermes zu ihnen gekommen, und wollten ihnen opfern – wobei als Zeus wohl nur Barnabas in Frage kam, da Paulus als klein von Gestalt galt. Vergeblich versuchten Paulus und Barnabas ihnen zu vermitteln, dass sie auch nur Menschen seien „von gleicher Art wie ihr" (Apg 14,15). Unterdessen aber kamen jüdische Gegner des Paulus aus Antiochia und Ikonion und brachten die zunächst so begeisterte Volksmenge gegen die Durchreisenden auf. Paulus wurde gesteinigt und zur Stadt hinaus geschleift; in der Meinung, er sei tot, ließ man ihn dort liegen. „Als aber die Jünger ihn umringten, stand er auf und ging in die Stadt. Am anderen Tag zog er mit Barnabas dann nach Derbe weiter, um von dort auf dem Seeweg wieder nach Antiocheia zurückzukehren" (Apg 14,20).

Wenn man sich in der Gegend von Derbe und Lystra aufhält, sollte man, bevor man nach Konya weiterfährt, noch einen Abstecher in die imposante Berglandschaft von Kara Dağ machen. In der Nähe des Dorfes Madenşehir liegt eine der eindruckvollsten Ruinen Lykaoniens, **Binbirkilisse**, was so viel heißt wie ‚Tausendundeinekirche'. Über 50 Kirchen- und Kapellenruinen sind in die von dem über 2230 Meter hohen Mahaliç und dem etwas niedrigeren Başdağ beherrschte vulkanische Landschaft eingebettet. Die Ruinen stammen aus dem 5. bis 11. Jahrhundert und verteilen sich auf vier Gruppen: die so genannte Unterstadt, beim heutigen Dorf Madenşehir, und die Oberstadt, etwas südwestlich davon auf einem langgestreckten erhöhten Plateau gelegen. Die dritte Ruinengruppe liegt bei dem Ort Değile und die vierte mit einer Reihe kleinerer Kirchen- und Klosterkomplexe an den Berghängen des Madendağ, Kızıldağ, Candar, Mahaliç und Başdağ. Mit Ausnahme der Ruinen der ersten Gruppe befinden sich alle unweit der Vulkankrater.

Das Gebiet hier war bereits in vorgeschichtlicher Zeit besiedelt. Am Gipfel des Mahaliç konnte eine hethitische Kultstätte festgestellt werden, und in der Oberstadt haben sich Spuren spätminoischer Kultur erhalten. Ansonsten ist von vorgriechischen wie von griechischen Siedlungsspuren nichts zu entdecken. Deshalb wird davon ausgegangen, dass der gesamte Siedlungskomplex erst in der Spätantike angelegt worden ist. Literarische Zeugnisse, wie die Tabula Peutingeriana und eine Memorialinschrift, die u. a. einen Mann namens Leon erwähnt, aus der gleichnamigen Kapelle auf dem Mahaliç, sprechen dafür, die in den Konzilsakten von Nikaia (325) genannte Stadt Barata hier zu lokalisieren. Auch wird wegen des Namens Leon eine Verbindung mit dem, aus dem 1. Viertel des 5. Jahrhunderts bekannten Bischof Leon von Barata hergestellt. Doch werfen die bisher verfügbaren Informationen diesbezüglich mehr Fragen auf, als sie Antworten geben können. Andere vermuten hinter der Bezeichnung Barata Derbe. Aus archäologischer Sicht ist dies nur Spekulation.

Festeren geschichtlichen Boden unter die Füße bekommt man dagegen für die Baugeschichte der Kirchen- und Klosterkomplexe. Es lassen sich in etwa drei Perioden unterscheiden. Aus dem 5. bis zum Anfang des 8. Jahrhunderts dürften die ersten Bauten in der Unter- und in der Oberstadt stammen. Die arabischen Einfälle führten dann wohl zu einer Unterbrechung der Bautätigkeit. Von der Invasionszeit bis zum 9. Jahrhundert wurden die Kloster- und Kirchenanlagen von Değile errichtet. Die letzte Phase reicht dann bis ins 11. Jahrhundert und steht für die Wiederbesiedlung der Unterstadt einschließlich des Neubaus und der gründlichen Restaurierung einiger Kirchen. Überwiegend handelt es sich bei den Sakralbauten um dreischiffige Basiliken mit geschlossener Westseite, zumeist von einem Temenos umgeben. Die meisten Kirchenschiffe waren mit Tonnengewölben überdeckt. Besonders beachtenswert sind die baulichen Überreste der so genannten Oktogonkirche in Madenşehir. Hier waren Zentralbau und Kreuzform ineinander integriert. Die Architekturforschung sieht darin keinen für die Region ungewöhnlichen Bautyp. Es gab, wie wir aus einem Brief Gregors von Nyssa an dessen Amtsbruder Amphilochios wissen, seit dem 4. Jahrhundert ein Vorbild dafür in Ikonion.

Wir verlassen den Platz der vielen Kirchen wieder, fahren nach Karaman und von dort über die baumlose Hochebene von Lykaonien in das Herz der anatolischen Landschaft: nach **Konya**. Der Ort ist nicht nur bekannt, weil er wegen Paulus Eingang in das Neue Testament gefunden hat, und wegen seiner seldschukischen Architektur, sondern vor allem als das geistige Zentrum des großen mystischen Dichters Mevlâna, des Begründers des Ordens der „Tanzenden Derwische".

Wenn man heute von Süden her über die Karaman Caddesi auf die Stadtmitte Konyas, den Hükümet Meydanı, zufährt, trifft man nur auf wenige Spuren der ehemals bedeutenden antiken Stadt. Ikonion war während der römischen Zeit eines der wichtigen politischen und wirtschaftlichen Zentren der Provinz Galatien. Aber es ist ziemlich schwer sich ein Bild von der Stadt aus der Zeit machen, in der Paulus und Barnabas „längere Zeit" (Apg 14,3) verweilten, bevor sie nach Lystra und Derbe weiterreisten. Die archäologischen Befunde bleiben bislang auf kleinere Fundament- und Mauerausschnitte beschränkt und geben nur wenig Aufschluss über das Ikonion des 1. christlichen Jahrhunderts. Auf dem die heutige Stadt überragenden Hügel mit der Alâettin Camii wird das Zentrum der römischen Stadt ver-

Abb. 3   Die Tekke des Mevlana in Konya. Im Vordergrund die beiden Türbe der Fatma-Hatun und des Sinan-Paşa überragt von der Grünen Kuppel.

mutet. Ein Indiz dafür sind die beim Bau der Moschee (1220) verwendeten 42 Spolien antiker Säulen.

Für die noch ältere Geschichte Ikonions ist neben anderen Quellen eine Bemerkung Xenophons interessant, der von Ikonion als der östlichsten Stadt Phrygiens spricht (Anabasis I, 2, 19). Bei Feldforschungen, die Besiedlungsstrukturen bis ins Neolithikum nachweisen konnten, belegen die Existenz Ikonions im phrygischen Kultur- und Sprachgebiet. Über mehr als tausend Jahre bestand an dem Ort eine hethitische Siedlung, bis diese im 7. Jahrhundert v. Chr. von den Kimmerern verwüstet wurde. Unter persischer Herrschaft wurde Ikonion dann wieder ‚Polis'. Dass Ikonion im Altertum zu den bedeutendsten Städten Kleinasiens gehörte, zeigen die vielen Erwähnungen durch antike Autoren. Strabon bezeichnet Ikonion als ‚Políchnion', Plinius als ‚urbs celeberrima'. Unter Kaiser Claudius erhielt die Stadt den Beinamen ‚Claudiconium'.

Aus frühchristlicher Zeit wissen wir über Ikonion trotz mehrfacher Erwähnung in der Apostelgeschichte wenig. Über das Ikonion, in dem sich Paulus mit Sicherheit im Winter 47/48 aufhielt, bis er vermutlich im Frühjahr 48 mit Barnabas über Lystra nach Derbe weiter zog, können wir uns nicht einmal ein ungefähres Bild machen. Da Paulus die Stadt trotz drohender Verfolgung durch Juden und Heiden immer wieder aufsuchte, ist anzunehmen, dass es dort schon sehr früh eine christliche Gemeinde gab oder wenigstens einen Jüngerkreis des Paulus, auf den der Apostel sich verlassen konnte. Im zweiten Timotheusbrief lesen wir: „Du aber bist mir gefolgt in der Lehre, im Leben und Streben, im Glauben, in der Langmut, der Liebe und der Ausdauer, in den Verfolgungen und Leiden, denen ich in Antiocheia, Ikonion und Lystra ausgesetzt war" (2 Tim 3,11). Und aus den apokryphen „Acta Pauli et Theclae" ist uns im Zusammenhang mit Ikonion eine weitere wichtige Person aus dem Kreis des Apostels vertraut: die heilige *Thekla*. Die etwas romanhaft verfasste Schrift wird einem kleinasiatischen Presbyter zugesprochen und soll um das Jahr 170 geschrieben worden sein. Sie berichtet von der schönen und vornehmen Jungfrau Thekla, die Paulus im Hause des Aniseferos kennen gelernt hatte. Aus Begeisterung für Paulus und seine Lehre habe sie ein schon gegebenes Eheversprechen gelöst und wurde deshalb von ihrem Verlobten wie von der eigenen Mutter beim Statthalter angezeigt. Zum Feuertod verurteilt habe sie das Martyrium überlebt und sei dann in Männerkleidern zu Paulus nach Antiocheia geflohen. Wir werden der Gestalt der Thekla im Zusammenhang mit dem großen Thekla-Heiligtum von Meriamlik (vgl. S. 40) noch einmal begegnen.

Konya aber ist, wie schon angedeutet, noch aus einem ganz anderen Grund bekannt, wegen des *islamischen Ordens der „Tanzenden Derwische"*. Schon deswegen lohnt es sich, etwas länger in der Stadt zu verweilen. Die Derwische stellten über Jahrhunderte führende Theologen, Philosophen, Dichter und auch Wissenschaftler der islamischen Welt. Sie haben wichtige Bereiche des Islams bis in unsere Tage entscheidend mitgeprägt. Die Derwische sind bekannt als fortschrittsfreundliche Erneuerer, manchem im Islam galten sie als Revolutionäre, jedenfalls verhielten sie sich oft unorthodox; ihr Verhältnis zu den „traditionellen" Korangelehrten war nicht selten gespannt. So blieb es denn auch nicht aus, dass viele von ihnen als Ketzer verfolgt, Einzelne sogar hingerichtet wurden. Unter Atatürk wurde der Orden sogar verboten. Doch für viele Muslime waren die Derwische die wahren Glaubenslehrer und eine Art Heilige obendrein. Zuspruch fanden sie nicht nur in den eigenen Reihen. Sie erregten Aufsehen auch in der abendländisch-westlichen Welt; u. a. hatten sie beträchtlichen Einfluss auf das Weltbild der Renaissance.

Der Gründer bzw. geistige Vater des Derwisch-Ordens, der Mevlevı, in Konya war der 1207 in Persien geborene Çelal ed-Din Rumi, genannt Mevlâna. Mevlâna kam 1228 mit seinen Eltern in die seldschukische Hauptstadt Konya, die damals von Dichtern und Chronisten als städtisches Juwel mitten in der kargen Hochebene Anatoliens gerühmt wurde. Sein Vater, ein angesehener Iman des sunnitischen Islams und leidenschaftlicher Mystiker, führte den Sohn in die eigene geistige Welt ein. Nach dem Tod des Vaters setzte Mevlâna die Tätigkeit seines Vaters fort. Die Predigten Mevlânas fanden über Konya hinaus eine immer zahlreichere Zuhörerschaft und seine Meditationen immer größeren Zuspruch. Berühmt wurden Mevlânas Dispute mit den angesehensten Dichter-Philosophen der Derwische, u. a. mit Çelebi Husam el-Din, dem er sein bedeutendstes Werk ‚Masnavi' widmete, ein Konvolut aus mehreren tausend Oden über die mystischen Erfahrungen Mevlânas und dessen Anschauungen über ekstatische Formen universeller Liebe. Mevlâna starb 1273 und wurde neben seinem Vater bestattet. Nach dessen Tod gründete der Orden weitere Klöster in Anatolien und auch in anderen islamischen Gegenden. Aus dem Ort an dem Mevlâna und dessen Vater beigesetzt waren, wurde ein großes Zentrum für Religion, Kunst, Literatur und Musik, die Mevlâna-Tekke von Konya. Zugleich wurde sie zur großen Pilgerstätte für zahllose Moslems, und ganz inoffiziell ist das auch heute noch – trotz des Derwische-Verbots von 1925 und der Umwandlung des Heiligtums in ein Museum.

Die Tekke des Mevlâna liegt unweit der Selimiye Camii im Osten der Stadt. Man betrit die Anlage durch die Dervisan Kapısı und steht in einem gartenähnlichen Innenhof mit dem Löwenbassin auf der rechten Seite und dem Şadirvan, dem Reinigungsbrunnen, vor dem Eingang zur Moschee. Der wunderschön bepflanzte Hof versetzt den Besucher in eine geradezu märchenhafte Welt, die man allerdings nur auf sich wirken lassen kann, wenn der Besucherandrang nicht zu groß ist. Vorbei an den verschiedensten Türben, der Hürrem Paşa-, der Sinan Paşa-, der Fatma Hatun- und der Hasan Paşa-Türbe kommt man zum Mausoleumsportal. Auf dessen hölzernem Gitterwerk ist die persische Inschrift zu lesen: „Diese Stätte wurde die Kaaba der Verliebten. Hier hat man die Vollendung erlangt." Von dort geht man durch den „Raum der Kalligraphie" und gelangt durch die Silberne Pforte von 1599 in den Mausoleumssaal mit den vielen Gräbern von Derwischen. Rechter Hand liegt, durch die darüber sich erhebende Grüne Kuppel besonders hervorgehoben, die Grabkammer mit dem Kenotaph Mevlânas und die Kenotaphe des Sultans Veled und des „Sultans der Gelehrten", des Vaters Mevlânas. Auf der linken Seite befindet sich das Bethaus, die Moschee der Mevlâna Tekke, und unmittelbar dahinter der Tanzraum. Heute sind in fast allen Räumen der Anlage Vitrinen für die unterschiedlichsten Exponate aufgestellt. Beim Verlassen des Hauptgebäudes kann man vom Hof aus auf eine rechtwinklige Flügelanlage schauen, den Trakt mit den einstigen Wohnzellen der Derwische. Auch diese hat man in Ausstellungsräume umgewandelt.

Wer das Glück hat, in der Mevlâna Tekke mit nur wenigen

Betern allein zu sein, spürt unwillkürlich das Verlangen, etwas mehr von der mystischen Welt der Derwische zu erfahren, den Tanz der Derwische aus der Nähe zu erleben und sich dessen Sinn zu erschließen. Der Schwede Birger Moerner hatte dieses Glück und beschreibt das Erlebte so:

„An jedem Freitag vormittag tanzen die Derwische ... Im Hintergrund sitzt auf einem Tierfell der Oberpriester, ... und vor ihm im Halbkreis, die Barriere entlang, die Derwische. Alle tragen hohe, braune, zuckerhutförmige Kopfbedeckungen aus Kamelhaar, und über die Schultern fallen ihnen verschiedenfarbige Mäntel.

Nun beginnt oben auf der Galerie die Musik zu ertönen. Ein seltsamer, melancholischer Gesang in unendlichen, langgezogenen Modulationen, von Flöten und Tamtam begleitet. Nun erheben sich die Derwische; in langsamem, gravitätischem Zuge, einer nach dem andern, machen sie vor dem Scheich eine tiefe Verbeugung, auch dieser erhebt sich, und nun beginnt ein Kreisgang mit seltsamen Schritten und feierlichen Reverenzen, die von jedem der Vorbeiziehenden jedesmal wiederholt werden, wenn er den Platz betritt, auf dem der Scheich mit gekreuzten Beinen thront.

Plötzlich gibt dieser mit seiner Hand ein Zeichen, und alle bilden vor ihm einen Halbmond. Von ihren Schultern fallen die Mäntel, die von dienenden Brüdern aufgehoben werden, und nun stehen sie in ihrer schneeweißen Tempeltracht da: ein reich gefalteter Rock, weiße Beinkleider, die über den nackten Füßen am Rist zusammengebunden sind. Einer nach dem andern schreiten sie an ihrem Scheich vorbei und küssen ihm die Hand, worauf er sich hinabbeugt und sie auf die Wange küsst; dann machen sie einige Schritte zur Seite, erheben langsam die Arme, strecken sie waagerecht aus, und rasch mit gesenktem Kopf im Kreise schnurrend, schweben sie über den gebohnerten Boden. Wie eine zur Erde geneigte Riesenblume langsam ihre Kronblätter entfaltet, breiten sie die weißen Gewänder nach allen Seiten um sich aus. Die Musik beschleunigt ihren Takt, immer rascher drehen sich die Derwische, der Kopf sinkt auf die Schulter hinab, die Hand des ausgestreckten rechten Armes ist nach oben geöffnet und die linke der Erde zugewandt. Bleicher und bleicher werden die Wangen, immer blauer die Lippen, aus denen langsam weißer Schaum hervorquillt; aber immer wilder rast der Tanz, immer besinnungsloser ..."

Noch berauscht von der Schilderung des Tanzes der Derwische verlassen wir Konya, um dann auf der teilweise gut ausgebauten Straße nach Karaman weiterzufahren, das mitten in der kargen Landschaft aussieht wie eine Oasenstadt in Grün. Nach ungefähr 40 Kilometern, nachdem wir den Sertavul Geçidi hinter uns gelassen haben, kommt der kleine Ort Alahan mit dem Hinweisschild zu dem Kloster **Alahan Manastırı**. Von dem Hinweisschild sind es noch gut zwei Kilometer über eine nicht besonders bequeme Straße bis zum Kloster.

Dieses liegt an einem Steilhang über der Schlucht, durch die sich der Göksu, der Fluss des „Blauen Wassers", in vielen Windungen seinen Weg ins Mittelmeer gebahnt hat. Von da aus hat man zudem einen wundervollen Blick auf die umliegenden Bergkuppen des Tauros-Gebirges. Die einzelnen Gebäude des Klosters sind auf einer schmalen Terrassenanlage von West nach Ost aneinander gereiht. Die Ruinen der beiden Kirchen und der Klostergebäude stellen bis heute eines der bemerkenswerten Denkmale kilikischer Baukunst aus dem 5. und 6. Jahrhundert dar.

Zunächst kommt man auf einen größeren freien Platz, einen Vorhof, auf dessen linker Seite Höhlenräume in den Felsen eingehauen sind. Direkt an den Hof schließt die Vorhalle mit einem reliefverzierten Portal an; von dort betritt man die ehemalige dreischiffige Emporenbasilika. Diese „Westkirche", auch Evangelistenkirche genannt, hat eine eingestellte Apsis, in der ein mehrstufiger Synthronon mit einer Kathedra steht. Eine Besonderheit ist der Reliefschmuck an der Rahmung des Portals mit Rankendekor, Weinlaub, Akanthus und Tierdarstellungen, aber auch biblischen Szenen, ein Musterbeispiel sakraler Architektur und Ausschmückung kilikischer Anlagen. Unter den weiteren Gebäudeteilen befindet sich u.a. ein Zweiapsidenraum, wohl als Baptisterium gedacht, aber möglicherweise nicht von Anfang an als solches genutzt.

Über die Stelle, an der einst eine Säulengalerie stand, vorbei an einer kleinen Nekropole, gelangt man zur „Ostkirche", zur so genannten Kuppelkirche. Manche Fachleute sind der Ansicht, es handle sich um eine dreischiffige überkuppelte Hallenkirche. Der Bau soll einen hölzernen Dachstuhl gehabt haben. Aus den Mauerbefunden lässt sich aber nur schwer auf eine Überkuppelung schließen. Wie schon bei der Westkirche treffen wir auch bei der östlichen auf hochwertige Steinmetzarbeiten, die man besonders an den Kapitellen bewundern kann. Am Übergang zum Chor befanden sich zwei monolithe Tische, vermutlich vorgesehen für den liturgischen Gebrauch. Schon der Eigenwilligkeit der Anlage wegen sollte man auf dem Weg nach Silifke die Fahrt hier unterbrechen.

Dann aber wieder zurück auf der Hauptstraße setzen wir die Fahrt zur kilikischen Küste fort. Dabei durchfahren wir die landschaftlich sehr reizvolle Schlucht des Göksu-Flusses. Etwa sieben Kilometer vor Silifke kommt man an die Stelle, von der vermutet wird, dass dort der Stauferkaiser Friedrich I. Barbarossa während des 3. Kreuzzuges am 10. Juni 1190 im Göksu ertrank.

Bald erreichen wir die Schwemmlandmündung des Göksu, an deren nördlichem Rand sich die Stadt **Silifke**, das antike Seleukeia Tracheia, ausbreitet. Wegen seiner günstigen Lage galt Seleukeia lange als eine der wichtigsten Städte des „Rauhen Kilikiens". Trotz seiner geschichtlichen Bedeutung ist von Seleukeia nur wenig Sehenswertes erhalten, sieht man von der Kreuzfahrerburg Carmadesium mit ihren eigenwilligen hufeisenförmigen Türmen einmal ab. Der ursprüngliche Bau der über der Stadt thronenden Festungsanlage stammte aber aus frühbyzantinischer Zeit und diente als Bollwerk gegen die eindringenden Araber.

Gegründet wurde Seleukeia von dem Diadochen Seleukos I. Nikator Anfang des 3. Jahrhunderts v. Chr. Die Stadt hatte eine weitum bekannte und anerkannte Rhetorenschule, die in römischer Zeit wohl in Konkurrenz zur Hochschule im benachbarten Tarsos stand. In der römischen Kaiserzeit wurde Seleukeia zu einem wichtigen Verkehrsknotenpunkt ausgebaut.

Die Apostelgeschichte gibt keine Hinweise, ob Paulus auf seinen Reisen durch Kilikien auch in Seleukeia war. Die schon erwähnten Thekla-Akten legen es wenigstens nahe. Auf jeden Fall hat Thekla, die schon im Zusammenhang mit Ikonion erwähnte Jüngerin des Paulus, in Seleukeia gelebt, und dies war auch der Grund dafür, dass in dem südwestlich von Silifke gelegenen *Meriamlik* eine stark frequentierte frühchristliche Wallfahrtsstätte entstand. Auch von den Kirchen und Klöstern rings um das Grab der heiligen Thekla ist nicht mehr viel erhalten. Doch lassen sich neben kleineren Gebäudekomplexen noch drei Basiliken innerhalb des einstigen Wallfahrtsbezirks nachweisen: eine Nordkirche mit Atrium und drei Schiffen, die so genannte Zenon-Kirche und der Temenos mit der Gedächtniskirche der Thekla im Süden des Areals.

Die Funde von der Nordkirche sind nicht sehr ergiebig. Besonders beachtenswert – wegen des eigenwilligen Grundrisses – ist die mittlere Kirchenanlage, eine Stiftung des byzantinischen Kaisers Zenon I. (474–491). Der archäologische Befund spricht für ein überkuppeltes Mittelschiff. Im Westen war ein Atrium vorgelagert, das von außen über einen exedraähnlichen Raum betreten werden konnte. Das etwas schwierige Terrain an der Hangseite erforderte mächtige Substruktionen. Dass die Anlage ausgerechnet an diesem nicht gerade optimalen Platz errichtet wurde, hängt möglicherweise mit der Ortstradition zusammen. Die „Vita" und die „Miracula" der Heiligen lassen zwar keine genauen Rückschlüsse zu, aber es spricht einiges dafür, dass Thekla hier gewohnt haben könnte.

Wieder zurück auf der Küstenstraße, fahren wir der Küste entlang nach Westen, vorbei an Anamur und Alanya. Nach dem Örtchen Yeşilköy, noch vor der Abzweigung nach Beyşehir, liegt rechts etwas abseits von der Hauptstraße in einem kleinen Seitental Alarahan.

Dort kann man eine um 1230 entstandene, von den Resten einer byzantinischen Festungsanlage überragte seldschukische Karawanserei besichtigen.

Auf der Anfahrt kommen wir durch die landschaftlich reizvollen Ausläufer des Taurus-Gebirges. Ungefähr drei Kilometer nach dem Küstenort Manavgat – wegen seiner Wasserfälle ein beliebter Ausflugsort – biegen wir zur Küste ab. Beim heutigen Dorf Selimiye treffen wir auf das antike **Side**. Noch heute zeigen die Ausgrabungen auf der aufs Meer hinaus sich ausdehnenden Landzunge, wie reich an Bauten die Stadt einst gewesen sein muss. Sechsfach konnte Side den Titel des Neokorats, der Aufsicht über den Kaiserkult, für sich vorweisen. Sie wurde gepriesen als die „éndoxos", die berühmte, als „proótä", die erste, als „megîstä", die größte, als „lamprá", die glänzende, und als „lamprotátä", die prachtvollste Polis. Da konnten wohl nur wenige Städte Kleinasiens mithalten.

Die Geschichtsschreiber des Altertums scheinen sich einig zu sein, dass Side im 7. Jahrhundert v. Chr. von Kolonisten aus Kyme, etwa 50 Kilometer nördlich von Smyrna gelegen, besiedelt worden ist. Der Name der Stadt bedeutet soviel wie Granatapfel und ist wohl eher aus einer frühen anatolischen Mundart als aus dem Griechischen abzuleiten. Man kann also vermuten, dass der Ort bereits vor der Kymeschen Gründung besiedelt war. Dies ist umso wahrscheinlicher, als es, wie wir von zweisprachigen Inschriften wissen, bis in die hellenistische Zeit hinein eine einheimisch-anatolische (pamphylische?) Sprache und Schrift gegeben hat.

Die große Zeit für Side kam aber erst im 2. Jahrhundert v. Chr., als der Sklavenhandel zur Haupteinnahmequelle der Stadt wurde, denn hier veräußerten die berüchtigten Seeräuber ihre menschliche Ware. Der Erfolg des Pompeius gegen die Seeräuber 67 v. Chr. führte dann vorübergehend zu einer wirtschaftliche Flaute. Doch seine politische Bedeutung büßte Side damit nicht ein, noch vor Ende des 1. Jahrhunderts v. Chr. wurde es Hauptstadt der Provinz Pamphylien.

Im 2. und 3. Jahrhundert n. Chr. erlebte Side, auf der sicheren Woge der Pax Romana schwimmend, dann ihre zweite Blütezeit. Auch der Sklavenhandel blühte wieder auf. Doch mit dem Niedergang Roms sank auch Sides Stern, trotz eines nochmaligen Aufschwungs im 5. und 6. Jahrhundert als Metropolitansitz. Die Arabereinfälle taten ein Übriges. Ab dem 10. Jahrhundert vegetierte Side nur noch als Piratennest dahin, von der einstigen großen Hafenstadt war nichts mehr zu spüren.

In der Antike dagegen scheint die Lage von Side geradezu ideal gewesen zu sein. Fast wie ein gleichschenkliges Dreieck stieß die Landzunge nach Westen ins Meer, eine mit Festungstürmen bewährte Mauer sicherte die Stadt landeinwärts nach Osten hin ab. Durch zwei große Stadttore führten Kolonnadenstraßen im spitzen Winkel auf das Zentrum zu, zur großen Agora und zu dem hinter der Agora liegenden Theater. Nach dem Theater in westlicher Richtung schloss eine weitere Kolonnaden-Prachtstraße an. Sie führte unmittelbar zum Heiligen Bezirk südlich vom damaligen Hafen. Die Nekropolen lagen außerhalb der Stadt.

Heute beginnt man den Rundgang beim nördlichen Haupttor, gegenüber dem Nymphaion, dem prachtvollen Brunnenheiligtum außerhalb der Stadtmauer. Der Weg führt direkt auf die fast quadratisch angelegte *Agora* zu. Sie wurde im 2. Jahrhundert v. Chr so angelegt und von einer umlaufenden Säulenhalle umgeben mit dahinter anschließenden Läden. In der Mitte des offenen Platzes stand ein Rundbau, ein Tempel zu Ehren der Stadtgottheit Tyche. Man kann sich heute noch gut vorstellen, wie es damals war, als hier Sklaven feilgeboten wurden. Hinter der Agora dann das hufeisenförmige große Theater aus dem 2. Jahrhundert n. Chr., ganz nach römischer Art gestaltet, mit der Rückseite der Agora als Bühne. Es wurden nicht mehr so sehr die klassischen Tragödien und Komödien aufgeführt, die Orchestra wurde viel mehr zum Schauplatz von Gladiatorenkämpfen. Direkt neben dem Theater stand ein kleiner Tempel zu Ehren des Dionysos. An der Ostseite befand sich ein von Säulenhallen umgebener Gebäudekomplex, dessen mittlerer Raum mit korinthischen Säulen und Marmorintarsien besonders vornehm ausgestaltet war. In den Nischen standen römische Kopien von griechischen Statuen, Kaiser Antoninus Pius umgeben von Göttern. Von daher auch der Name „Kaisersaal".

Von der Agora aus setzen wir unseren Rundgang weiter fort in Richtung *Zeusaltar*. Dabei kommen wir an einem überkuppelten Haus und an einer Therme, Bauten aus frühbyzantinischer Zeit, sowie – in direkter Nähe zum heute versandeten Hafen – an zwei neben einander liegenden Tempelanlagen vorbei. Die beiden Tempel, der eine zu Ehren der Athena auf der rechten zum Hafen hin gelegenen Seite und der andere, der Apollotempel, südlich davon, gehörten zum großen Heiligen Bezirk. Zahlreiche im Fragment erhaltene Bauteile – korinthische Akanthuskapitelle, Konsolenfriese mit Medusenhäuptern und herrlich ornamentierte Architravblöcke – sind die noch verbliebenen Zeugen für die einst reich ausgestatteten Heiligtümer aus dem 2. Jahrhundert n. Chr. Die Ankömmlinge von der See her müssen von ihnen prachtvoll begrüßt worden sein.

Viele der spätantiken Werkstücke sind in der östlich von den beiden Tempeln gelegenen Ruine einer *frühchristlichen Basilika* des 5. Jahrhunderts verbaut gewesen. Bei dieser handelte es sich um eine dreischiffige Anlage mit einer Apsis, in der ein sechsstufiger marmorverkleideter Synthronon eingelassen war. Seitlich der Apsis und in der Verlängerung der Seitenschiffe befinden sich Pastophorien, die relativ weit aus der Ostflucht der Basilika herausragen. Wahrscheinlich wurde an der Südseite nachträglich ein Martyrion mit zwei Grabkammern errichtet. Der jüngere Einbau in das Mittelschiff stammt erst aus dem 8. oder 9. Jahrhundert.

Im Areal der antiken Stadt befinden sich noch weitere frühchristlich-byzantinische Kirchenanlagen, so im „Viertel der Quadriga" nahe der Kolonnadenstraße und im „Viertel der großen Fabrik" nahe der Stadtmauer. Erhalten ist davon eine dreischiffige Basilika mit einem Querhaus, eine sonst in der frühchristlichen Sakralarchitektur im Kleinasien des 5. Jahrhunderts nicht oft anzutreffende Kirchenform. Östlich wie südlich folgen noch weitere Gebäudeeinheiten. In ihnen werden die baulichen Reste eines Bischofspalastes vermutet. Unter diesen recht unterschiedlich gestalteten Räumen, einige davon mit Apsiden ausgestattet, fällt ein zentraler Kuppelbau auf, eine Kapelle des Vierstützentyps, die mit Sicherheit erst nach dem 6. Jahrhundert in den älteren Komplex hinein gebaut wurde. Die Ausgräber nehmen an, dass für den Einbau Spolien aus der Westnekropole verwendet wurden. Die weitläufige Anlage gilt wegen der vielen unterschiedlichen Raumtypen als ein wichtiges Beispiel spätantiker Profanarchitektur.

Auf dem Weg weiter nach Antalya sollte man nicht versäumen, einen kurzen Halt in **Aspendos** einzulegen. Der Ort besticht vor allem durch sein großes Theater. Ungefähr sechs Kilometer vor dem Örtchen Serik biegt man in das Tal des Köprü Çay, das antike Eurymedon, ab, überquert eine von den Seld-

Abb. 4   Eine der imposantesten Bauleistungen der Antike, der Aquädukt von Aspendos, von der Akropolis aus gesehen.

schuken im 13. Jahrhundert erbaute so genannte Buckelbrücke und erreicht nach kurzer Zeit das Dorf Belkis, in der Antike Aspendos.

Das *Theater* von Aspendos gehört zu den besterhaltenen seiner Art in Kleinasien. Es wurde von dem einheimischen Architekten Zenon zu Anfang der 2. Hälfte des 2. Jahrhunderts n.Chr. während der Regierungsjahre der Kaiser Antoninus Pius und Mark Aurel gebaut. Der Besucher wird beim Betreten des Theaters sofort an die Anlage im provencialischen Orange erinnert, ein Vergleich zwischen beiden Theatern drängt sich geradezu auf. Schon der hohe Ring aus Mauern und zweigeschossigen Arkaden, die den trichterförmigen Zuschauerraum, die Cavea, von außen umgeben, ist beeindruckend. Gewölbte Gänge führen zu beiden Seiten des vorspringenden Bühnenhauses den Besucher ins Innere des Theaters, von wo aus man dann über ein System radial angelegter Treppenläufe die verschiedenen Ebenen der vierzig Sitzreihen erreichen kann. In der so genannten Summa cavea, in der Höhe der Stirnwände, krönt eine umlaufende Bogengalerie den halbkreisförmigen Zuschauerraum. Die Cavea schließt direkt an das mehrgeschossige Bühnenhaus an. Das Bühnengebäude, das noch in voller Höhe dasteht, ist ein schmaler und langer Baukörper. Fünf Zugänge, darüber vier Fensterreihen in unterschiedlicher Form und Lage, gliedern die Außenfront. Ursprünglich schmückten zwei übereinander angebrachte Säulenreihen die innere Bühnenwand, in die rechteckige Nischen mit bekrönenden Giebeln eingelassen waren. In den Nischen standen Statuen. Über der oberen Säulenreihe befindet sich ein größerer Ziergiebel, in dessen Mitte eine mit Efeuranken geschmückte Dionysosfigur. Einlassungsspuren sowohl im oberen Bereich des Bühnenhauses wie am Galerienaufbau des Zuschauerraumes sind ein Hinweis darauf, dass der gesamte Innenraum mit einem Sonnensegel überdeckt werden konnte.

Auf dem weiteren Rundgang durch die antike Stadt sollte man unbedingt noch ein anderes Monument aufsuchen. Man findet es in der Nähe des Nordtores. Es sind die höchst eindrucksvollen Reste des ehemaligen *Aquädukts*, der das Wasser von den nördlichen Bergen in die Stadt brachte, ein Musterbeispiel des hochentwickelten römischen Wasserleitungsbaues. Faszinierend die lange Reihe von Bögen, die sich von den nördlichen Hügeln her auf mehreren hundert Metern über die Ebene der Marschlandschaft bis zu der Stadtmauer hinzieht. Genau errechnete man das Gefälle, welches für den stetigen Wasserlauf nötig war, und setzte das Errechnete dann um. Noch einmal ein Phänomen für sich sind die fast 30 Meter hohen Türme, die in gleichmäßigen Abständen in den Aquädukt eingebaut waren. Oben auf jedem Turm war ein offenes Becken, um die Luft aus den geschlossenen Kanälen entweichen zu lassen, damit der Abfluss nicht unterbrochen werden konnte.

Nach Strabon hatten Kolonisten aus der peloponnesischen Stadt Argos um die Jahrtausendwende Aspendos gegründet. Schon im 5. Jahrhundert v. Chr. wurden in Estwediya, so hieß Aspendos bis ins 4. Jahrhundert v. Chr., Silbermünzen geprägt. Die Befreiung der griechischen Städte Kleinasiens vom persischen Joch durch Alexander den Großen bedeutete auch für Aspendos eine neue Blütezeit mit Wohlstand und reger Bautätigkeit.

Nach Diogenes Laertios stammte der große Philosoph *Diodoros* aus dieser Stadt, ein Pythagoreer, der jedoch in der Gewandung der Kyniker, also mit langem Haar, in verwahrlosten Kleidern und barfüßig, herumlief. Apolloios von Tyana soll sich auch eine Zeitlang in Aspendos aufgehalten haben, dies berichtet jedenfalls Philostrat. Einer der wenig rühmlichen „Gäste" in Aspendos war der Prokonsul Verres. Wegen seiner Raffgier war er bei der Bevölkerung sehr verhasst. Glaubt man Ciceros Prozessreden gegen Verres, so hat dieser sogar den Tempel der Artemis Pergaia ausgeraubt.

Betrachtet man die Orte Kleinasiens, die Paulus auf seinen Reisen aufsuchte, in ihrer Gesamtheit, so stellt man fest, dass er hauptsächlich größere und einflussreiche Städte besucht hat. Dies gilt auch für das unweit von der pamphylischen Küste gelegene **Perge**. Die Stadt lag etwas landeinwärts, war aber durch den Kestros-Fluss, der heute Akçu heißt, mit dem Meer verbunden. Über die Frühgeschichte Perges ist nicht allzu viel bekannt. Man geht davon aus, dass nach dem Trojanischen Krieg griechische Einwanderer sich unterhalb der Akropolis angesiedelt haben. Über die Bedeutung der Stadt sind wir sowohl durch den Geographen Pseudo-Skylax um die Mitte des 4. Jahrhunderts v. Chr. unterrichtet wie auch aus den Berichten über den Alexanderzug von 333 v. Chr., für den Perge ein wichtiger Stützpunkt war. Die seit dem 2. Jahrhundert v. Chr. zahlreicher werdenden Münzprägungen in Perge unterstreichen die gewachsene Bedeutung der Stadt zusätzlich.

Mit der Stadt Perge hängt auch das Leben zweier hochrangiger Persönlichkeiten der Antike zusammen. Einmal wurde der berühmte alexandrinische Mathematiker *Apollonios* (262–190 v. Chr.) in Perge geboren. Apollonios verfasste acht Bücher, in denen er u. a. die Eigenheiten der Ellipse und die geometrische Form des Kegels untersuchte und ein epizyklisches System des Universums aufstellte, auf das später Ptolemaios zurückgriff.

Zum anderen beherbergte Perge in spätantiker Zeit den hoch angesehenen Rhetoriker *Varos*, der wegen seiner schnabelähnlichen roten Nase im Volksmund „Storch" hieß. Höhepunkt seines Ansehens: sein Porträt wurde, wenn wir der Überlieferung glauben dürfen, im Artemis-Tempel von Perge aufgestellt. Dies

*Abb. 5   Ansicht vom Südwesten über das Stadion auf die Ausgrabungen von Perge
mit den Resten der hellenistischen Türme und der Agora.*

wiegt umso mehr, als der Kult der Artemis Pergaia in der Antike weitum ein Begriff war. Auf den ältesten erhaltenen Münzen wird die Artemis von Perge inschriftlich in pamphylischem Dialekt immer wieder als „Vanassa Preiia", als Königin von Perge, bezeichnet. Ähnlich wie in Ephesos hat die Göttin in Perge ihren ursprünglichen „einheimischen" Charakter nie ganz verloren.

Für eine genaue Lokalisierung des einst so bedeutenden Kultbezirks fehlen allerdings verlässliche archäologische Befunde. Nach Strabon stand das Heiligtum in Stadtnähe auf einer Anhöhe. Ein Bericht des Redners Polemos aus der Regierungszeit Kaiser Hadrians, in dem ausdrücklich auf die exponierte Lage des Heiligtums und seine ungewöhnliche Schönheit hingewiesen wird, situiert es ebenfalls außerhalb der Stadt. Die Meinungen der Experten über den Standort gehen immer noch auseinander. Eine Theorie sieht die Akropolis als Platz der Kultstätte. Dafür spricht u.a., dass gerade dort, und zwar fast in der Mitte, später eine byzantinische Kirche gebaut wurde. Nach einer neueren Hypothese wird der Ort der Anlage auf dem etwas südöstlich von den Ausgrabungen gelegenen Hügel Iyilik

Belen vermutet. In einer Mauer am Fuß der Erhebung wurden zahlreiche Fundstücke aus dem Tempelinventar verbaut. Für gewöhnlich wurde das Inventar in der direkten Umgebung des Kultbereichs aufbewahrt.

Im Gegensatz zu Ephesos (vgl. S. 127) erfahren wir in der Apostelgeschichte nichts darüber, ob es auch in Perge zu Auseinandersetzungen zwischen Paulus und der dortigen Bevölkerung wegen des Artemis-Kultes gekommen ist. Wir lesen nur, dass Paulus auf seiner ersten Missionsreise, von Paphos her kommend, sich in Perge von Johannes Markus getrennt hat, der von dort nach Jerusalem zurückkehrte (vgl. Apg 13,13). Auch von der Existenz einer christlichen Gemeinde in frühchristlicher Zeit erfahren wir nichts, was angesichts der spätantiken und byzantinischen Sakralbauten in Perge fast ein wenig verwundert.

3. Das Tal der Kirchen

Mit den ersten Strahlen der Morgensonne öffnet sich ein weiter Blick auf die kleingegliederte, bizzare Tuffsteinlandschaft Kappadokiens mit ihren tief eingeschnittenen Tälern und den kargen Bergen. Man spricht vom Logenplatz am Himmel. Von den Anhöhen am Museumskomplex von Göreme kann man fast das ganze Tal bis Ürgüp überblicken. Man kann sich fast nicht satt sehen an den vielen von der Natur wild geformten, in den Himmel ragenden Tuffsteinkegeln. Es sind die so genannten Feenkamine, die schiefe, gewaltige dunkelgefärbte Steinplatten wie Mützen auf ihren Spitzen tragen. Sie bestimmen in ihrer seltsamen Eindringlichkeit das Panorama um **Göreme**. Je nach Tageszeit und Stand der Sonne leuchten die Felsen weiß, dann wieder ockergelb oder sogar pastellrosa. Diese Landschaft im anatolischen Hochland zwischen den Städten Aksaray, Niğde und Kayserí mit den bis zu 3000 Metern ansteigenden, schneebedeckten Höhenzügen des Melendiz Dağı ist für die meisten Türken das wilde, ungestüme Herz des Landes.

Vor allem dem Erciyes Dağı, einem fast 4000 Meter hohen Vulkan, verdankt *Kappadokien* sein einmaliges Landschaftsbild. Ein Ausbruch des Vulkans vor Tausenden von Jahren verwandelte die einmal blühende, ja fast paradiesische Landschaft in eine trostlose Steppe. Das ganze Gebiet wurde mit Lava und Asche überschüttet. Was von jenen Eruptionen als von Wind und Regen geformtes weiches Sedimentgestein übrig geblieben ist, prägt nun die jeden Reisenden in den Bann ziehende bizarre Welt Kappadokiens. Dasselbe Naturereignis machte es zugleich möglich, in das weiche Tuffgestein ein ganzes Labyrinth von Stollen und unterirdischen Gängen zu graben, die ganze Teile Kappadokiens durchziehen. Von alters her zog es die Bewohner hier offenbar unter die Erde.

Heute können noch die unterirdischen Städte von Kaymaklı und Derinkuyu besichtigt werden. Sie liegen auf halbem Weg von Nevşehir nach Niğde. Acht bis zehn Stockwerke tief unter der Erde wurden sie aus dem Tuffstein gehauen. Die oberen Etagen bildeten den Wohnbereich, die unteren dienten als Lagerstätten und in Zeiten der Not auch als Fluchträume. Die ganze Anlage war von einem verwirrenden Wegesystem mit eingebauten Plätzen auf den einzelnen Stockwerken durchzogen. Die Zugangswege konnten durch runde, an Mühlsteine erinnernde Platten versperrt werden. So konnte man sich wirksam gegen Eindringlinge schützen. Für das Überlebenkönnen über längere Zeit – in den unterirdischen Behausungen konnten immerhin mehrere Tausend Menschen untergebracht werden – sorgte ein verzweigtes Netzwerk von Luft- und Brunnenschächten. Über die Entstehungszeit dieser kappadokischen Unterwelt gibt es nur Spekulationen, doch ist sicher, dass Teile von ihr noch in die vorchristliche Zeit zurückreichen.

Doch bevor sich der von jedem Reiseführer angesprochene Höhlenkoller breit machen kann, sollte man nach Kayserí fahren. Das antike Kaysareia ist ein beliebter Ausgangspunkt für mehrtägige Reisen durch Kappadokien. Es liegt am nördlichen Fuße des heute erloschenen, gewaltigen Vulkans Erciyes Dağı – in der Antike hieß er Argaîon – auf einem über tausend Meter hohen Hochplateau. Kayserí ist heute Provinzhauptstadt Inneranatoliens. Die Stadt ist bekannt für ihre vorteilhafte topographische Lage. In Kayserí kreuzen sich heute noch die wichtigsten Handelsstraßen, die von der ägäischen Küste in den Vorderen Orient oder zum Schwarzen Meer führen. Dieser günstigen Lage verdankt die Stadt ihre Bedeutung als Handelszentrum. Bekannt ist Kayserí und seine Umgebung aber vor allem durch seine Gerbereien und die hohe, allseits gepriesene Qualität des Teppichknüpfens.

In ihrer unmittelbaren Umgebung haben sich zahlreiche archäologische Hinweise erhalten, die für eine Besiedlung bereits in hethitischer Zeit sprechen. Darauf weist auch der ursprüngliche Name Kayserís – Mázaka – hin. Darf man den sehr lückenhaften historischen Quellen glauben, dann muss Kaysareia aber schon früh hellenisiert gewesen sein. Allein die

Aufzählung der Kulte der Athena, des Dionysos über Aphrodite, der Hera und des Apollon sind ein deutliches Indiz dafür. Aber auch orientalische Religiosität wie der Kult der iranischen Ma, der Astarte und der Kybele hatten großen Einfluss auf die antike Stadt. Die Vorfahren der Kayserilí scheinen ein sehr weltoffenes Völkchen gewesen zu sein, und die Handelsstadt zog zwangsläufig Menschen der unterschiedlichsten Herkunft an. Angesichts der Multikulturalität des religiösen Umfeldes und der Internationalität seiner Bevölkerung verwundert es nicht, dass auch das Christentum in Kayseri früh Fuß fasste.

Den Namen *Kaysareia* (Caesarea) erhielt die Stadt erst 17 n. Chr. unter Kaiser Tiberius zu Ehren des kaiserlichen Gönners. Bis dahin hatte die Stadt – hellenistisch – noch Eusébeia geheißen. Zugleich wurde die Stadt als Caesarea Cappadociae Hauptstadt der römischen Provinz Kappadokiens. Im türkischen Kayserí lebt der antike Name weiter. In der Spätantike soll Kaysareia weit über 400 000 Einwohner gehabt haben. Wegen mehrerer Einfälle der Sassaniden sah sich Kaiser Justinıan veranlasst, die Stadt durch Erneuerung der Umfassungsmauer stärker zu befestigen. Dadurch wurden massive Umbauten notwendig. Heute sieht man von diesen kaum noch etwas.

Das Zentrum der heutigen Stadt mit ihren Moscheen und Medresen liegt rings um die Zitadelle aus seldschukischer Zeit, wo auch die justinianische Burg einst gestanden hatte. Unter seldschukischer Herrschaft war Kayserí wieder zu einem bedeutenden Handels- und Verwaltungszentrum geworden. Doch wegen der Einfälle der Mongolen, der Karamaniden und der Mamelucken kam die Stadt nicht mehr zur Ruhe. Das änderte sich erst wieder mit Sultan Selim I. zu Beginn des 16. Jahrhunderts.

Als Ausgangspunkt für die Besichtigung der Stadt wählt man am besten den Cumhuriyet Meydanı- mit dem *Atatürk Parkı*. Von hier sieht man sehr schön auf die südlich des Platzes gelegene mächtige Wehranlage der Zitadelle. Man besteigt am besten einen der 19 in die Festungsmauer eingelassenen Türme. Von dort hat man freie Sicht auf die Bauten und Gassen der Innenstadt und auf den lebhaft bevölkerten kleinen Markt südwestlich der Stadtburg. Im Inneren der Anlage befindet sich eine kleine osmanische Moschee, die Fâtih Camii. Verlässt man die Zitadelle beim Südwesttor wieder, gelangt man direkt zum Bazar. Bei einem Gang durch den Bazar sollte man bei der Vezir Hanı und der Ulu Camii etwas verweilen. Die zweigeschossige Vezir Hanı, eine Karawanserei aus dem 18. Jahrhundert mit zwei Außenhöfen, liegt hinter den Bedesten, dem Fleischermarkt der Stadt. Die Ulu Camii zählt zu den ältesten erhaltenen Denkmälern von Kayseri. Sie wurde wahrscheinlich bereits 1140 erbaut, aber erst zu Beginn des 13. Jahrhunderts vollendet. Die in osmanischer Zeit mehrfach restaurierte Moschee geht auf eine Stiftung des Emirs Yaghibasan, eines Enkels von Danişend, zurück. Danişend war der Stammvater der gleichnamigen Dynastie, die von 1070 bis 1177 die Geschicke Kappadokiens lenkte. Anders als bei den frühosmanischen Moscheen, wie wir sie aus Bursa kennen, sind die seldschukischen auf keinen einheitlichen Grundriss festgelegt. Wie auch die Ulu Camii haben sie meistens größere Pfeiler- bzw. Säulenhallen. An die Halle, deren Pfeiler und Säulen von antiken und byzantinischen Kapitellen geschmückt sind, schließt sich der fünfschiffige überkuppelte Gebetssaal an.

Eine ähnliche Raumaufteilung, nur viel größer in den Ausmaßen, weist auch die Moschee der *Mahperi Huant Hatun Külliyesi* östlich der Zitadelle auf. Die Anlage wurde 1237 von der Gemahlin des seldschukischen Sultans Alâettin Keykûbad, Mahperi Huant Hatun, gestiftet. Zu dem Stiftungskomplex gehören neben der Moschee eine oktogonale Türbe, eine Medrese und ein Hamam. Die weiträumige Moschee mit ihrem zinnengekrönten Mauerverband erinnert auf den ersten Blick an eine Festung. Besonders in die Augen fällt das reich verzierte Portal. Recht ungewöhnlich wirkt der kleine überdachte Aufbau über dem Eingang, eine Art Minarett, das gerade nur dem Muezzin Platz bietet. Etwas der Moschee vorgesetzt steht die Medrese, heute Museum für türkische und islamische Kunst. Der offene Innenhof der Medrese ist von vier Liwanen umgeben. Von ihm aus kann man zu der Türbe der Stifterin gelangen. Den polygonalen Baukörper schmücken Blendarkaden, die von säulenähnlichen Pilastern an den Ecken eingerahmt werden. Mäanderartige Schmuckflächen und kalligraphische Dekorfriese zieren die Außenwände. Die Sarkophage der Huant Hatun und zweier ihrer Töchter zeichnen sich vor allem durch anmutigen Reliefschmuck aus.

Bei einem Rundgang durch Kayserí darf der Besuch in der *Çifte Medrese*, die so genannte Doppel-Medrese, im nördlichen Teil der Altstadt nicht fehlen. Für diese Medrese gibt es auch Namen wie Giyasiye, nach dem Seldschukensultan und Stifter Gijaseddin Keyhüsrev I., unter dem 1206 der Komplex errichtet wurde, oder Sifaiye, weil sie als Hospital und als medizinische Schule genutzt wurde oder auch Gevher Nesibe Hatun Medresesi, da die Anlage zum Gedenken der Schwester des Sultans erbaut worden war. Der linke Eingang, von Stalaktiten und figürlichen Verzierungen, zumeist Schlangen und Löwen, aufwendig geschmückt, führt in das Hospital. Um den offenen Innenhof reihen sich die Liwane und im Grundriss von einander unterschiedene andere Raumeinheiten. In das Innere der Medizinschule konnte man durch ein separates Portal gelangen oder über einen schmalen Korridor vom Krankenhaus aus. Vom Innenhof aus rechter Hand erreicht man auch die in den Komplex eingebundene, überkuppelte Türbe. Diese Anlage ist die erste ihrer Art in Anatolien.

Unter den zahlreichen Grabmälern an der Peripherie von Kayserí zählt das *Döner Kümbet* an der Talas Caddesi im Osten der Stadt zu den prächtigsten. Es handelt sich um eines der seldschukischen Mausoleen. Der zwölfeckige Grabbau wurde für den Prinzen Sah Cihan Hatun um 1276 errichtet. Er zeichnet sich durch besonders reichhaltigen Reliefschmuck aus. Blendarkaden und ein Stalaktitengesims, über dem sich das kegelförmige Dach erhebt, gliedern die äußeren Wandflächen. Neben floralen und geometrischen Motiven fällt der Reichtum an figürlichem Dekor wie Dattelpalmen, Darstellungen eines Löwenpaars oder der doppelköpfige Adler, das Wappentier der Seldschuken auf.

Die geschilderten sind nur einige der Sehenswürdigkeiten, die Kayserí zu bieten hat. Doch verlassen wir die Stadt und begeben uns in das Tal der Höhlenkirchen von Göreme. Wie schon erwähnt, durchzogen zahlreiche Handelsstraßen die Landschaft Kappadokiens. Große Karawansereien (Hane) säumten diese Verkehrsverbindungen – Zeugnisse der islamischen Baukunst der Seldschuken, die sie als Unterkünfte für die Handelsreisenden, aber auch zur Sicherung der Handelswege anlegten. Deswegen sehen die meisten von ihnen wie regelrechte Festungsanlagen aus. Sie mussten gegebenfalls auch eine längere Belagerung überstehen. An den wichtigen Handelsstraßen wurden Karawansereien in der Regel in Abständen von einem Tagesmarsch eingerichtet.

Auf einer Reise durch Kappadokien sind zwei dieser *Karawansereien* besonders zu empfehlen. Die eine liegt nicht weit von Kayserí entfernt, wenn man in östlicher Richtung nach Sivas fährt. Bei dem Dorf Sultan Hanı nahe der Straße trifft man noch auf die Ruinen des einst großen Sultan Hanı. Die Inschrift, der man das Entstehungsdatum entnehmen könnte, ist leider verloren gegangen; vergleicht man sie aber mit ähnlichen, datierbaren Anlagen, so dürfte die Karawanserei in den dreißiger Jahren des 13. Jahrhunderts, möglicherweise unter Alâettin Keykobat I., entstanden sein. Durch das inzwischen restaurierte Tor betritt man den inneren offenen Rechteckhof. In dessen Mitte befindet sich ein etwas merkwürdiger Baukörper. Ähnliche Einbauten haben sich nur in kappadokischen Hanen erhalten. Es handelt sich um eine kleine kioskartige Moschee, deren Gebetsraum, getragen von vier kräftigen Pfeilern, über eine Treppe zu erreichen ist. Die unteren Stützen sind durch Spitzbögen miteinander verbunden und, wie auch bei den anderen Baugliedern, mit Ornamentbändern überzogen. Wohn- bzw. Aufenthaltstrakte schließen sich an der rechten Hofseite an; untereinander sind die Räume durch spitzbogige Türen verbunden. Hier im westlichen Wohnbereich schließt sich auch ein vierräumiges Hamam an. Auf der gegenüberliegenden Seite sieht man noch die laubenartige offene Halle mit ihrer doppelten Säulenreihe, die hauptsächlich für die Unterbringung der Lasttiere gedacht war.

Der Eingangsseite gegenüber folgt ein großer rechteckiger Raum. Durch ein mit Stalaktiten geschmücktes Portal betritt man die fünfschiffige Halle. 24 Pfeiler, die die Tonnengewölbe tragen, unterteilen den Raum. Das breite Mittelschiff ist deutlich höher. Die zentrale Pendentifkuppel sorgt für den Lichtein-

Abb. 6   Kappadokische Impressionen einer pittoresken Landschaft nahe Uçhisar.

fall. Es besteht die Möglichkeit, auf das Dach zu steigen. Von dort aus erhält man einen sehr guten Überblick über die ganze einst höchst imposante Anlage.

Die andere sehenswerte Karawanserei liegt genau entgegengesetzt in der Nähe von Aksaray bei dem Dorf Obruk. Die Raumaufteilung entspricht der eben beschriebenen Anlage. Dank einer Inschrift kennt man von ihr aber das genaue Baudatum. Die Inschrift besagt nicht nur, dass Alâettin Keybobat I. sie um 1229 errichten ließ, sondern macht zugleich darauf aufmerksam, dass die Karawanserei nur eine unter vielen anderen ist. Ihren besonderen Reiz bildet die filigrane Ausschmückung: Friese mit kalligraphischem Dekor, in sich geschwungene Schmuckbänder, Stalaktitennischen mit eingeschriebenen Rosetten und kreisenden Sternmustern und vieles andere – mit einem Wort: alles, was die besten seldschukischen Steinmetze im 13. Jahrhundert kannten.

Doch kehren wir in die Gegend von Göreme zurück. Bis ins 2. Jahrzehnt des 20. Jahrhunderts war ganz Kappadokien eine christliche Landschaft. Das änderte sich mit der Entstehung der heutigen Türkei und der Gründung der türkischen Republik schlagartig. Die christliche Bevölkerung wurde vertrieben, wenn ihr nicht Schlimmeres passierte. Damit fand eine beinahe zweitausendjährige Geschichte christlicher Siedlung ein Ende, denn die ersten Eremiten und Mönche waren bereits in frühchristlicher Zeit nach Kappadokien gekommen. Den Anachoreten drängte sich die entlegene, einsame Gegend als Aufenthalt geradezu auf. (Die Anachoreten-Bewegung – ihr bekanntester Vertreter war der Wüstenvater und -heilige Antonius – hatte von den Wüstengebieten Ägyptens ihren Ausgang genommen; von dort kam sie über Syrien auch nach Kappadokien.) Aber zu besonderem Ansehen kam Kappadokien vor allem in der Kirchenväterzeit. Die bedeutendsten Theologen des Ostens in dieser Zeit stammen von dort: *Basileios der Große* (um 330–379), ebenso dessen jüngerer Bruder Gregor von Nyssa (gest. 394) und der große Freund Basileios des Großen, Gregor von Nazianz (329–390). Durch sie wurde Kappadokien zu einem Kernland der Christianisierung.

Neben Johannes Chrysostomos (344 oder 354–407) war Basileios eine der wichtigsten Gestalten des östlichen Christentums und ist es bis heute geblieben. Er stammte aus einer tief religiösen Familie. Sein Vater war angesehener Rhetor in Kaysareia. Seine größte Bedeutung erlangte Basileios als Lehrer monastischen Lebens. Wegen seiner Mönchsregeln (Basiliusregeln) gilt er zu Recht, wenn schon nicht als Begründer, so doch als der eigentliche Promotor und erste Reformer des (östlichen) Mönchtums.

Vor dem Besuch der Höhlenkirchen und -klöster im Tal von Göreme dürfte es deshalb hilfreich sein, einiges zur Geschichte des *östlichen Mönchtums* anzumerken. Zumal der Osten die ursprüngliche und eigentliche Heimat des christlichen Mönchtums ist. Im Unterschied zum Westen, wo das Mönchswesen und Ordensleben im Verlauf der Jahrhunderte eine ungemein vielgestaltige Entwicklung genommen hat, ist das Mönchtum in den Ostkirchen seit der Spätantike im Wesentlichen dasselbe geblieben. Wichtig schon für die Frühphase ist allerdings der Übergang vom strengen Eremitendasein zur zönobitischen Lebensform, vom mönchischen Solitär zum Mönchsleben in Gemeinschaft. Dabei war das eremitische das ursprünglichere

Ideal. Noch für den im Zusammenhang mit Basileios dem Großen erwähnten *Antonios dem Einsiedler* war die Verwirklichung vollkommenen christlichen Lebens nur in Einsamkeit und Weltabgeschiedenheit möglich. Hinwendung und Zuflucht zu Gott bedeutete Flucht aus der Welt. Wüstengegenden, abgelegene Gebirge oder Inseln boten die besten Voraussetzungen dafür. Die Eremitenbewegung („Wüstenväter") fand in der Spätantike vor allem in den östlichen Mittelmeerländern zahlreiche Anhänger, und ganz verschwunden ist es aus der Geschichte des Christentums nie. Antonios selbst lebte 20 Jahre einsam in der arabischen Gebirgswüste zwischen Nil und Rotem Meer. Seine Höhle verließ er nur, um seine Mitbrüder und Schüler zu unterweisen. Aber schon zu Antonios' Zeiten – durch *Pachomios* (gest. 348) – wurde der Übergang vom reinen Eremitendasein zu den Anfängen klösterlicher Gemeinschaft vollzogen. Anstelle verstreuter Eremitensiedlungen entstanden Gemeinschaftshäuser mit Einzelzellen, Refektorium und Kirche, in der man gemeinsam zu Gebet und Gottesdienst zusammenkam. An der Spitze der Gemeinschaft stand ein Vorsteher (Abt), dem der einzelne Mönch Gehorsam schuldete. Basileios übernahm die Organisationsstruktur von Pachomios, vertiefte das klösterliche Gemeinschaftsleben aber biblisch-theologisch. Die Mönchsgemeinschaft sollte nach ihm Abbild der apostolischen Urgemeinde sein. Das klösterliche Leben wird zum „Wandel im Himmel" (Phil 3,20).

Aber wie Institutionen und menschliche Gemeinschaften bewegte sich in seiner Geschichte auch das Mönchswesen immer in der Spannung von Verfall und Erneuerung. Das Mönchtum wurde, wie wir beim Bilderstreit gesehen haben, nicht nur bedeutsam für Frömmigkeit und Seelsorge, es wurde unter Byzanz wichtig auch als wirtschaftlicher und politischer Faktor. Zugleich geriet es in Abhängigkeit vom byzantinischen Kaiserhaus. Die Klöster verweltlichten. Aber trotz aller Spannungen und auch immer wieder Verfallserscheinungen, die asketische Lebensführung und kontemplativ-mystische Versenkung sind die geistige Grundhaltung des Mönchtums geblieben. Die Bildprogramme in den Höhlenkirchen von Göreme machen dies dem Betrachter anschaulich.

Natürlich könnte man allein schon auf Grund der weiten Entfernung des Göreme-Tales von der Hauptstadt Konstantinopel auf den Gedanken kommen, die Gegend dort sei auch ein idealer Zufluchtsort für Sektierer und Abweichler gewesen. Aber die Abgeschiedenheit begünstigte auch das Überleben. Nach dem Sieg der Seldschuken über das Heer des Kaisers Romanos Diogenes 1071 brach für Kappadokien zwar die neue muslimische Epoche an, doch die christlichen Mönchsgemeinschaften in Göreme blieben davon weitgehend unbehelligt. Jahrhundertelang lebten hier zwei religiöse Welten halbwegs friedlich nebeneinander, auf der einen Seite die steil aufragenden Minarette von Avanos, Nevşehir oder Ortahişar und Ürgüp, auf der anderen Seite die Höhlenklöster und -kirchen mit ihrer christlichen Bildersprache.

Die eigenwillig geformte Landschaft, das geologische Chaos aus Tuffkegeln, Pyramiden und bizarren Felsformationen, verbreitet eine mystische Stimmung, die jeden, der ins Tal von Göreme kommt, unwillkürlich in den Bann zieht. Doch fällt es schwer, für die Besichtigung der Höhlenkirchen eine Reihenfolge zu empfehlen. Es sind insgesamt an die fünfzig Kirchen und Kapellen. Am besten, wir gehen allein nach kunsthistorischen und ikonographischen Gesichtspunkten vor, ohne auf die örtliche Reihenfolge zu achten.

Die Ausmalungen der Kirchen und Klöster im Talkessel von Göreme sind überwiegend in einem guten Erhaltungszustand. Die allermeisten haben die christliche Heilsgeschichte zum Inhalt. Die Bildprogramme orientieren sich am byzantinischen Kanon.

Beachten möge man: Es sind Mönche, die ihre Religiosität in Bilder umsetzen. In ihrer Abgeschiedenheit nehmen sie an den jeweiligen zeitbedingten Strömungen und Trends nur wenig teil. Ihre Grundhaltung ist konservativ. Die Bilder sind Einzeldarstellungen in einem narrativen Kontext. Man muss wissen, das Dargestellte ist Evangelium, geheiligte Ikone. Die Ikone aber ist nicht als normaler Bildträger im kunstgeschichtlichen Sinne zu verstehen, sondern für den byzantinischen Mönch ist sie eine „Erscheinung", die ab ihrem Erscheinen unumstößlich ist. Daraus lässt sich auch erklären, warum man in

*Abb. 7 Rote geometrische Symbole bedecken die weiß getünchten Wandflächen
in der Barbara-Kilise im Tal von Göreme.*

der Kompositionsgestaltung der christlichen Themen den in der Theologie eines Basileios oder eines Johannes Chrysostomos grundgelegten Traditionen über die Jahrhunderte hinweg verpflichtet blieb.

Wie der theologische Kanon bildnerischer Ausgestaltung *vor dem Bilderstreit* ausgesehen haben könnte, ist wegen der wenigen erhaltenen Beispiele nur schwer bestimmbar. Erst die Bildprogramme aus späterer Zeit geben Aufschluss über die hierarchische Anordnung der Bildthemen. Theologisch durchdacht und ausgerichtet an den liturgischen Bedürfnissen hat sich in etwa folgendes einheitliche Schema entwickelt: Im Zenit, dem höchsten Punkt des Kirchenraumes, in der Kuppel, ist der Ort des Pantokrators. Dem folgen, getragen von den vier Evangelienbildern, Engel, Propheten und Apostel. In der darunter liegenden Ebene wird die Gottesmutter mit Kind als die Theotókos Hodegeteria, als Gottesgebärerin und Wegweiserin christlichen Lebens, mit Erzengeln, dargestellt, in der Regel auf der Apsiswölbung über dem Altarraum. Zum Kirchenschiff hin folgen dann Szenen des kirchlichen Festkalenders in der Reihenfolge der biblischen Ereignisse: Verkündigung, die Geburt Jesu, die Taufe Jesu, die „Metamorphosis", die Verklärung Jesu auf dem Berg Tabor, der Einzug in Jerusalem, die Kreuzigung und die „Höllenfahrt" Jesu, die Auferstehung (Anastasis) und das Pfingstwunder, und je nach Möglichkeit und Bedarf weitere Begebenheiten aus dem Leben Jesu. An der Westseite des Naos, direkt über dem Eingang, ist der Standort für das „Entschlafen Mariens", die Koimesis tes theotókou, auf gleicher Ebene zu der gegenüberliegenden Darstellung der Muttergottes in der Apsis. In den darunterliegenden Zonen, fast schon auf Augenhöhe des Betrachters, folgen die Kirchenväter und Heiligen der Ostkirche als menschliche Vermittler Christi.

Dieses hier nun sehr skizzenhaft wiedergegebene Programmschema findet man von Fall zu Fall ergänzt und erweitert, wobei Ergänzungen und Erweiterungen nicht unbedingt der vorgegebenen offiziellen Bilderhierarchie folgen müssen.

Versuchte man die Malereien der Kirchen vom Göreme-Tal nach chronologischen Kriterien zu ordnen, müsste man wohl mit der Barbarakirche beginnen. Sie unterscheidet sich, sieht man von der *Yılanlı-Kilise* ab, von den anderen Kirchen durch ihre sehr geometrische und strenge Ornamentik. Ihre archaisch wirkende Dekoration steht für eine besondere Symbolik: Diese in den Felsen eingebaute Kreuzkuppelkirche des Viersäulentyps dürfte uns am besten eine Vorstellung davon vermitteln, wie während des Bilderstreites das ikonographische Repertoire ausgesehen haben könnte. Auf den weiß getünchten Wandfeldern zeigt sich rot bemalter Dekor mit Zickzackbändern, Rautenmustern, Kreisen, Dreiecken und Kreuzen sowie eine Vielzahl esoterischer Zeichen sowie Darstellungen, die an byzantinische Militärstandarten erinnern.

Unter den erhaltenen Malereien der Kirche findet sich in der Apsis ein Bild des thronenden Christus und an der Nordwand eine Darstellung der heiligen Barbara, der Namensgeberin der Kirche. In eigene Bilderfelder eingerahmt sind die Heiligen Theodor und Georg mit einer nur fragmentarisch erhaltenen Inschrift zwischen den beiden. Die in der Inschrift genannten Namen Falibon und Leon Marulinos bezeichnen vermutlich die Stifter der Kirche. Trotz dieser Namensgebung ist die genaue Bauzeit der Kirche unbekannt. Einerseits spricht die sehr archaisch anmutende, zumeist lineare Ausmalung für eine frühere Epoche, da die Bildsprache, wie schon angedeutet, noch an das ikonoklastische Repertoire erinnert. Doch andere bildnerische Kompositionen gehören sicherlich in das 11. Jahrhundert. Dafür spricht auch die Anlage der Barbara-Kilise als Kreuzkuppelkirche.

Nehmen wir als Nächstes die vermutlich gleichaltrige *Yılanlı-Kilise*, die in vielen Reiseführern auch Schlangenkirche genannt wird. In ihr finden sich im Vergleich zur Barbarakirche deutlich weniger geometrische Ornamente, doch sind sie in der Art der Darstellung weitgehend ähnlich. Einige Bilder sind trotzdem besonders sehenswert. Im Tonnengewölbe ist auf einem eigens gerahmten Bildfeld der Apostel Thomas zwischen den Heiligen Basileios und Onophorios dargestellt. Letzterer ist für die abendländische Ikonographie sicherlich etwas ungewöhnlich. Der Heilige erscheint als eine androgyne Person mit langem Bartwuchs und weiblichen Brustformen. Die anderen Geschlechtsmerkmale sind von einem Baum sittsam bedeckt.

*Abb. 8   Kaiser Konstantin und dessen Mutter, die heilige Helena,
in der Yılanlı-Kilise im Tal von Göreme.
Das Fresko wurde 1070 über die ältere Quaderimitation gemalt.*

Diese Darstellung ist auf eine Legende zurückzuführen: Eine ehemals frivole junge Frau wurde zum christlichen Glauben bekehrt. Um möglichen Nachstellungen der Männer künftig zu entgehen, habe sie Gott gebeten, sie in einen alten Mann zu verwandeln.

Auf der gegenüberliegenden Wandseite sehen wir die großen Soldatenheiligen, Georg und Theodor, zu Pferde im Kampf mit der riesigen, grüngeschuppten Schlange – deswegen der Name Schlangenkirche. Direkt daneben folgt eine für die byzantinische Ikonographie nicht ungewöhnliche Darstellung des Kaisers Konstantin und seiner Mutter Helena, die gemeinsam das wieder aufgefundene Kreuz als Siegeszeichen umfassen. Die Darstellung der beiden findet sich oft im Bildprogramm byzantinischer Kirchen, zumeist auf der gleichen Ebene mit anderen großen Heiligen.

Eine der am schönsten ausgemalten Kirchen im Talkessel von Göreme ist die *Tokalı-Kilise*. Sie liegt direkt am Anfang des Areals rechter Hand. Durch einen tonnengewölbten Vorraum gelangt man in ein querrechteckig vorgesetztes Schiff. Diese eigenwillige Grundrissform wird durch die Arkadenstellungen an den beiden Schmalseiten des Hauptraums ebenso zusätzlich verstärkt wie durch die weitläufigen pfeilergestützten Arkaden, die den Raum von dem dahinter liegenden Bereich mit dem Korridor und den drei Apsiden wie durch eine Ikonostase trennen. Auch wenn die Fresken keine strikte Einheit bilden, so ist doch themenübergreifend die Freude des Künstlers am Erzählen biblischer Szenen zu erkennen. Bereits beim Betreten des vorgelagerten Raumes fällt die große Zahl der wie in einer Prozession aufgereihten, von den Heiligen Georg und Demetrios angeführten Heiligen auf. Darüber folgen Szenen aus dem Leben Jesu, aus dessen Jugendzeit, dann die vielen Wundertaten, gefolgt vom Leiden und Sterben. Die Szenen sind teilweise erzählend in einer Zone aneinander gereiht oder wie in den Tonnengewölben, eingefasst in einem kräftigen roten Rahmen. In den Bögen sind beinahe lebensgroß Heilige der Ostkirche dargestellt. In den Zwickeln der seitlichen Arkaden sind ebenfalls Heilige, dort als Brustbilder in Medaillons, abgebildet. Das Thema

Kreuzigung beherrscht die Hauptapsis. Der azurblaue Hintergrund, auf dem der gesamte Zyklus gemalt ist, gibt dem Sakralraum den Charakter besonderer Erhabenheit. Stilistisch können wir in der Ausmalung dieser Kirche deutlich zwei Phasen unterscheiden. Die Malereien in überwiegend rot-grünen Farbtönen und in weniger naturalistischen Kompositionen dürften noch aus dem ausgehenden 9. Jahrhundert stammen. Die Darstellungen mit sehr realistischen Zügen sind aller Wahrscheinlichkeit nach erst während der Regentschaft von Kaiser Nikephoros II. Phokas (963–969) entstanden.

Doch gehen wir nochmals in Richtung Barbarakirche. Kurz vor dieser liegt die kleine Elmalı-Kilise, ebenfalls eine Kreuzkuppelkirche, sehenswert vor allem wegen ihrer reichen Ausmalung aus der Mitte des 11. Jahrhunderts. Das Zentrum, die Hauptkuppel, zeigt das für die mittelbyzantinische Zeit so typische Brustbild des Pantokrators, um das sich, der Bilder-Hierarchie folgend, die weiteren Szenen in den tiefer liegenden Zonen gruppieren. Die Hauptthemen sind die der zwölf großen Feste des Kirchenjahres. Aber es geht auch um alttestamentliches Geschehen. Ein Beispiel dafür ist die bekannte Szene, in der Abraham die drei Männer zum Gastmahl bittet, die hier aber vor allem im Zusammenhang mit der Eucharistie zu sehen ist. Auch fehlt nicht eine Vielzahl von Heiligen. Der Erhaltungszustand der Fresken ist nicht der beste, doch schafft die Kirche mit den teilweise in hellen Pastellfarben gehaltenen Malereien eine beschwingte Atmosphäre.

Auf der gegenüberliegenden Seite des Talkessels fällt besonders die teilweise durchbrochene mehrgeschossige Fassade der Karanlık-Kilise mit ihren dunklen Öffnungen in das Felseninnere und dem schmalen Blendarkadenfries auf. Sie wird auch die „Dunkle Kirche" genannt. Ohne künstliche Beleuchtung lässt sich von den Fresken des 11. Jahrhunderts nur schwer etwas erkennen. Das nur schwach in den Raum einfallende Tageslicht erzeugt in dieser Kreuzkuppelkirche eine ganz eigenartige Stimmung. Man kann sich vorstellen, wie durch die flackernden Öllampen die Fresken und der ganze Kirchenraum in mystisches Licht getaucht waren. Die in die Lünetten eingeschriebenen Szenen, wie die vom Letzten Abendmahl und der Kreuzigung, spiegeln die ganze Dramatik des Geschehens in der Gestaltung der verschiedenen Personen wider. Im Zenit herrscht der bärtige Pantokrator mit offenem Buch als Symbol des Lebenslichtes.

Die vielen Höhlenkirchen und -kapellen sind über Stufen und schmale Wege, die einmal leicht ansteigen, dann aber wieder steil abfallen können, miteinander verbunden. Aber jede für sich hat ihre eigene Geschichte. Diese hat an jeder von ihnen unübersehbare Spuren hinterlassen Doch sie alle geben ein eindrückliches Zeugnis von Menschen, die Gott und ihr Heil abseits des großen Welttreibens suchten.

Wörtlich übersetzt heißt Göreme: „Du sollst nicht sehen." Zutreffend ist das genaue Gegenteil. Denn kaum eine Landschaft fesselt das Auge mehr als die von Göreme. Allein schon das natürliche Umfeld der aus Fels geformten Pyramiden, Kegel, Obelisken, Kamine und Pilze hinterlässt einen unvergesslichen Eindruck. Und die archaische Kirchenlandschaft regt erst recht Phantasie und Nachdenken an – wenn der Besucher sich die dafür nötige Zeit nimmt.

Wer mit der Besichtigung der Höhlenklöster von Nevşehir aus über Uçhisar beginnt, sollte nach der Besichtigung den Weg über Çavuşin nach Avanos fortsetzen. Für den Rückweg empfiehlt sich dann die Straße nach Ürgüp. Und bevor man nach Nevşehir zurückkehrt, lohnt sich noch ein Abstecher nach Ortahisar. Obwohl die Entfernungen in abzufahrenden Kilometern nicht groß sind, ist es auch da ratsam, genügend Zeit mitzubringen. Denn fast an jeder Straßenbiegung öffnen sich wundervolle Ausblicke auf die Umgebung. Am besten fährt man zur richtigen Tageszeit mit der Sonne im Rücken über Ürgüp und Avanos. Man sieht dann, wie die Felsenwelt in ständig wechselnde Farbkompositionen eingetaucht. Viele der Höhlen, an denen man vorbeifährt, sind noch bewohnt, aber durch Vorbauten verstellt.

Von Nevşehir kommend nehme man die Hauptstraße nach Ürgüp. Bald nach der Abfahrt zum Göreme-Tal geht es rechts ab nach Ortahisar. Noch bevor man nach ungefähr einem Kilometer den kleinen Ort erreicht, kommt das markante Wahrzeichen von Ortahisar, ein steilwandig aufstrebender, burgartiger

Felsen, in Sichtweite. Die Ortschaft liegt am Fuße des von Höhlenbehausungen regelrecht durchlöcherten Felsens, von dem sie auch ihren Namen hat. In der Umgebung Ortahişars haben sich weitere Klöster und Kirchen erhalten. Sie sind in dem unübersichtlichen Gelände aber nur über schwach befestigte Feldwege zu erreichen. Niemand soll dadurch vom Besuch dieser Stätten abgehalten werden; es empfiehlt sich aber, einen einheimischen Führer in Anspruch zu nehmen.

Unbedingt sehenswert sind zwei südlich von Ortahişar gelegene Felsenkirchen. Der Ortschaft am nächsten liegt die *Pancarlık-Kilise*. Sie diente noch bis 1924 der griechischen und armenischen Bevölkerung als Gottesdienstraum. Die Fresken aus dem 11. Jahrhundert mit Szenen aus dem Neuen Testament sind teilweise noch gut erhalten. Ihre lebhafte Farbigkeit macht die Malereien zu einem unvergesslichen Erlebnis. Eine zweite Kirche, die Tavşanlı-Kilise steht bei dem Anwesen Kepez. In ihr befinden sich Reste einer bedeutend älteren Ausmalung. Die Fresken weisen noch viele vom Bilderstreit beeinflusste Elemente auf. Eine spätere Ausmalung, die aus der Zeit Konstantinos VII. Porphyrogennetos (1. Hälfte des 10. Jahrhunderts) stammt, zeigt neutestamentliche Szenen in einem sehr volkstümlichen Malstil.

Von Ortahişar geht der Weg dann nach Ürgüp, dem alten Osiana, an der Handelsstraße von Aksaray über Nevşehir nach Kayseri. Im Mittelalter war der Ort Bischofssitz. Heute ist Ürgüp ein kleiner Touristenort mit einigen Einkaufs- und Übernachtungsmöglichkeiten. Von hier fährt man, flankiert auf beiden Seiten von markant in der Landschaft stehenden, mit Steinkappen bedeckten Felsenobelisken, weiter in Richtung Norden nach Avanos, dem antiken Halys. Ein Bummel in Ruhe durch die Gassen der heutigen Kleinstadt mit ihren alten Häusern und Werkstätten kann sehr erholsam sein. Es gibt schöne Töpferwaren und andere Mitbringsel aus Onyx und Alabaster zu besichtigen.

Bevor der Besucher Avanos in Richtung Zelve wieder verlässt, könnte er noch einen Abstecher zu der östlich gelegenen seldschukischen Karawanserei Sarı Hanı aus dem 13. Jahrhundert machen. Sie liegt an der alten Handelsstraße von Konya nach Kayserí. Sie unterscheidet sich abgesehen von Details in ihrem Aufbau aber kaum von den schon andernorts geschilderten Karawansereien.

Etwas abseits der Hauptroute führt ein Weg in das Troglodytendorf Zelve, ein geschlossener Ort mit rund einem Dutzend sehr eng beieinander liegenden Kirchen- bzw. Klosteranlagen. In einigen der in den Felsschluchten versteckten Kirchen sind Ausmalungen zu sehen, die vom Bilderverbot betroffen gewesen sein könnten. Sie zeigen lediglich verschiedene Varianten des Kreuzessymbols. Man nimmt deshalb an, dass die Mönchskolonie noch in die Zeit vor dem Bilderstreit zurückreicht. Die meisten Kirchen dürften aber aus dem 9. und 10. Jahrhundert stammen.

Geht man von den Kirchen etwas talabwärts, gelangt man zu dem so genannten Symeon-Kegel, mit einer Kapelle im unteren Bereich des Felsens und einer Eremitenklause darüber. Die Ausmalungen stammen wohl aus dem 10. Jahrhundert, doch spricht vieles dafür, dass auch diese Stätte wie die ihr benachbarten Einsiedeleien bereits zu den ältesten Denkmälern in der Landschaft um Göreme gehört.

Und noch eine für ganz Kappadokien einmalige Besonderheit befindet sich an diesem Ort, der vor Jahren wegen Steinschlags geräumt werden musste: eine in den Felsen eingebaute Moschee, deren Standort durch ein von vier Säulen getragenes Minarett markiert ist.

Nicht weit davon entfernt, wieder an der Straße nach Uçhisar, liegt das Dorf Çavuşin. Es wird von einer fast 60 Meter hohen, mit Eremitenbehausungen übersäten Felswand überragt. Auf halber Höhe befindet sich der Zugang zur Kirche des Johannes Prodromos. Bei ihr handelt es sich um eine der ältesten Felsenkirchen mit drei ungleich großen Schiffen. Überwiegend ist zu lesen, dass sie aus dem 5. Jahrhundert stammt und ihre Ausmalung noch aus vorikonoklastischer Zeit stammt. Der Platz wird aber auch in Verbindung gebracht mit 1 Petr 1,1: „Petrus ... an die Auserwählten, die als Fremde in ... Kappadozien ... in der Zerstreuung leben ...". Sollte diese Annahme zutreffend sein, dann müsste man für die Gegend von Çavuşin die Existenz einer christlichen Gemeinde bereits seit dem 1. Jahrhundert annehmen. „Ex voto"-Täfelchen weisen auf die Verehrung eines heiligen Hieronymos hin, der aus dem benachbarten Avcilar stammte und zum Ende des 3. Jahrhunderts in Melitene den Märtyrertod erlitten haben soll. Damit soll auch das „Große Taubenhaus", nördlich von Çavuşin, im Zusammenhang stehen. Es handelt sich dabei um eine in die Felsen eingelassene Höhlenkirche aus dem 10. Jahrhundert mit einem Fresko, auf dem der byzantinische Kaiser Nikephoros II. Phokas mit Gattin Theophano abgebildet ist. Die Darstellung erklärt man mit dem kaiserlichen Besuch in dessen kappadokischer Heimat vor seinem Feldzug gegen die Araber. Das Bildnis dürfte 964 entstanden sein.

Zur unmittelbaren Nachbarschaft von Çavuşin gehören noch zwei weitere Höhlenkirchen: die Kirche der drei Kreuze im Tal Güllü Dere und die Üzümlü-Kilise, im Tal von Kızıl Çukar. Auch diese beiden stammen vermutlich noch aus der Zeit vor dem Bilderstreit.

Über Avcilar, das byzantinische Matiana, geht es dann wieder zurück nach Nevşehir. Wenn nur wenig Zeit ist, sollte man das in nördlicher Richtung gelegene *Açik Saray* auf dem Weg nach Gülşehir besuchen. Das „Offene Schloss", wie diese Felsenkirche ebenfalls genannt wird, unterscheidet sich von den anderen ihrer Gattung durch ihre besonders aufwendig gestaltete Fassade. Und statt der zu erwartenden Ausmalung finden wir in ihrem Inneren an einigen Wänden, Decken und Nischen im Relief gemalte und noch erhaltene Kreuzsymbole. Die heutige Kleinstadt besitzt auch eine Burganlage aus osmanischer Zeit. Und wie zu jedem Ort im heutigen Kappadokien gehören auch zum Stadtbild von Açik Moscheen und Medresen, voran die von Damat Ibrahims Paşa im 18. Jahrhundert gestiftete Hauptmoschee Kurşunlu.

Im Altertum trug der Ort den Namen *Nyssa* und war die Heimat des kappadokischen Kirchenvaters Gregorios (335–394), des schon genannten jüngeren Bruders Basileios des Großen. Er hätte am liebsten sein Leben hier in Zurückgezogenheit zugebracht. Doch auf Drängen seines Bruders wurde er Bischof von Nyssa, ein Amt, das dem in sich gekehrten Gregorios beträchtliche Schwierigkeiten bereitete, später zu seiner Absetzung

Abb. 9   Blick in die Kuppel der Ağae Altı-Kilise im Tal von Peristrema.

führte und ihn einmal sogar ins Gefängnis brachte. Das mindert seinen Ruf als philosophischer und theologischer Denker aber in keiner Weise. Ihm ist es wie nur wenigen theologischen Lehrern seiner Zeit gelungen, das platonische Denkgebäude – über den Gedanken der Teilhabe am Göttlichen – in eine christliche Anthropologie zu übersetzen. Sein umfangreiches literarisches Werk beschäftigt sich aber vorwiegend mit dogmatischen Fragen bei der Abwehr von Häresien vor allem die Trinitätslehre betreffend (bekannt u. a. die zwölf Bücher gegen Eunomios).

Während eines Aufenthaltes in Kappadokien sollte man sich unbedingt die Zeit nehmen, noch die Schlucht des Melendiz Suyu, bekannt auch als *Peristrema-Tal*, nahe Aksaray, aufzusuchen Die dortigen Klöster und Kirchen liegen gut geschützt überwiegend im oberen Bereich der vom Melendiz-Fluss in vielen Windungen geformten Talschlucht, zwischen den Dörfern Belisirama und Ihlara. Bei einer Begehung des Tals, empfiehlt es sich aber, auf die Erfahrung eines einheimischen Führers zurückzugreifen. Man muss, was nicht ganz einfach ist, um die eine oder andere Höhlenkirche in den steil aufragenden Wänden besuchen zu können, den Fluss gleich mehrmals überqueren. Die Kirchen und Kapellen dort stammen überwiegend aus dem 11. Jahrhundert. Bei den Ausmalungen handelt es sich wiederum hauptsächlich um Szenen aus dem Neuen Testament, doch in der einen oder anderen Kirche sind auch Bilder mit stärker individuell ausgewählter Thematik erhalten. So in der Kırk Dam Altısı Kilisesi, auch unter Hagios Georgios bekannt, wo der heilige Georg zwischen dem Emir Basileios Giagupes und dessen Frau Thamar steht, den Stiftern der kleinen Kirche. Etwas verwundert ist man über die türkische Kleidung, doch der Grieche stand im Dienste des seldschukischen Sultans Masut II. (13. Jahrhundert).

Macht man sich dann über Ürgüp nach Yeşilhisar auf, kann man unweit von dort, in der Nähe des Akköy-Sees, rechts abbiegen. Man gelangt dann sehr bald zu der weit auseinander gezogenen Siedlung Soğnalı. An manchen Tagen hat man auf dieser Strecke einen wunderschönen Blick auf den am Horizont sich majestätisch abzeichnenden Erciyes-Berg mit seiner schneebedeckten Spitze. Der Reiz des Soğnalı-Tales liegt nicht nur an den kleinen, auch hier in die Felsen eingebauten Kirchlein. Auch die Landschaft wirkt hier noch um einiges anheimelnder und intimer als im Tal von Göreme. Der Ort vermittelt die Atmosphäre der asketischen Welt des einst christlichen Kappadokiens am reinsten.

Verlässt man schließlich das kappadokische Hochland in Richtung Mittelmeerküste, kommt man unweigerlich nach **Niğde**. Die Stadt ist eingerahmt von den hohen Ausläufern des Melendiz Dağı und den Gebirgszügen des Taurus im Süden. Seit altersher profitiert Niğde von seiner günstigen topographischen Lage. Hier kreuzen sich die wichtigen Handelsstraßen zwischen Konya und Sivas mit der von Mersin über die Kilikische Pforte nach Norden zum Schwarzen Meer. Deswegen ist auch nicht erstaunlich, dass die archäologischen Zeugnisse aus der unmittelbaren Umgebung der Stadt bis ins 3. Jahrtausend v. Chr. zurückreichen.

Was Niğde aber heute für den Reisenden interessant macht, sind die zahlreichen Bauten aus der *seldschukischen* Zeit, darunter mehrere Moscheen aus dem 13. und 14. Jahrhundert auf basilikalem Grundriss – für die islamische Architektur Kleinasiens eine Besonderheit. Auch für das moderne Stadtbild – man erhält vom Zitadellenhügel aus einen guten Überblick – sind die baulichen Zeugnisse aus der Zeit der Seldschukensultane Izzeddi Keykâvus und Alâettin Keykûbad noch beherrschend.

Unweit der Zitadelle am Westrand des Hügels liegt die *Alâettin* bzw. *Ulu Camii*. Sie fällt dem Betrachter schon wegen ihres ungewöhnlich gedrungenen Minaretts auf und dann ganz besonders wegen des Eingangsportals mit seinem herrlich herausgearbeiteten Arabesken-Dekor. Der Bau stammt aus dem Jahre 1223, damit aus der gleichen Zeit wie die Alâettin Camii in Konya. Trotzdem unterscheiden sich beide Moscheen deutlich voneinander. Man merkt es gleich, wenn man das Innere der Moschee betritt. Ähnlich wie schon in Kayseri würde man einen Pfeilerhallentyp erwarten, statt dessen betreten wir einen basilikalen Raum, der durch seine architektonische Ausrichtung augenfällig auf den durch die darüber sich öffnende Kuppel hervorgehobenen Mihrab verweist. Die Alâettin Camii ist somit ein Beispiel dafür, dass die Seldschuken die byzantinische Kuppelidee – wenn auch nur zaghaft – ihren eigenen Bautraditionen einzupassen verstanden. Auch wenn der Innenraum der Moschee nicht so lichtdurchflutet ist, wie man es sonst von osmanischen Sakralräumen gewohnt ist, so beeindruckt sie doch durch die Atmosphäre der Ruhe, die durch die jeden Schritt dämmenden Teppiche noch verstärkt wird. Bestaunenswert auch die schönen Yahyali-Teppiche im Gebetsraum, die wohl in der Gegend um Niğde selbst geknüpft wurden.

In der Nähe einer anderen Moschee, der *Sunğur Bey Camii*, befindet sich die ehemalige theologische Schule von Niğde, die Ak Medrese. Von ihr ist vor allem das sehr schöne, reichlich ornamentierte Hauptportal aus Marmor sehenswert. Im Inneren befindet sich ein offener Hof mit Zugängen zu zweigeschossigen Raumeinheiten, den Schülerzellen. Heute ist in den Räumen ein archäologisches Museum untergebracht.

Nicht unweit vom Zentrum der Stadt trifft man auf eines der schönsten seldschukischen Mausoleen, das in seiner äußeren Gestalt den Mausoleen von Kayserí ziemlich ähnlich ist. Es ist die 1312 errichtete Hüdavent Hatun Türbesi, die der Sultan Kılıç Arslan IV. als Grabstätte seiner Tochter in Auftrag gab. Von zahlreichen bekannten seldschukischen Bauten zeigt diese Anlage mit am besten das gesamte Repertoire seldschukischer Baukunst und Ornamentik. Die Wandflächen des Oktogons sind jeweils durch ornamentierte Halbsäulen verbunden. In der oberen Gesimszone, im Übergang zur pyramidalen Dachhaube schließt an den achteckigen Kubus noch ein sechzehneckiger Abschlussring an, der sich von den übrigen Baugliedern noch einmal durch seine extravagante Ausschmückung absetzt. Um Fenster und Eingangstüren spannen sich reiche, teilweise vom Wandgrund abgesetzte Dekorelemente, vor allem florale und geometrische Motive, aber auch figürliche Darstellungen von Tieren und Phantasiewesen.

Mit Niğde verlassen wir Kappadokien. Die Landschaft im Herzen Anatoliens mit seiner so wechselhaften und auch tragischen Geschichte ist gerade für uns Heutige ein Beispiel dafür, wie sehr es von Vorteil sein kann, wenn unterschiedliche Strömungen kultureller wie religiöser Art nicht nur nebeneinander existieren, sondern auch miteinander verwachsen sind und trotzdem ihre Eigenständigkeit bewahren, aber auch dafür, welche Probleme entstehen, wenn die Unterschiede und Gegensätze nicht akzeptiert und Minderheiten unterdrückt werden. Und der Reisende erlebt die Landschaft mit all ihren Kuriositäten, Eigenwilligkeiten und Launen der Natur immer wieder neu.

4. In der Heimat des heiligen Nikolaus

Die *lykische* Halbinsel gehört mit ihrer Küste zu einer der landschaftlich reizvollsten Gegenden Kleinasiens. Sie erstreckt sich vom Golf von Telmessos, dem Fethiye Körfezi, im Westen, bis zu den Ausläufern des Taurusgebirges bei Antalya. Die mächtige Gebirgskette des Beydağları, das antike Solyma, bildet eine Art natürliche Barriere gegen Norden. Inmitten eines großen landwirtschaftlichen Anbaugebietes liegt Elmalı, das heutige Zentrum des lykischen Hinterlandes. In der Nähe Elmalıs, bei Kizibel und Karaburun, sind erst in jüngster Zeit Tumulusgräber mit Ausstattungen und Malereien aus dem 5. und 6. Jahrhundert v.Chr. freigelegt worden. Auch die große antike Stadtanlage von Limyra in der Nähe des Sees Avlan Gölü weist auf frühe Besiedlung hin.

Die Gegensätze der lykischen Landschaft, hier mildes Mittelmeerklima, dort rauhe Bergwelt, haben seit alters Land und Leute hier geprägt. Die Einwohner Lykiens gehören zu den ältesten Siedlern Anatoliens, doch ist ihre Herkunft schwer zu bestimmen. Die griechischen Einwanderer behalfen sich mit mythologischen Erklärungen. Nach Herodot kamen die Lykier unter Führung Sarpédons von Kreta ins Land, als dieser von seinem königlichen Bruder Minos aus Kreta vertrieben wurde. Ursprünglich soll das Gebiet Milyas geheißen haben, und die Ureinwohner nannte man Solymer. Die neuen Siedler hießen eine Zeitlang Termilen. Der heutige Name stammt von Lykos, dem Sohn des Königs Pandion von Athen. Er soll sich seinerzeit Sarpédon angeschlossen haben.

Vermutlich zuverlässiger sind hethitische Quellen. Danach sollen Hethiter um die Mitte des 14. Jahrhunderts v.Chr. während der Regierungszeit des Suppiluliumus eine Stadt Lukki eingenommen haben. Auf Tafeln aus Tel el-Amarna (Ägypten) ist im Zusammenhang mit Lukki von „Völkern des Meeres" die Rede. Archäologische Funde weisen auf Siedlungen hin, die bis ins 3. Jahrtausend v. Chr. zurückreichen.

Für den heutigen Besucher ist Lykien vor allem die Landschaft der vielen Felsengräber. Die zahlreichen lykischen Nekropolen geben nicht nur Einblick in die antiken Begräbnissitten, sondern sind auch beredte Zeugnisse der Vielfalt unterschiedlicher kultureller Einflüsse im Ablauf der Geschichte.

Nach ihrer Formensprache lassen sich in etwa vier Haupttypen lykischer Gräber unterscheiden. Die älteste Grabform ist das Pfeilergrab. In Pfeilergräbern wurden vor allem Angehörige bekannter Dynastien beigesetzt. Auf einem hohen monolithen Unterbau ruht die mit einer gestuften Platte verschlossene Grabkammer auf. An den Außenseiten sind in der Regel Reliefs angebracht, zumeist „Audienzszenen", in denen den Verstorbenen Opfergaben gereicht werden. Dieser Grabtyp stammt hauptsächlich aus spätarchaischer und frühklassischer Zeit, und da es diese Grabform sonst nirgends gibt, spricht man von dem Pfeilergrab als einer lykischen Erfindung.

Auch der zweite Typus, das Felsengrab, zählt zu den Eigenheiten Lykiens. Das besonders Auffallende an den in eine Felswand eingehauenen Kammern ist das Rahmenwerk von waagerecht und senkrecht verlaufenden Balken an deren Fassaden. Die kassettenähnlichen Wandflächen erinnern so an Fachwerkkonstruktionen. Über der flachen Abdeckung konnte dann noch eine der Holzbauweise nachgeahmte Giebelkonstruktion folgen. Felsengräber dieser Art stammen meist aus dem 5. und 4. Jahrhundert v. Chr. Die großen Nekropolen von Myra und Limyra sind gute Beispiele dafür.

Ein dritter Typus ist weniger einheimisch geprägt und orientiert sich stärker an der griechischen Tempelarchitektur. Dies gilt besonders für die Gestaltung der Grabfront. Eines der überzeugendsten Beispiele dieses Typs hat sich in der Nekropole von *Telmessos* erhalten. Einheimische und lykische Stilelemente konnten sich also gut nebeneinander behaupten und zur Geltung bringen. Meistens gehörte zu so einem Tempelgrab auch eine Vorhalle, von der eine Tür in den inneren Grabbereich führte. Die Grabkammer war in der Regel recht schlicht

Abb. 10   Zeichnerische Rekonstruktion eines lykischen Grabhauses nach Renndor/Niemann.

ausgestaltet. Auf den in Stein gehauenen Bänken wurden die Toten aufgebahrt.

Einen letzten Typus bilden lykische Sarkophage mit auf einer gestuften Basis ruhenden, durch einen Deckel verschlossenen Grabkammern. Die Sarkophagkästen weisen – bei Abweichungen im Einzelnen – ähnliche Fachwerkfassaden wie die Felsgräber auf. Zuweilen aber schmücken auch Reliefdarstellungen die Außenseiten eines marmornen Grabkastens. Fast alle Gräber dieses Typs haben ein Spitzbogendach.

Gleichgültig von welchem Punkt aus man die lykische Halbinsel durchquert, die verschiedenen Grabformen begleiten einen auf der gesamten Strecke. Sie erwecken ganz den Eindruck, als seien sie immer schon ein Teil der Landschaft gewesen.

Wir beginnen in Fethiye, dem antiken Telmessos. Für das alte Lykien war **Telmessos** der bedeutendste Hafen, was auch mit seiner Nähe zur der westlich vorgelagerten Insel Rhodos zu tun hatte. Man kann Rhodos bei guter Sicht von den vorspringenden Felsklippen am Ufer aus im Licht der untergehenden Sonne sehen. Schon Pindar besang die Schönheit dieser Küstenlandschaft, den Blick auf die für Lykien so wichtige Insel gerichtet: „… meerumschlungenes Rhodos, Spross der Aphrodite und Braut des Helios … nahe dem Vorgebirge des weiten Asiens".

Nach dem verheerenden Erdbeben von 1957 ist von Fethiye bis auf den reizvoll gelegenen kleinen Hafen allerdings wenig mehr erhalten geblieben. Die mit Pinien bepflanzte vorgelagerte Inselkette bot dem Hafen bereits in der Antike natürlichen Schutz. Von hier aus sollen sich die lykischen Truppen unter Glaukos und Sarpédon nach Troja aufgemacht haben, um den Bedrängten Beistand zu leisten. So heißt es am Schluss des zweiten Gesangs der Ilias: „Und Sarpédon führte die Lykier und der Held Glaukos fern aus Lykien her von den wirbelnden Fluten des Xanthos."

In den über Fethiye ansteigenden Felsformationen zeigt sich weithin sichtbar die große *Nekropole* des antiken Telmessos. Für viele ist sie der eigentliche Anlass für einen Besuch des Ortes. Bereits im 19. Jahrhundert kamen Reisende hauptsächlich der Felsengräber wegen nach Fethiye. Ihre Berichte sind schon deswegen besonders wertvoll, weil die antike Stadt bereits dem Erdbeben von 1856 zum Opfer fiel. Nur aus früheren Reiseberichten wissen wir z.B. auch einiges über den Apollon-Tempel von Telmessos, der in Zusammenhang stand mit einem lokalen Orakel-Heiligtum. Unter den vielen Gräbern in der östlichen Felswand ist das berühmte Grab des Amyntas aus dem 4. Jahrhundert v. Chr. besonders hervorzuheben. Wegen seiner exponierten Lage und seiner tempelartigen Fassade kann man es auch gar nicht übersehen. Es ist ein Tempelgrab der Gattung „Templum in antis". Die Front ist gegliedert wie ein ionischer Antentempel mit zwei Säulen zwischen Pilastern, die einen Giebel tragen. Eine Scheintür vor der Hauptkammer ist in vier Felder unterteilt und mit Imitationen von Beschlagnägeln geschmückt. Im Inneren, an den Wänden der Grabkammern, befinden sich drei aus den Felsen geschlagene Bänke, die Grabplätze für die Verstorbenen.

In unmittelbarer Nähe haben sich auch noch zwei zwei- bis dreigeschossige, in die Felswand eingelassene Hausgräber erhalten. Weitere Felsengräber und Sarkophage, überwiegend aus dem 5. Jahrhundert v. Chr., sind an der Peripherie von Fethiye zu sehen, darunter ein lykischer Hyposorion-Sarkophag und ein römischer Sarkophag. In der Dämmerung wirkt der Ort mit seinen Felsengräbern wie eine Totenstadt; die Stimmung kann bedrückend sein.

Wir fahren von hier aus in das Landesinnere. Nach dem Ort Kemer geht die Straße wieder in Richtung Süden. Nahe Patara kommen wir noch einmal an die lykische Küste. Unweit der Straße liegen die Ruinen der Städte Tlos und Pinara. Ein Abstecher zu den beiden antiken Plätzen lohnt sich immer, schon wegen der wundervollen landschaftlichen Lage über dem wasserreichen *Xanthostal*. Die von Ranken und Kleinhölzern überwucherten Ruinen bilden ein idyllisches Arrangement aus Natur und ferner Vergangenheit, das man nicht so schnell vergisst.

In **Xanthos** selbst sollte man sich etwas länger aufhalten. Die antike Ruinenstadt liegt unweit vom Dorf Kimik am Koca Çayi oberhalb des Sees Ova Gölü. Xanthos war in der Antike eine der mächtigsten Städte Lykiens. Der Platz erscheint immer wieder, und zwar in verschiedenen Überlieferungen als Gründungsort des lykischen Reiches. Laut Homer hat sich Sarpédon, als er von Kreta her nach Lykien kam, in der Gegend um Xanthos niedergelassen. Es gibt auch die Legende von einem Heroen Xanthos kretischer oder ägyptischer Herkunft; er soll ein Sohn des Termiles und der Nymphe Praxidike gewesen sein. Von daher könnte der Name Termilen stammen.

Auch in der *Bellerophon-Mythologie* fand die Stadt und deren Umgebung ihren Niederschlag. Da dem Heroen fälschlicherweise eine Vergewaltigung unterstellt wurde, aber das Gebot der Gastfreundschaft eine Verurteilung des Beschuldigten nicht zuließ, schickte man ihn zu König Iobates, in der Hoffnung, dort werde ihm schon ganz von selbst die gerechte Strafe zuteil werden. Der König gebot dem Bellerophon, die Chimäre zu töten, die als ein Ungeheuer das Königreich bedrohte, dies natürlich in der Absicht, der junge Mann werde dabei umkommen. Doch mit Hilfe des Pegasos konnte Bellerophon die Bestie erlegen. Entsetzt ob solchen Erfolges schickte Iobates

Bellerophon ganz allein gegen die Solymer. Aber mit Unterstützung des Pegasos besiegte er auch die Solymer. Ebenso erfolgreich wusste er sich gegen die Amazonen zu wehren, und als lykische Soldaten ihn aus einem Hinterhalt angriffen, brachte er auch sie um. Da Iogates einsehen musste, dass er gegen Bellerophon nicht ankam, zog er ihn ins Vertrauen, vermählte ihn mit seiner Tochter Philonoe und vermachte ihm die Hälfte seines Reiches.

Als Sir Charles Fellows 1838 die Ruinen von Xanthos entdeckte, wurde gleich mit einer systematischen Bestandsaufnahme der Funde begonnen. Zahlreiche Reliefs und Inschriften landeten so im Britischen Museum in London. Die Ausgrabungen stammen aus sehr verschiedenen Epochen, die ältesten aus dem 8. Jahrhundert v. Chr., die jüngsten aus spätbyzantinischer Zeit. Neben den Resten der lykischen und römischen Akropolis, des großen Theaters und der römischen Agora gehören auch in Xanthos die Grabdenkmäler zum interessantesten Teil antiker Hinterlassenschaften. Direkt neben dem römischen Theater und einem weiteren Grabmal befindet sich das so genannte Harpyienmonument, das wohl bekannteste Beispiel für den Typ eines Pfeilergrabes. Die Reliefs des Grabmonuments – auch sie befinden sich im Britischen Museum von London – zählen zu den schönsten Schöpfungen lykischer Bildhauerei. Einheimische Kunstsprache vermischt sich mit griechischen Einflüssen; der milesisch-ionische Stil steht für die hohe Qualität der Darstellungen.

Ein über fünf Meter hoher monolither Pfeiler, der sich nach obenhin leicht verschlankt, trägt die Totenkammer. Auf drei Seiten des Pfeilers haben sich noch große, rechteckige Bossen aus der Zeit der Aufstellung erhalten. Das Relieffries unterhalb der dreistufigen Deckplatte ist Kopie. Die Reliefs zeigen überwiegend sitzende Personen, die Geschenke und Opfergaben entgegennehmen. Sphinx- bzw. sirenenähnliche Mischwesen flankieren die Sitzenden und tragen Kinder, Symbole für die Seelen, auf ihren Armen. Man hat diese Wesen früher als Harpyien angesehen, die die Töchter des Pandareos davontragen. Nach Homer waren die Töchter des Pandareos verwaist, und die Göttinnen Hera, Athena, Artemis und Aphrodite nahmen sich der Waisenkinder an. Während einer Unaufmerksamkeit der Göttinnen raubten die Harpyien die Kinder.

Jüngste Ausgrabungen in Xanthos brachten übrigens auch *christlich-byzantinische Bauten* zutage. Aus ihnen lässt sich möglicherweise auf eine in der Apostelgeschichte angedeutete frühchristliche Gemeinde schließen. Da Paulus von Milet aus über Kos und Rhodos auch nach Patara kam, um dort sich nach Phönizien einzuschiffen, ist eine Christengemeinde zur Zeit des Paulus auch in Xanthos jedenfalls nicht auszuschließen. Hinweise auf christliche Bauten gibt es allerdings erst aus viel späterer Zeit. Bei Ausgrabungen nördlich des so genannten Nereidenmonuments ist eine dreischiffige Kirchenanlage mit einem Baptisterium freigelegt worden. Sie dürfte erst aus dem 10. oder 11. Jahrhundert stammen. Im Umfeld der lykischen Akropolis und auf dem nördlich gelegenen Areal der hellenistisch-römischen Akropolis sind aber jeweils Reste eines Klosters aus der justinianischen Zeit freigelegt worden.

Nicht unweit von Xanthos in südwestlicher Richtung befand sich in der Antike der heilige Bezirk der Leto, das Letoon. An dieser Stelle soll Leto durstig und erschöpft wegen der Nachstellungen der Hera an frischer Quelle, dem Nymphaion, ihren Durst gestillt und sich ausgeruht haben. Doch die aufgebrachten lykischen Bauern versuchten sie zu vertreiben. Sie sprangen tanzend in den Brunnen und machten das Wasser ungenießbar. Leto aber verwandelte die zuwideren Bauern in Frösche.

Das *Letoon* war nicht nur für Xanthos das große Heiligtum, sondern auch für den Lykischen Bund. In den antiken Epen galt Leto immer als Gegenspielerin der Hera. Leto war aber auch die Mutter der Zwillinge Apollon und Artemis. Deshalb verehrten die Lykier sie als Muttergöttin. Auch die Gräber stellte man unter ihren Schutz. Den Kern des Heiligtums bildeten drei Tempel, im Westen der Tempel der Leto, ein ionischer Peripteraltempel, in der Mitte eine ältere Tempelanlage, die dem ursprünglichen Einheimischen-Kult geweiht war, und im Osten der dorische Tempel des Apollon und der Artemis. Südlich davon schloss sich das auch aus den Metamorphosen des Ovid vertraute Nymphaion an.

In dieses heidnische Heiligtum wurde in der justinianischen

Zeit ein christlicher Gebäudekomplex eingebaut. Dieser bestand aus einer dreischiffigen Basilika mit Synthronon in der Apsis und einer Trikonchoskapelle am südöstlichen Ende. Im Westen, an einem Atrium, befanden sich weitere Anräume, die zum Teil aus dem 7. Jahrhundert stammen. Bei den Funden aus dem 6. Jahrhundert fand sich eine Stifterinschrift mit dem Namen Eustyches Diakonaglon. Man geht davon aus, dass Kirche und Klosteranlage im Zuge der Araberangriffe um die Mitte des 7. Jahrhunderts bereits wieder aufgegeben wurden.

Wieder zurück auf der Hauptstraße treffen wir schon nach wenigen Kilometern auf eine andere antike Siedlung, auf das schon genannte **Patara**. Laut Herodot handelt es sich auch bei Patara um eine lykische Gründung. Die Stadt erstreckte sich auf der östlichen Seite des antiken Hafens entlang bis zu den sanft ansteigenden Hügelhängen. Das Tal wurde von einem kleinen Fluss durchzogen, der allerdings viel dazu beitrug, dass der Hafen schon sehr früh völlig versandete. In der Spätantike verdankte Patara viel der Gunst der Kaiser Hadrian und Mark Aurel. Zu den beeindruckendsten Gebäuden, die sich erstaunlicherweise noch heute in einem relativ guten Zustand befinden, gehört der *Triumphbogen des Mettius Modestus*, der um das Jahr 100 n. Chr. Statthalter in Patara war. Die sechs Konsolen, die seitlich der gewölbten Durchgänge angebracht sind, trugen laut einer Inschrift die Büsten des Stifters und seiner Familienmitglieder. Eine weitere Inschrift hält fest, dass die Toranlage vom Volk von Patara, der Metropolis der lykischen Nation, errichtet worden ist.

Die frühchristlichen Zeugnisse für Patara sind spärlich. Wie schon erwähnt, hielt Paulus sich auf der Rückreise über Rhodos nach Tyros kurz in Patara auf. Die wenigen fragmentarischen Notizen aus den späteren Jahrhunderten sprechen für ein frühes aktives Christentum.

Für die byzantinische und frühmittelalterliche Zeit erlangte die Stadt nochmals besonderes Ansehen wegen des heiligen Nikolaos, der nach der Überlieferung um 270 in Patara geboren wurde. Noch bis ins 12. Jahrhundert gingen, Reiseberichten zufolge, viele Pilger auf dem Weg ins Heilige Land in Patara an Land, um von dort aus in Myra die Grabstätte des Heiligen aufzusuchen. Doch nach der Überführung des Leichnams des Heiligen nach Bari blieb der Pilgerstrom aus, und der Hafen von Patara wurde von den Seefahrern kaum noch angefahren.

Wir setzen von Patara aus unseren Weg fort und erreichen bei Kalkan wieder die lykische Küste. Vorbei an Kas, dem alten Antiphellos, führt dann die kurvenreiche Straße zunächst etwas ins Landesinnere, bevor man dann bei Kale zu dem in der Küstenebene gelegenen **Myra**, das türkische Demre, abbiegt. Ursprünglich lag Myra, eine der frühesten und bedeutendsten Städte Lykiens, etwas weiter im Landesinneren. Auch in Myra zählen die Grabmonumente, die Felsengräber der so genannten Seenekropole unterhalb der Akropolis auf dem Demreplateau – neben der großen Kirchenanlage zu Ehren des heiligen Nikolaos – zu den wichtigsten Sehenswürdigkeiten. Der Autofahrer wird zunächst auf den großen Parkplatz von Demre geleitet. Hier kann er entscheiden, was er als Erstes besuchen will. Meist lockt dann doch die bereits in Sichtweite liegende, mit lykischen Felsengräbern übersäte Felswand zuerst. Auf dem Weg dorthin bietet sich auch noch Gelegenheit, das große *römische Theater* zu besichtigen.

Der Fels bildet dafür eine beeindruckende Kulisse. Die Aufbauten des Theaters setzen teilweise unmittelbar auf dem Felsen auf und sind in das Halbrund des Felsabsturzes eingebettet. Während der Mittelteil der Cavea auf dem Felsen aufsaß, trugen zwei konzentrisch angelegte Gewölbe die Seiten. Von da aus konnte man über Treppen in den zweigeschossigen Aufbau gelangen und von dort durch eine Diazoma in den in zwei Ränge unterteilten Zuschauerraum. Die 38 Sitzreihen mit insgesamt vier Treppenläufen waren in 13 Segmente gegliedert. Während der Aufführungen wurden, wie an den zahlreichen Einlassungsspuren von Masten noch zu sehen ist, Sonnensegel über den Zuschauerraum gespannt. In einer eingelassenen Nische an der Rückwand der Diazoma war die Statue der Tyche, der Schutzgöttin der Stadt, aufgestellt. Das Bühnenhaus ist leider eingestürzt. Man kann sich nur an Hand verstreuter Baufragmente ein ungefähres Bild davon machen, wie die Scenae frons ursprünglich ausgesehen hat. Die Bühnenarchitektur wurde von Säulen mit Komposit-Kapitellen getragen. Bei

*Abb. 11   Darstellung eines Rüstungs- und eines Totenmahlreliefs
in der Meernekropole von Myra.
Umzeichnung des Grabes Nr. 9 nach Fellows.*

den Aufführungen achtete man offenbar besonders auf das Wechselspiel von Licht und Schatten.

Bei dem Rundgang durch die Theaterruine stößt man immer wieder auf Marmorblöcke mit reichhaltigem Dekor: Fragmente von Girlandenfriesen, in die Theatermasken eingearbeitet sind; Bruchstücke von Kassettendecken mit Abbildungen des Ganymed mit wallender Lockenpracht unter phrygischer Mütze; der Adler als Symbol des Zeus sowie Darstellungen des Medusenhaupts. Stilvergleiche mit anderen Reliefdarstellungen, vor allem an Bauten des westlichen Kleinasiens, erhärten, was einer Inschrift im Heroon des Lykiarchen Opramoas in Rhodiapolis zu entnehmen ist, dass nämlich Stadt und Theater nach dem schweren Erdbeben von 141 n. Chr. neu aufgebaut wurden.

Von der obersten Sitzreihe des Theaters gehen wir auf einem etwas beschwerlichen Weg über die in den Felsen geschlagenen Treppen weiter zu den lykischen Felsengräbern der Seenekropole. An der östlichen, vom Theater abgewandten Bergflanke hat sich die so genannte Flussnekropole erhalten. Auf der Westseite liegt eine zweite Nekropole. In diesen beiden Nekropolen findet sich alles, was man sich an antiken Grabmälern vorstellen kann, von der einfachen Grablege über Grabhäuser bis zum prachtvoll ausgestatteten Grabtempel. Obwohl sie in Form und Größe sehr variieren, zählen die meisten Gräber zum Haustyp. Teilweise sind sie mit farbig gefassten Reliefs ausgestattet. Eines der Hausgräber der westlichen Seenekropole sollte man wegen des figürlichen Reliefschmucks besonders aufmerksam betrachten. Es zeigt von links nach rechts eine Rüstungsszene, dann folgen zwei stehende Krieger, zuletzt folgt – im Hauptfeld – die Totenmahlszene. Diese Szene sieht aus wie ein Symposium unmittelbar nach der Beerdigung mit dem Toten im Kreise seiner trauernden Familie.

Ein anderes Hausgrab, etwas unterhalb von dem eben genannten, zeigt eine lykische Scheinarchitektur mit den typischen Fachwerkdekorationen an den Fassaden. Die Front ist in zwei Reihen mit je drei nach innen getreppten Feldern eingeteilt. Den Abschluss darüber bildet ein völlig ungriechischer Dreiecksgiebel. In der Giebelmitte befindet sich in einer fensterartigen Vertiefung ein Relief mit der Darstellung zweier Krieger in heftigem Kampf. Es handelt sich dabei um das Motiv des Schildraubes, ein Thema, das innerhalb der lykischen Kunst häufig vorkommt, innerhalb der griechischen Kunst aber unbekannt ist. Trotz starker Abweichungen nach Form und figür-

Abb. 12   Blick vom Südosten auf die Nikolaos-Kirche von Myra.

licher Gestaltung stammen beide Hausgräber aus dem 4. Jahrhundert v. Chr.

Auf dem Weg zurück in die Ebene sehen wir in nachmittäglichem Sonnenschein zwischen den Bäumen bereits die modernen Ziegeldächer des wichtigsten Heiligtums des christlichen Lykiens durchleuchten, der *Kirche des heiligen Nikolaos*. Um die Vita des Heiligen ranken sich unzählige Geschichten und Legenden. Aber von all den Wundertaten, von denen die Legenda aurea in ihrem erbaulichen Erzählstil berichtet, lässt sich so gut wie nichts belegen, und die Gestalt des wohl populärsten Heiligen aus Kleinasien ist historisch kaum fassbar. Als gabenfreudigen Kinderbischof, als den wir ihn heute kennen, kam er erst seit dem Spätmittelalter zum Zuge. Der Tradition nach wurde Nikolaos um 270 in Patara geboren, in der diokletianischen Verfolgung soll er gefangen gesetzt worden sein, als Bischof von Myra habe er am Konzil von Nikaia (325) teilgenommen. Als Todesjahr wird 342 angegeben. Im christlichen Friedhof von Myra „extra muros" habe man ihn beigesetzt. Belegt ist das alles nicht; vielmehr nimmt man heute an, dass es sich bei dem „Hyperhagios", bei dem Überheiligen, um teilweise Verwechslungen mit einem Abt und Bischof gleichen Namens aus dem Gebiet von Myra aus dem 6. Jahrhundert handelt. Sicher dagegen ist der Zeitpunkt der Überführung seiner Gebeine nach Bari am 8. Mai 1087, eine wohl vorbereitete Nacht- und Nebelaktion von Bareser Kaufleuten.

Das große Heiligtum des heiligen Nikolaos liegt heute in der Ortschaft Dembre außerhalb der Mauern des antiken Myra. Seine Ursprünge lassen sich nicht genau feststellen. Ziemlich sicher ist, dass die Kirche bereits im 8. Jahrhundert zum ersten Male zerstört wurde; unklar ist, ob durch ein Erdbeben oder durch einen Sarazeneneinfall.

Auch später war das Heiligtum immer wieder Zerstörungen ausgesetzt. Eine Inschrift berichtet, der byzantinische Kaiser Konstantinos IX. Monomachos (1042–1055) und dessen Gattin Zoe hätten sich für die Wiederherstellung des Kirchenkomplexes stark gemacht, aber um welche Baumaßnahmen es sich dabei handelte, ist unbekannt. Vermutlich um dieselbe Zeit wurde um die Kirche ein Kloster gebaut und der ganze Bezirk durch eine starke Mauer eingefriedet. So jedenfalls berichten Reisende aus späterer Zeit.

Die letzten Jahre des 11. Jahrhunderts brachten große Verheerungen über Myra. Die Einwohner mussten ihre Stadt größtenteils verlassen, ein Umstand, der die Überführung der Gebeine des Heiligen nach Bari gewiss sehr erleichtert hat. Um die Jahrhundertwende versuchten Venezianer auch noch Reliquien aus der Kirche zu bergen. Doch die Nikolaos-Verehrung lebte in Myra weiter. Im 12. Jahrhundert erfolgten weitere Ausbauten und Renovierungen. Davon betroffen war u.a. das Fußbodenmosaik in der Grabnische des Heiligen und am Synthronon. Ende des 13. Jahrhunderts wurde die Stadt dann endgültig zerstört, doch ließen die Osmanen Kloster und Kirche offenbar unberührt. Das änderte allerdings nichts am Zerfall der gesamten Anlage, die dann durch den stetig ansteigenden Schwemmboden des Myros vollkommen verschüttet wurde.

Wir betreten die Anlage vom Süden her. Ein erster Komplex umfasst mehrere Baueinheiten aus verschiedenen Bauepochen. Die Mitte der Anlage bildet die große, einst von einer Kuppel überdachte Kirche mit ihrer außen polygonal gestalteten Apsis.

Der Fußboden des Kirchenraumes und die Südostkapellen waren in Opus sectile, als farbige Schmuckfelder aus Marmorplättchen und Mosaiksteinen, ausgelegt gewesen. Anstelle der Kuppel überdeckt heute ein Kreuzgratgewölbe den quadratischen Innenraum. Zu den Seitenschiffen öffnet sich der Naos mit drei von gemauerten Pfeilern getragenen Arkaden. Darüber sieht man die Rundbogenöffnungen, auf denen der Tambour der Kuppel ansetzte. Die Seitenschiffe rechts und links sind mit Tonnengewölben überspannt. Durch die Seitenschiffe gelangt man in die anderen angrenzenden Raumeinheiten. Direkt an das südliche Seitenschiff schließt noch ein weiteres Nebenschiff an, das im Osten in eine Kapelle mit eingeschriebener Apsis mündet. Den Narthex auf der Westseite des Kirchenkomplexes betritt man durch das mittlere Portal. Auf den Wänden dieses Vorraumes sind Fragmente von Wandmalereien in verschiedenen Feldern erhalten, die so genannten Konzilsbilder von Myra. Sie sind wahrscheinlich Mitte des 11. Jahrhunderts entstanden. Übrigens war ursprünglich der gesamte Kirchenraum ausgemalt. Der Kirchenraum selbst, einschließlich der Seitenschiffe, stammt wohl aus dem 8. Jahrhundert. Im nördlichen Bereich haben sich aber noch geringe Spuren einer älteren Bauphase erhalten.

Die weiteren Bauten der Anlage datieren überwiegend aus mittelbyzantinischer Zeit. Hinter dem nördlichen Seitenschiff folgen in östlicher Richtung noch weitere Räume. Im Süden treffen wir auf eine Baueinheit mit einer Kapelle auf der östlichen und einer Zugangshalle auf der westlichen Seite. In deren Nischen sind Sarkophage aufgestellt.

Angaben von Reisenden, wo das Grab des Heiligen gelegen haben könnte, fehlen. Allerdings wird öfters von einer kleinen Kirche über der Grabstätte des Nikolaos gesprochen. Damit könnte eine der südöstlichen Kapellen gemeint sein – vermutlich die zweite mit dem Arkosolgrab. Dagegen finden Vermutungen, im Bereich des Bemas könnte sich eine Krypta oder eine anders gestaltete Grablege befunden haben, durch die archäologischen Befunde keine Bestätigung. Es bleiben also nur zwei Möglichkeiten: entweder das Arkosolgrab in der zweiten Kapelle oder der attische Rankensarkophag in der ersten südwestlichen Nische des südlichen Nebenschiffes. Vieles spricht für den letzteren. Vermutlich war es so, dass man beim Neubau der Kirche im 8. Jahrhundert für das Grab des Heiligen einen neuen Raum schuf. Als die Gebeine des Heiligen nach Bari überführt wurden, dürfte der Sarkophag ziemlich beschädigt gewesen oder worden sein. Man erneuerte dann wohl den Grabplatz, stellte den Rankensarkophag auf und legte die Deckelfragmente des ursprünglichen auf den neuen Sarkophag.

Mit Myra in der Antike eng verbunden war die nahe gelegene Hafenstadt *Andriake*. Es lohnt sich, die Ausgrabungen dort zu besuchen, auch wenn der größte Teil des Hafens durch den Andrakos-Fluss versandet ist. Zu sehen sind u. a. Ruinen von Lagerhäusern und Hafenmagazinen, das so genannte Granarium, ein hadrianischer Speicherbau, aber auch interessante Wohnkomplexe in unmittelbarer Nähe der Agora. Auffallend ist auch eine größere Anzahl christlicher Kirchen aus dem 5. Jahrhundert. Sechs davon sind erhalten. Bis auf eine handelt es sich bei allen um Säulenbasiliken mit halbrunder Apsis; bei dreien waren sogar Kapellen angebaut. Möglicherweise gab es auch in Andriake Christen schon im 1. Jahrhundert. In der Apostelgeschichte wird bei den Reisen des Paulus zwar nur Myra erwähnt, doch dürfte Paulus in Andriake an Land gegangen sein. Zudem berichtet der Verfasser der apokryphen Acta Pauli et Theclae, Thekla habe als Mann verkleidet in Myra Paulus besucht und ihm von den Verfolgungen in Ikonion berichtet, bevor sie wieder dorthin zurückkehrte.

Von Andriake aus setzen wir die Fahrt zunächst auf der Küstenstraße fort bis Finike, dem alten Phoinikos. Von dort orientieren wir uns dann wieder in Richtung Landesinnere. Die Straße führt uns in das Beydağları-Gebirge. Dort unterhalb des Karamanbeyli-Passes liegt die antike, weiträumig angelegte Stadt **Limyra**.

Die historischen Quellen über Limyra sind sehr lückenhaft, lassen sich durch archäologische Funde aber gut ergänzen. Die Stadt dürfte im 5. Jahrhundert v. Chr. gegründet worden sein. Die Lykier nannten, wie wir aus Münzfunden wissen, damals die Stadt noch Zemur. Im 4. Jahrhundert v. Chr. zählte Limyra zeitweise zu den mächtigsten Städten Lykiens. Zu verdanken hatte die Stadt dies vor allem ihrem Dynasten Perikles, der sich den Machtansprüchen des Maussolos über Lykien erfolgreich widersetzte. Ihm wird das Heroon zugeschrieben, ein Grab, westlich unterhalb der Akropolis, das trotz der recht exponierten Lage erhalten geblieben ist. Man erreicht das Heroon auf einem in vielen Spitzkehren sich windenden schmalen Weg, der direkt hinter dem Theater beginnt.

Zu sehen sind von dem ehemals imposanten *Mausoleum* nur noch die untersten Steinlagen. Für sie wurde extra eine fast 400 Quadratmeter große Terrasse aufgeschüttet. Das Grabmal war zweigeschossig. In der unteren Kammer war aber niemand beigesetzt. Die obere Kammer hatte die Form eines Amphiprostylos. Nur die Vorder- und Rückseite hatten Säulenreihen. Das Dach trugen statt Säulen vier Karyatiden. Die Wände der Cella waren mit einem umlaufenden Fries geschmückt: der Heros besteigt eine Quadriga, bewaffnete Krieger zu Fuß oder zu Pferd folgen ihm. Wie die Karyatiden sind auch die Fragmente des Friesreliefs im Depot untergebracht; man kann durch das Gitter einen Blick auf sie werfen. Die Figuren verraten sowohl griechischen wie persischen Einfluss – ein anschauliches Beispiel für die Stellung Lykiens zwischen Ost und West.

Plinius berichtet von einer *Orakelquelle* in Limyra, deren Weissagungen bzw. Antworten von Fischen gegeben wurden. Wenn die Fische ihnen zugeworfene Nahrung annahmen, war dies verständlicherweise ein gutes Omen; verschmähten sie die solcherart angebotene Nahrung, drohte Unheil. (Plinius gibt von der Quelle allerdings ein recht abenteuerliches Bild: Sie soll sich – mit den Fischen – von einer Stelle zur anderen bewegt haben. Vermutlich wollte er damit nur auf die vielen Quellen anspielen, die es in Limyra in der Antike nun einmal gab.) Das Wort „Orakel" findet sich übrigens auch häufig auf Münzen der Stadt aus der römischen Kaiserzeit, auch das ein Hinweis, dass es ein Orakel-Heiligtum in Limyra tatsächlich gegeben hat.

Doch kehren wir von der Akropolis vorbei an dem kleinen Theater wieder zurück in die Unterstadt. Dort fällt ein Denkmal besonders auf, ein turmähnliches, heute vom Grundwasser überschwemmtes Grab. Seinen Unterbau bilden in acht Schichten übereinander gelegte monolithe Blöcke. Auf ihnen ruht ein marmorner Aufbau mit einem zwei Meter hohem Fries. Die erhaltenen Fragmente lassen vermuten, dass hier vor allem Motive aus den „Res gestae" des Gaius Caesar, der hier in jugendlichem Alter auf dem Partherfeldzug seinen Verletzungen erlag. Die Stadt Limyra hatte Baugrund für das Monument zur Verfügung gestellt, und unter finanzieller Beteiligung des gesamten Lykischen Bundes wurde in den Jahren 5 bis 10 n. Chr. der ursprünglich 18 Meter hohe Kenotaph errichtet, der von einem Temenos (für den Kaiserkult) umschlossen war. In frühbyzantinischer Zeit erfuhr das Ehrengrab dann eine Neugestaltung. Man legte um alle vier Seiten des Sockels apsidale Räume an. Was aus dem Umbau werden sollte – ein Kloster, ein Martyrion oder eine Herberge – bleibt unklar.

Limyra ist auch noch aus einem anderen Grund von besonderem Interesse. Durch jüngste archäologischen Grabungen konnten christliche Baudenkmäler aus der Spätantike aufgedeckt werden. Etwas südlich von der Unterstadt entstand unter Theodosios I. (379–395) im Rahmen einer städtebaulichen Umgestaltung ein byzantinisches Stadtviertel, in dessen Mauern sich eine *Bischofskirche* erhalten hat. Die Mauern der dreischiffigen Basilika und des südlich benachbarten Bischofspalastes ragen über sechs Meter auf. Farbige und auch schwarz-weiße Mosaike schmückten den Boden des Kirchenraumes. Der Bau stammt wohl aus dem 5. Jahrhundert, man nimmt aber an, dass die Anlage bereits im 8. Jahrhundert nicht mehr bestand.

Auf dem Burgberg, in der Nähe des Heroons, wurde ein weiterer, aus verschiedenen Bauperioden stammender Kirchenbau freigelegt. Einer älteren Basilika mit einer Trikonchos-Kapelle nördlich der Apsis folgte später ein kleinerer Kapellenbau über dem Trikonchos, bis dann im 8. Jahrhundert der ältere Kirchenbau ganz aufgegeben und durch eine deutlich kleinere dreischiffige Pfeilerbasilika ersetzt wurde, von der noch Reste einer Ausmalung erhalten sind. In dieser jüngeren Schicht wurde eine Münze aus dem 11. Jahrhundert gefunden, wohl ein Indiz dafür, dass diese Kirche damals noch genutzt wurde.

Bevor wir dann wieder zur lykischen Küste zurückkehren und über die landschaftlich herrliche Panoramastraße am Mittelmeer entlang in die Ebene von Antalya fahren, verweilen wir noch kurz im Süden der antiken Stadt. Wie in anderen Städten Lykiens sind auch hier die Nekropolen ein Hauptanziehungspunkt. Im Westen wie im Osten der Stadt gibt es eine Vielzahl für die lykische Landschaft typischer Felsengräber. Ein Grab – es liegt östlich vom Theater – ragt durch seine Gestalt und seine Lage aber besonders heraus. Es handelt sich um einen so genannten *Hyposorion-Sarkophag*. Er steht noch im alten lykischen Stadtgebiet; schon deshalb wird man ihn einer angesehenen Persönlichkeit zuordnen müssen. Die Grabinschrift auf der Schmalseite des Sarkophages nennt einen Xantabura, einen Verwandten des Dynasten Perikles. Dargestellt ist ein nackter junger Mann, Symbol für die Seele des Verstorbenen. Er ist umgeben von zwei älteren, bärtigen Männern. Auf den Langseiten des Hyposorion sind noch Reliefs mit einem Pferdegespann und einer Totenmahlszene zu erkennen.

Etwas weiter östlich folgen dann noch das Kloster der islamischen Bektasi-Sekte und die Türbe des Kafi Baba. Es sind islamische Bauten aus dem 15. Jahrhundert. Seyyid Ibrahim Dede ließ das Grabmonument zu Beginn des 19. Jahrhunderts restaurieren, nachdem einige Jahre zuvor ein Bekatsi-Scheich dort beigesetzt worden war.

Lykien mit seinen felsigen Buchten, seinen Stränden und seinem nicht minder eindrucksvollen Hinterland ist es sicherlich wert, dass man sich länger dort aufhält als nur für eine kurze Besichtigungsfahrt. Es gibt noch viel Unentdecktes in dieser so eigenwilligen Region und eine Menge Plätze, wie sie Helmuth Graf von Moltke beschrieben hat: „Ob im Frühjahr, Sommer oder Herbst: Die Pinien, die Zypressen, der Lorbeer und der Oleander, die der Türkei ihre Lieblichkeit geben, sie wechseln ihr Laub nicht. Efeu umrahmt die Felswände, Rosen blühen das ganze Jahr hindurch und frisches Grün bedeckt die Hügel an den Küsten der Meere, die das Land auf drei Seiten umspülen."

5. Stadtplanung – Philosophie – Orakel

Mit Priene, Milet und Didyma haben wir gleich drei ionische Städte auf dem Territorium der heutigen Türkei, von denen eine jede für eine Grundkomponente der antiken Welt steht: Priene für den Städtebau, Milet für das frühe philosophische Denken und Didyma für die griechische Götterwelt.

Als Ausgangspunkt zum Besuch dieser Städte wählen wir **Kuşadası**. Für viele Touristen ist der kleine Ort ein beliebtes Ferienziel. Oft ist er für Kleinasienreisende erster Anlaufpunkt, wenn sie die Anfahrt über das Mittelmeer gewählt haben. Von Kuşadası kann man schöne Ausflüge in das benachbarte Ephesos und nach Selçuk unternehmen oder auch mit dem Fährboot die vor der Küste gelegene Insel Samos aufsuchen. Wir fahren von Kuşadası aus nach Priene und von dort weiter nach Milet und Didyma. Doch bevor wir uns auf den Weg machen, wollen wir uns in Kuşadası erst einmal ein wenig umsehen. Es ist sehr reizvoll, durch die schmalen Straßen der Altstadt zu schlendern, vorbei an den türkischen Fachwerkhäusern aus dem 19. Jahrhundert mit ihren für die Küstenorte Kleinasiens so typischen vorspringenden Obergeschossen. An der Uferpromenade laden mehrere Fischlokale zur Einkehr ein. Der Blick von dort abends auf die Ägäis lässt den grauen Alltag schnell vergessen.

Das Hafenstädtchen, häufig auch Anlaufstelle von Mittelmeer-Kreuzfahrern, liegt an der Stelle der antiken Siedlung Neapolis, das im Tausch gegen Marathesium einmal von Ephesos zu Samos kam. So berichten jedenfalls übereinstimmend Strabon und Plinius. Auch unter Byzanz – damals hieß der Ort Ania – war das einstige Neapolis wegen seiner günstigen Verkehrslage noch eine privilegierte Stadt. Die etwas konfuse Flottenpolitik der Komnenenkaiser und der allmähliche Niedergang des Byzantinischen Reiches, beschleunigt durch die Einnahme von

Konstantinopel 1204 durch die Lateiner, zwang Byzanz allerdings, die alten Handelsprivilegien an Venedig und Genua abzutreten. Da um diese Zeit der Hafen von Ephesos endgültig versandet war, gründeten die Genuesen nach 1250 auf dem Gebiet des einstigen Neapolis eine neue Niederlassung, die sie ‚Scala nova' nannten. Das heutige regelmäßige rechtwinklige Straßenbild der Altstadt von Kuşadası geht auf diese Zeit zurück.

In den folgenden Jahrhunderten verlor das Küstenstädtchen seine Bedeutung für den Seehandel aber wieder. In den zwanziger Jahren des 16. Jahrhunderts nennt der osmanische Seefahrer Pírí Reis den Ort zum ersten Mal unter dem jetzigen Namen Kuşadası, was übersetzt „Vogelinsel" heißt. Einen neuen, bescheidenen Aufschwung erlebte das Städtchen unter osmanischer Herrschaft aber erst wieder im 17. Jahrhundert. Deutlich wird dies u. a. am damaligen Neubau des großen befestigten Han (einer Karawansarei mit Lagerhaus). Unter Großadmiral Öküz Mehmet Paşa Kuşadası wurde Kuşadası zur Zollstelle ausgebaut. So richtig Wohlstand kam in den Ort aber erst wieder im 20. Jahrhundert mit dem Tourismus.

Wir verlassen Kuşadası. Die Straße führt uns bald weg von der Küste ins Landesinnere von Ionien. Über viele Kurven schlängelt sie sich durch die liebliche Hügellandschaft vorbei an weiten Feldern, üppigen Olivenhainen, unterbrochen gelegentlich von einem Pinien- oder Zypressenwäldchen. Hinter Söke kommen wir auf die Schnellstraße von Izmir nach Milas. Schon nach wenigen Kilometern kommt rechts die Abzweigung nach Priene, und bei dem Dorf Güllübançe ist das erste Ziel auch schon erreicht. Das antike Priene liegt ganz in der Nähe, am südlichen Ausläufer des Mykale-Massivs, des Samsun Dağı.

Für Archäologen ist **Priene** das Musterbeispiel einer mittelgroßen griechischen Polis aus spätklassischer Zeit. Die Ausgrabungen in Priene ermöglichen wertvolle Einblicke in das Leben und die Infrastruktur einer antiken Stadt. Schon Ende des 19. Jahrhunderts weckte ein Hinweis bei Vitruv, nach dem der Architekt Pytheos über sein berühmtes Werk, den Athena Tempel in Priene, eine Schrift verfasst habe, die Neugier vor allem englischer Wissenschaftler und führte sie auf die richtige Spur.

Einen ersten geschichtlichen Nachweis für Priene finden wir bei *Pausanias*. Pausanias spricht von ionischen Einwanderern, die eine Stadt dieses Namens gründeten, doch die Lage dieser ersten Ortschaft ist bis heute unbekannt geblieben. Man nimmt an, dass sie im Zuge der Kolonisation der Mäander-Ebene während des 11. Jahrhunderts v. Chr. entstand. Über den politischen Stellenwert von Priene wissen wir nur, dass es zum Attischen Seebund gehörte, an den Bund aber nicht den höchsten Beitragssatz zu leisten hatte. Auf Grund seiner Lage in der viel gerühmten, fruchtbaren Mäander-Ebene, dürfen wir aber von einer gewissen Prosperität des alten Priene ausgehen. Die großen Weidenflächen waren der Viehzucht förderlich, die Nähe der Küste mit ihren seichten Gewässern sorgte für frischen Fisch. Das früh entwickelte Handwerk dürfte den täglichen Bedarf an „technischen" Dienstleistungen abgedeckt haben.

Mitte des 6. Jahrhunderts v. Chr. fiel Priene mit der gesamten ionischen Westküste an Persien. Um diese Zeit lebte in Priene *Bias*, einer der sieben Weisen des frühen Altertums. Er machte, um der Perserherrschaft zu entgehen, einen für die damalige Zeit revolutionären Vorschlag. Auf einer Ionierversammlung in Panionion, der kultischen Versammlungsstätte der Ionier auf dem Gebiet von Priene, forderte er seine Landsleute auf, ihre Heimat zu verlassen und nach Sardinien auszuwandern, um weiterhin als freies Volk leben zu können. So berichtet Herodot. Bias trat auch als Schlichter im Streit zwischen Priene und dem benachbarten samischen Staat wegen der Halbinsel Mykale auf.

Die große Zeit brach für Priene mit dessen Wiedergründung im 4. Jahrhundert v. Chr. an. Sein Neuaufbau wurde zum Musterbeispiel urbanistischer Planung in der Antike. Maßgeblich beteiligt am Neuaufbau war der berühmte Architekt Pytheos, dem vorher schon das Mausoleum von Halikarnass (Bodrum) zu verdanken war. Wahrscheinlich war er der eigentliche Stadtbaumeister von Priene. Sicher ist jedenfalls, dass Pytheos den das Stadtbild beherrschenden Athena-Tempel gebaut hat.

Die Neugründung erfolgte nach dem so genannten *hippodamischen System* sich rechtwinklig kreuzender Straßen. Sehr praktikabel war diese Reißbrettlösung vor allem deswegen, weil man im konkreten Fall auf eventuell noch vorhandene alte Bausubstanz keine Rücksicht nehmen musste. So konnten Straßen und öffentliche Gebäude nach dem Idealbild angelegt werden, das man damals von einer Stadt und dem Leben in ihr hatte. So konnte in Priene bereits verwirklicht werden, was erst dreihundert Jahre später Vitruv von Stadtarchitekten und Bürgerräten forderte: erst die schützenden Stadtmauern hochziehen und dann innerhalb der geschützten Zone in allen vier Himmelsrichtungen unter Beachtung der Windströmungen, die Straßenzüge anlegen.

Ob Priene dem Vitruv direkt als Vorbild galt, wissen wir nicht. Jedenfalls verlaufen die Straßenzüge in Priene genau in Ost-West- bzw. Nord-Süd-Richtung. So konnte man die einzelnen Gebäudeeinheiten und vor allem die öffentlichen Bauten nach Süden, zur Ebene hin anlegen und im Winter auf diese Weise die spärliche Sonnenwärme intensiv aufnehmen, während man sich an den heißen Sommertagen im Schatten aufhalten konnte. Durch dieses Rastersystem rechtwinklig zueinander gesetzter Straßen entstanden rechteckige Flächen, so genannte Insulae, die in der Regel für vier Hauseinheiten Platz boten. Im Zentrum der Stadt war die Agora als Markt und öffentliches Forum angesiedelt, während der heilige Bezirk der Stadtgottheit, der Demeter, außerhalb des Stadtzentrums, aber auf erhöhtem Standort und noch innerhalb der Stadtmauern seinen Platz fand.

Schon bei einem ersten Rundgang durch die Ausgrabungen gewinnt man den Eindruck, dass die Neugründung sehr reich gewesen oder geworden sein muss. Wie wären sonst die prachtvollen und aufwendigen Anlagen zu erklären? Wir wissen nicht, ob Alexander der Große selbst entscheidend am Wiederaufbau Prienes beteiligt war. Bekannt ist jedenfalls dessen finanzieller Einsatz für den Bau des Athena-Tempels.

Zumeist wird man von Osten herein in die Stadt gelenkt. Doch bevor sich jemand in das Zentrum der antiken Stadt vorarbeitet, empfiehlt es sich, zunächst den Weg zum *Demeter-Kore-Tempel* einzuschlagen. Aus zwei Gründen: Erstens war dieser ältere Sakralbezirk bis zur Errichtung des Athena-Tempels das wichtigste Heiligtum der Stadt; zweitens gewinnt man wegen der beherrschenden Lage des Heiligtums von hier aus einen guten ersten Gesamtüberblick. Wer sich den etwas anstrengenden, schmalen und zum Teil steilen Fußweg zu der auf der Anhöhe liegenden Akropolis sparen will, kann auch von hier aus die verschiedenen Straßenzüge und die wichtigsten Plätze gut überschauen. Auf dem Weg ins Zentrum der Ausgrabungen sollte man überdies einen kurzen Halt bei dem sehr typisch hellenistischen Theater einlegen. In ihm fanden bis an die fünftausend Besucher Platz. Man sollte daraus aber nicht auf eine hohe Einwohnerzahl Prienes schließen.

Religiöser Mittelpunkt der antiken Stadt in hellenistischer Zeit war das große *Athena-Heiligtum*. Der Tempel zählte zu den berühmtesten Heiligtümern Ioniens, ja der hellenistischen Welt. Gebaut wurde der Tempel von Pytheos auf einer durch mächtige Substruktionen gesicherten Terrasse zwischen 350 bis 330 v.Chr. Man betritt den Temenos von der so genannten Athena-Straße aus durch ein Propylon, das erst in augusteischer Zeit errichtet wurde, als in den Tempel auch der Kaiserkult Einzug hielt. Auf dem heute gepflasterten Tempelplatz stehen die Reste eines großen breiten Altars. Hier erhob sich auf einem dreistufigen Unterbau ehemals ein Peripteraltempel von sechs zu elf Säulen. Kannelierte und mit ionischen Kapitellen geschmückte Säulen umgaben die Cella, in der sich das Kultbild befand, eine antike Kopie (2. Jahrhundert v.Chr.) der Athena Parthenos des Phidias. Die Tempelanlage, sie galt in der Antike als der klassische ionische Tempel schlechthin, überzeugte vor allem durch ihre klaren Proportionen. Dies lässt sich noch heute anhand der Säulen der Ringhalle unschwer nachvollziehen. Sechs zu elf Säulen, das bedeutet fünf bzw. zehn Joche oder ein Verhältnis von 2 : 1. Diese Maßeinheiten setzten sich in den weiteren Baugliedern fort, so dass es Archäologen heute möglich ist, die Tempelanlage in allen Details zu rekonstruieren. Pytheos, das ist das Besondere an dem Tempel, gelang mit ihm der ionische Ideal-Tempel mit einem neuen Baukanon, der den bis dahin geltenden dorischen ablöste.

An der Südseite des Tempels lag eine langgestreckte Stoa, von der aus man im Altertum einen sehr schönen Blick auf die Küstenebene und die Mäander-Mündung haben musste. Unter-

Abb. 13   Priene. Die Ruine der einstigen Bischofskirche.

halb der Terrasse lag die Agora. An deren Ostseite schloss sich der heilige Bezirk des Zeus Olympios an, neben dem Athena-Heiligtum wohl der wichtigste religiöse Mittelpunkt im hellenistischen Priene. Darüber begrenzt die Stoa den großen Platz. An ihr vorbei setzt man den Weg zurück – Richtung Theater – fort. Dabei gelangt man zu den nördlich gelegenen Ruinen des Bouleuterions und des Prytaneions, Versammlungsort der Rates der Stadt und der höchsten Staatsbeamten, und zu dem direkt unter dem Theater befindlichen Gymnasion. Geht man dagegen innerhalb der Stadt nach Süden weiter, so kommt man noch innerhalb der Stadtmauern, auf einem weiten terrassierten Gelände zum großen Stadion, dem im Westen ein weiteres Gymnasion mit einer weiträumigen Palaestra vorgesetzt ist.

Bevor man das antike Priene verlässt, lohnt sich noch ein Abstecher zur ehemaligen *Bischofskirche* von Priene. Sie stammt aus dem 6. Jahrhundert.

Der etwas eigenartig gestaltete Grundriss der Kirche zeigt eine Vorhalle, einen dreischiffigen Kirchenraum mit Säulen hauptsächlich aus Spolien vom benachbarten Gymnasion, und eine Apsis mit eingestelltem Synthronon für den Bischof und

Priene   97

die Presbyter. Im Mittelschiff der Kirche stand ein sehr schön verzierter Ambon. Erst später erhielt die Kirche ein Tonnengewölbe, wie die großen Pfeiler zwischen den Säulen es noch heute belegen.

In den byzantinischen Städteverzeichnissen kommt der Name Priene häufig vor. Seine Bewohner waren mehr im östlichen Bereich der Stadt angesiedelt, der westliche wurde in byzantinischer Zeit offenbar nur noch als willkommener Steinbruch genutzt. Auf der Akropolis entstand – vermutlich ungefähr zeitgleich mit der Bischofskirche – eine Festungsanlage. Ein eher wie ein Provisorium wirkendes Kleinkastell neben der Agora sollte wohl dem Schutz vor der seldschukischen Invasion dienen. Ab der Seldschukenzeit verschwindet Priene wieder aus der Geschichte – für die Archäologen ein Glück: so ist der Ort von späteren Überbauungen verschont geblieben.

Von Priene aus setzen wir die Fahrt auf der schmalen Landstraße nach Atburgazi fort. In dem kleinen Ort biegen wir dann links in Richtung Süden ab. Auf der Straße nach Akköy erreichen wir nach ungefähr zehn Kilometern bei dem Ort Balat die Ausgrabungsstätten von **Milet**. Dabei durchqueren wir die fruchtbare Ebene des verlandeten Mündungsgebiets des Mäanders. Im Altertum reichte die Bucht des Latmos mit den Gestaden von Herakleia noch weit bis in das heutige Landesinnere.

Heute ist zwar Ephesos die bekannteste Stadt an der Westküste Kleinasiens, in der Antike war aber Milet die bedeutendste aller ionischen Städte und „die Herrin der Ägäis". In den archäologischen Zeugnissen zeigt sich das nicht so sehr, aber gerade Milet trug vom 8. bis zum 6. Jahrhundert v. Chr. ganz entscheidend zur Entwicklung und Ausbreitung der Kultur des Griechentums auf kleinasiatischem Boden bei. Milet war eine Hafenstadt mit vier Häfen und lange Zeit der wichtigste Handelsplatz an der ägäischen Küste. Die Verbindungen Milets reichten bis an die Grenzen der Oikumene, wie die Griechen den ihnen bekannten Teil der Welt damals nannten. Über hundert Siedlungen (Kolonien) wurden von Milet aus im Mittelmeerraum und an den Küsten des Schwarzen Meeres gegründet. Bei der Hellenisierung des kleinasiatischen Raumes war Milet treibende Kraft.

Ganz anders als Ephesos, das sich erst allmählich zu einem religiös geprägten Hauptzentrum für die kleinasiatischen Küstengebiete entwickelte, war Milet die Stadt Ioniens, in der das geistige Spannungsfeld zwischen dem Hellenentum und fremden Kulturen sich am frühesten und nachhaltigsten bemerkbar machte. Milet steht zugleich für den *Weg des Hellenentums aus dem Mythos in die Philosophie*. Das Vernunft-Denken tritt an die Stelle der Göttermythen. Milet machte den Anfang mit der Naturphilosophie und schuf damit zugleich die systematischen Grundlagen für die Naturwissenschaften (Thales, Anaximander, Anaximenes).

Aber wie verhält es sich mit der Vorgeschichte Milets, das für das griechische Denken und die Ausbreitung der hellenischen Zivilisation so wichtig wurde? Mythologischen Erzählungen zufolge, wurde die Gegend um Milet von Kreta aus besiedelt, was sich inzwischen durch zahlreiche Ausgrabungen auch bestätigt hat. Unter anderem konnten Reste einer minoischen Siedlung mit Stadtmauern, so genannten Megaron-Häusern und mykenischen Kammergräbern aus dem 17. bzw. 16. Jahrhundert v. Chr. freigelegt werden. Um die Jahrtausendwende ließen sich dann ionische Siedler nieder. Um 700 v. Chr. war Milet, wie Priene, Mitglied des Panionischen Bundes. Gerade um diese Zeit und in der Zeit unmittelbar danach erlebte Milet seinen Aufstieg zu einer wichtigen Handelsstadt.

Durch die persischen Eroberungen wurde die Blüte Milets jäh unterbrochen. Während des ionischen Aufstandes gegen die Perser (494 v.Chr.) wurde die Stadt vollkommen zerstört, und ihre Bewohner wurden größtenteils in die Sklaverei verschleppt. Doch schon bald, spätestens nach dem Sieg bei Mykale (479 v.Chr.), begann der Wiederaufbau – nun auch in Milet nach den Vorgaben des hippodamischen Systems (für den Besucher der Ausgrabungen in Milet heute allerdings nicht so eindrucksvoll sichtbar wie in Priene). Die Stadt blühte noch einmal neu auf, konnte aber den Verlust an politischem Einfluss nicht mehr wettmachen. Gegen die Unterwerfung unter Alexander hatte man sich heftigst gewehrt, musste aber nach Alexander die Oberhoheit einmal der Seleukiden, dann der Ptolemäer und der Attaliden ertragen. Doch blieb Milet auch unter deren Oberhoheit eine freie Stadt, und selbst unter den Römern, besonders unter Trajan und unter Antoninus Pius musste sie auf Privilegien und damit auf ihre relative Autonomie nicht verzichten. Die vielen prunkvollen Bauten aus jener Zeit sind ein beredtes Zeugnis dafür.

Wie das frühe Christentum – noch in biblischer Zeit – nach Milet kam, ist nicht ganz klar. Wichtigster Hinweis ist Apg 20,17. Paulus fuhr auf seiner Rückreise von Alexandreia Troas über Samos an Ephesos vorbei, unterbrach aber in Milet, von wo er „jemand nach Ephesus schickte und die Ältesten der Gemeinde zu sich rufen ließ". Bei seiner Verabschiedung zieht er ein sehr persönliches Resümee seiner Tätigkeit in der Provinz Asia, unter Berücksichtigung besonders der fast drei Jahre, die er in Ephesos und Umgebung verbracht hatte.

Milet war *zur Zeit des Paulus* reich an heidnischen Kulten und Kultstätten. Apollon Delphinios, Athena, Sarapis und Asklepios, und nicht zu vergessen die Ausstrahlung des Didymaischen Orakels, das Paulus sicher bekannt war. Paulus fand in Milet also ziemlich genau den ihn anziehenden Humus für die Verbreitung der christlichen Botschaft vor. Eine im Theater von Milet aufgefundene Inschrift aus dem Ende des 2. oder dem beginnenden 3. Jahrhundert weist übrigens auf eine Sondergruppe so genannter Gottesfürchtiger (Theosebeî) hin. In einigen Führern zu Milet wird die Gruppe dem Judentum zugeordnet, wohl u.a. deswegen, weil man am Löwenhafen die Reste einer Synagoge gefunden hat. Diese stammen aber erst aus dem 4. Jahrhundert. Jüngste Untersuchungen, vor allem durch den langjährigen Ausgräber und früheren Direktor des Deutschen Archäologischen Instituts Istanbul, Wolfgang Müller-Wiener, führten zu dem Schluss, bei den „Gottesfürchtigen" habe es sich um eine in Milet sesshafte und geachtete Gruppe aus sozial gehobenen Schichten gehandelt, die nicht zum Judentum gehörten, aber dem Judentum nahe standen.

Eindeutig fassbar wird das Christentum in Milet erst zur Zeit Konstantins. Die Konzilsakten von Nikaia nennen für Milet einen Bischof Eusebios. Weitere Bischöfe der Stadt sind für die Synoden in Sardika 344 und Konstantinopel 536 nachgewiesen.

*Abb. 14 An der Stelle des einstigen Dionysostempels –
die Michaelskirche als Zeugnis des christlichen Milet.*

Tiefgreifende Veränderungen erlebte Milet ab der justinianischen Zeit. Die Stadt wird verkleinert, die Räumlichkeiten der bekannten Faustinathermen werden in ein Kastell umgewandelt. Es sieht so aus, als habe sich das Schicksal nun endgültig gegen die einst so bedeutende Stadt gewendet. Prokop hält Milet nicht einmal mehr für erwähnenswert. Doch ist es vor allem einer Persönlichkeit zu verdanken, dass Milet nicht ganz aus der Geschichte verschwand. Wie wir von Konstantinopel her bereits wissen (vgl. S. 19f.), war der Erbauer der Hagia Sophia in Konstantinopel ein Isidoros von Milet. Und auch deren zweiter Architekt, Anthemios, stammte aus der Gegend, aus dem benachbarten Tralleis.

Während des byzantinischen Mittelalters hatte Milet seinen Mittelpunkt noch in dem Areal zwischen den beiden Haupthäfen, dort, wo heute die Reste des großen Theaters und die Ruinen des byzantinischen Kastells zu finden sind. Von Letzterem kommt auch der Name Palatia-Balat, der urkundlich zuerst im 13. Jahrhundert auftaucht. Aus der Zeit der seldschukischen Eroberung haben wir für Milet keine genauen Hinweise, auf

Grund der archäologischen Funde, vor allem von glasierten Keramiken sowohl aus der mittelbyzantinischen wie der seldschukischen Epoche, lässt sich auf ein anfängliches Nebeneinander schließen. Noch im 14. Jahrhundert gab es in Milet noch einen Bischofssitz mit intakter Administration. Und anders als in Priene zeigen die wenigen osmanischen Bauten – Moscheen, Karawansereien und Hamame aus dem 15. und 16. Jahrhundert –, dass der Hafenplatz Milet damals noch genutzt wurde. Dem im südlicher gelegenen Milas regierenden Fürstengeschlecht der Mentese diente Balat bis 1425 als Hafen. Das bedeutendste osmanische Bauwerk der Stadt, die große Moschee, stammt aus dieser Zeit. Mit der zunehmenden Verlandung des Mäanderdeltas war es dann allerdings auch mit Milet-Balat zu Ende.

Wer sich genügend Zeit für seinen Besuch in Milet reserviert hat, sollte vor der eigentlichen Besichtigung der Ausgrabungen einen Abstecher zu dem Hügel *Kalabaktepe* im Süden des Ruinenfeldes machen. Von erhöhtem Standort aus kann er die Größe der einstigen, auf der nach Norden hin sich verjüngenden Landzunge gelegenen Stadt in Ruhe auf sich wirken lassen. Immer wieder stellt sich dabei die Frage, wo den Rundgang am sinnvollsten beginnen? Den besten Überblick bekommt man vom obersten Rang des Theaters aus, jedenfalls dann, wenn man sich besonders für die Denkmale rings um den Süd- und den Nordmarkt interessiert. Aber je nach Jahreszeit ist es unter Umständen gar nicht möglich, diesen Teil der Ausgrabungen zu besichtigen, weil wegen des niedrigen Grundwasserspiegels die Flächen nach lang anhaltendem Regen überflutet sind.

Das *Theater* ist bei weitem das imposanteste der noch erhaltenen Monumente Milets. Es wurde zur Zeit Kaiser Trajans Anfang des 2. Jahrhunderts an der Stelle eines griechisch-hellenistischen Vorgängerbaues in seiner heute nachweisbaren Gestalt neu errichtet. Trotz des Einbaus des byzantinischen Kastells (8. Jahrhundert?) und der zahlreichen damit zusammenhängenden Veränderungen lässt sich der gesamte Komplex inzwischen gut rekonstruieren.

Der Zuschauerraum, der insgesamt an die 15 000 Personen fassen konnte, bestand aus drei Rängen, die jeweils durch gedeckte Rundgänge zu erreichen waren. Blickt man in das Rund der ersten Sitzreihen, so fallen besonders zwei Säulen in der Mitte auf, ebenso zwei weitere Säulenstümpfe in der Orchestra. Sie gehörten zur kaiserlichen Ehrenloge, die eingebaut worden sein dürfte, als die Gemahlin Mark Aurels, Faustina, 164 n. Chr., von Ephesos kommend, sich in Milet aufhielt und u. a. die nach ihr benannte Thermenanlage westlich des Südmarkts stiftete. Auf einer Sitzbank der 7. Reihe oberhalb der Kaiserloge ist die griechische Inschrift über die vorhin erwähnten „Gottesfürchtigen" eingemeißelt. Offensichtlich waren dort zwei, drei Plätze für Vertreter dieser Gruppe reserviert.

Von den oberen Sitzreihen des Theaters sollte man auch einen Blick auf das östlich gelegene monumentale Heroon aus frühhellenistischer Zeit werfen. Von dort ist der Grundriss des Heroons sehr gut zu erkennen. Man sieht einen Tholos, einen runden Grabbau mit einer eingewölbten Grabkammer in einem rechteckigen Hof. Auf der Westseite sind noch die Grundmauern verschiedener Anräume und Spuren einer Säulenhalle zu sehen. Auf der gegenüberliegenden Seite grenzt ein weiterer Grabbezirk an. Marmorfragmente, inzwischen teilweise im Museum, sind ein sicheres Indiz dafür, dass hier eine wichtige Persönlichkeit Milets bestattet war, auch wenn ihr Name unbekannt geblieben ist.

Vom Theater führt der Weg in das antike Zentrum der Stadt. Bevor man den Südmarkt erreicht hat, sollte man kurz das teilweise noch gut erhaltene „Bad der Faustina" und die westlich anschließende Palaestra besuchen. Das Bad ist die jüngste und zugleich größte Thermenanlage der Stadt. Sie war allem Anschein nach noch bis ins 4. Jahrhundert in Betrieb. Ganz atypisch zu den zumeist achsensymmetrisch angeordneten Raumaufteilungen bei römischen Thermen der Kaiserzeit haben wir es bei ihr mit einer unsymmetrisch gestalteten Anlage zu tun. Sie fügt sich auch nicht in das hippodamische Straßennetz ein. Gebaut wurde die Anlage kurz nach 150 n. Chr.

Gleich nach dem kleinen Tempel des Serapis-Helios, ein dreischiffiger Bau aus dem 3. Jahrhundert, erreichen wir den *Südmarkt*, eine von einer Säulenhalle umschlossene große Platzanlage. Verlässt man den Platz in nordöstlicher Richtung und wendet sich nochmals zurück, dann bemerkt man die Postamente, die einst zum Unterbau des berühmten Markttores gehört haben, das heute im Berliner Pergamon-Museum aufgestellt ist. Über dem noch vorhandenen dreistufigen Podest des Tores mit den vier Sockelblöcken und den leicht vorspringenden Seitenflügeln stand ein doppelgeschossiger Aufbau. Säulen mit Kompositkapitellen im Unter- und korinthischen im Obergeschoss, ein verzierter Architrav, Zahnschnittleisten und Giebelabschlüsse gliederten die Prunkfassade zum Platz hin, der den Abschluss der von Säulen flankierten Prachtstraße bildete. Drei bogenüberwölbte Durchgänge befanden sich zurückversetzt in der unteren Front. Im nicht zugänglichen Obergeschoss waren Blendnischen mit Statuen eingelassen. Den mittleren Zugang krönte ein durchbrochener bzw. gesprengter Giebel. Das milesische Markttor dürfte in den Regierungsjahren Kaiser Hadrians (117–138 n.Chr.) entstanden sein. Wahrscheinlich steht der Bau im Zusammenhang mit einem durch viele Ehreninschriften in der Stadt bezeugten Besuch des Kaisers.

Ein drittes Geschoss mit einer ähnlich aufwendigen zweigeschossigen Säulenfassade wurde erst unter Kaiser Gordian III. (241–244 n.Chr.) hinzugefügt. An der Ostseite des Platzes stand der prachtvolle Stadtbrunnen, das Nymphaion mit Säulen, Nischen und Statuen – eine Stiftung des Legaten der Provinz Asia, Marcus Ulpius Traianus, des Vaters Kaiser Trajans. Hinter dem Nymphaion folgt noch ein größerer Komplex, eine frühchristliche Kirchenanlage, die über einem hellenistischen Gebäude und einem spätantiken Neubau errichtet wurde. Teile der Strukturen des Vorgängerbaues finden sich in der großen Kirche noch wieder. Durch ein älteres Propylon gelangte man in das der Kirche vorgelagerte Atrium mit einem Brunnen in der Mitte. Nördlich schloss sich ein Baptisterium an mit einem relativ großen, in den Boden eingelassenen Taufbecken. Der Umgang war mit figürlichen Bodenmosaiken ausgelegt – mit Szenen wie Hirsche an einer Quelle, Lämmern und Tigern, auch Lämmer reißenden Großkatzen. Vom Atrium aus betrat man durch einen Narthex das Innere der dreischiffigen Basilika. In einem kleinen Anraum südlich vom Narthex befand sich ein Treppenhaus, über das man zu den Emporen über den Seitenschiffen und der Vorhalle gelangen konnte. Boden und Wände des Kirchenraumes waren mit Marmorplatten bzw. -inkrustationen ausgelegt. In der ursprünglich gewölbten Apsis, deren Außenwand von Strebepfeilern gesichert wurde, war eine Priesterbank eingebaut. An der äußeren Südwand der Basilika schloss sich ein weiterer langrechteckiger Bau an. Er mündete im Osten in einen von Nischen gestalteten Rundbau, wahrscheinlich ein Martyrion. Unmittelbar an der Südseite der Kirche verlief die Befestigungsmauer aus der justinianischen Zeit.

Wieder auf dem Platz zurück sehen wir auf der gegenüberliegenden Seite das *Bouleuterion* (Rathaus), das nach einer noch erhaltenen Weiheinschrift zwischen 175 und 164 v.Chr. von den milesischen Brüdern Timarchos und Herakleides im Auftrag des Königs Antiochos IV. Epiphanes von Syrien erbaut wurde. Man betrat den rechteckigen Bau durch ein dreitüriges Propylon und kam von dort in einen von Säulenhallen umgebenen Hof. In der Mitte stand ein der Artemis geweihter Altar oder, wie andere vermuten, ein Heroon, ein Ehrengrab. Durch vier Türen an den Seiten konnte man das Innere des Sitzungsraumes betreten, eine Halle mit einer Orchestra, um die im Halbkreis, durch Treppen in vier Segmente geteilt, über 18 Stufen Sitzplätze für rund 1200 Personen eingebaut waren. An der rückwärtigen Seite befanden sich Treppenaufgänge zu den oberen Plätzen.

Über die von Säulenkolonnaden flankierte Heilige Straße kommen wir noch vorbei am hellenistischen Gymnasion und an den Capito-Thermen. Von dort gelangt man durch das Hafentor zum Heiligen Bezirk des Apollon Delphinios, neben dem Athena-Tempel das wichtigste Heiligtum Milets.

Den Apollonkult, von dem in Didyma noch mehr die Rede sein wird, hatten die ionischen Einwanderer aus Athen mitgebracht. Nach hellenischer Überlieferung hat Apollon in Gestalt eines Delphins seinen Priestern den Weg von Kreta nach Delphi gewiesen. Deswegen galt er auch als Schutzherr der Seefahrer. Das erklärt, warum gerade in der Hafenstadt Milet dem Apollon Delphinios so große Verehrung zuteil wurde.

Das *Delphinion* ist keine Tempelanlage im herkömmlichen Sinne, sondern ein auf drei Seiten von dorischen Säulenhallen umgebener Temenos mit zwei Eingangshallen an der Westseite.

Im offenen Hof stand in der Mitte der eigentliche Opferaltar. Der Hof wurde sowohl als Opferplatz wie als Versammlungsraum genutzt. Von hier aus zogen die Milesier alljährlich im Monat Taureon in einer feierlichen Prozession durch die Stadt zum Heiligen Tor und weiter auf der Heiligen Straße zum Apollon-Tempel in Didyma. Auch war hier das Archiv der Stadt untergebracht. Mehrere Weiheinschriften, die innerhalb des Temenos gefunden wurden, weisen das Heiligtum als einen Bau aus dem 6. Jahrhundert v. Chr. aus.

Nördlich des Delphinions erstreckt sich der im Altertum besiedelte Höhenrücken, der schon erwähnte Humeitepe, der mit Ausnahme der Thermenanlage aus trajanischer Zeit archäologisch bisher kaum untersucht worden ist. Am Ende des Höhenrückens sind die Fundamente eines Demeter-Tempels erhalten geblieben. Von da führt uns der Weg weiter in die Gegend des heute verlandeten Löwenhafens mit seinen Hallen und dem großen Hafenmonument, ein ca. 18 Meter hohes Denkmal, das mit einem Dreifuß bekrönt war. Man glaubt, dass das weit sichtbare Monument anlässlich des Sieges des Pompeius über die Seeräuber im 1. Jahrhundert v. Chr. errichtet wurde. Von hier aus biegen wir nach Westen ab und erreichen bald die dem Erzengel Michael geweihte *Kirchenanlage*. Ursprünglich stand an dieser Stelle ein Heiligtum des Dionysos. Die ältesten Baubefunde stammen aus dem 6. Jahrhundert v. Chr.

Als in frühchristlicher Zeit der Dionysos-Tempel durch eine Kirche ersetzt wurde, baute man am östlichen Eingang eine Apsis an. Der Umbau dürfte um 600 n. Chr. abgeschlossen gewesen sein. Aus dieser Zeit stammen jedenfalls die inzwischen ausgegrabenen Reste der Basilika, des Baptisteriums und des Bischofspalastes. Ein sonst nicht bekannter Georgios soll laut Inschrift unter Bischof Kyriakos (595–606) die Basilika gestiftet haben. Es handelte sich um eine dreischiffige Emporenbasilika, die im Mittelschiff mit Marmor und in den Seitenschiffen mit Mosaikteppichen ausgelegt war. Wegen der offenbar beengenden Baulichkeiten im unmittelbaren Umfeld konnte man die Kirche nur durch das Baptisterium betreten.

An die Nordseite der Basilika war ein kleiner Peristylhof angeschlossen mit Zugang zu einem größeren Wohnkomplex, der

Residenz des Bischofs. Am Ende des Palastes, an der Westseite befand sich ein kirchenähnlicher Raum mit Apsis, wohl die Privatkapelle des Bischofs. Östlich davon lag der große, seitlich von weiteren Raumeinheiten eingefasste Audienzsaal. Die Räume des Palastes waren mit Marmorverkleidungen und Mosaikböden reich ausgestattet.

Während des Rundgangs durch Milet sollte man nicht versäumen, auch die große *Moschee des Ilyas Bey* zu besuchen. Sie liegt im Südosten der antiken Stadtanlage in der Nähe des Südmarktes und der Faustinathermen. Sie war im Auftrag des Seldschukenfürsten Ilyas Bey, der von Milas aus regierte, 1404 erbaut worden und war ursprünglich die Hauptmoschee Balats. Zu dieser Moschee gehörte auch die weit über Balat hinaus berühmt gewordene Medrese (Koranschule) mit Bibliothek und Hörsälen, mit Wohn- und Badetrakten. Man erreicht den großen Kuppelbau über einen islamischen Friedhof inmitten von alten Mastixbäumen. Die Moschee ist größtenteils aus antikem marmornem Steinmaterial gebaut worden.

Über einem massig wirkenden, quadratischen Kubus erhebt sich ein oktogonaler Tambour, überwölbt von der den ganzen Bau beherrschenden Kuppel. Von dem aus Ziegeln erbauten Minarett neben dem Eingang ist nur noch der Sockel übrig geblieben. Stalaktiten-Ornamente schmücken den Moscheenbau, besonders reichhaltig an der der Eingangsseite vorgesetzten Fassade. Im Innern bestimmen geometrisches Gitterwerk, vegetabile Motive und kalligrafische Schmuckbänder das Bild. Den nach Mekka ausgerichteten Mihrab und den Mimbar zieren in verschlungener arabischen Schrift gefasste Koranzitate.

Bevor man Milet-Balat verlässt, sollte man auch noch einen kurzen Besuch im an der Straße nach Didyma nahe dem Heiligen Tor gelegenen Museum machen. Im Museumsbau selbst wie auch im Museumsgarten sind reichlich Statuen, Sarkophage, Votiv- und Grabreliefs neben vielen anderen Exponaten ausgestellt. Sie reichen von den Anfängen Milets bis in die osmanische Epoche und runden so das Geschichtsbild Milets sehr schön ab. Auf dem Weg dorthin kommt man am ehemaligen Westmarkt und am Athena-Tempel aus dem 5. Jahrhundert v. Chr. vorbei.

Wir brechen nun nach **Didyma** auf. Wir fahren über Akköy und sind in 30 Minuten am Ziel. Wer die Strecke zu Fuß bewältigen möchte, muss dafür rund vier Stunden einkalkulieren. Auf der Fahrt kommen wir an einigen Stellen der antiken Heiligen Straße vorbei. Ihren genauen Verlauf kennen wir bisher leider nur ausschnittweise. Auf dem Weg zum berühmten Didymaion, dem Apollon-Hauptheiligtum von Didyma, sollte man sich etwas Zeit lassen, handelt es sich bei dem *Didymaion* doch – neben Delphi im griechischen Mutterland und Klaros weiter nördlich an der Westküste Kleinasiens – um das wichtigste Orakelheiligtum der antiken Welt.

Doch kehren wir nach Milet zurück, denn hier war ja der Ausgangspunkt des Prozessionsweges nach Didyma über die Heilige Straße. Dort beim städtischen Heiligtum des Apollon Delphinios an der Löwenbucht trafen sich im Monat Taureon (März/April) die Teilnehmer zur alljährlichen Frühjahrswallfahrt. Nach den üblichen Huldigungen an den jungen Gott zog die Prozession durch das Markttor über den Südmarkt zum Heiligen Tor. Dort verließ sie das Stadtgebiet. Der weitere Weg führte in Richtung des heutigen Akköy an der Küste entlang bis zum Hafen von Panormos. Heute liegt dieser Platz nur wenige Kilometer von Didyma entfernt im sumpfigen Teil der Kovella-Bucht. Hier gingen im Altertum wohl die von der See kommenden Pilger an Land. Kurz vor Eskı Hışar, so heißt Didyma heute, stoßen wir linker Hand auf ein Teilstück der gepflasterten Prozessionsstraße. Die verschiedenen Funde entlang dieses Straßenstücks reichen teilweise noch bis in die archaische Epoche zurück. Es gibt Indizien, dass verschiedene Baulichkeiten aus heidnischer Zeit noch bis in die Regierungszeit des Kaisers Theodosios I. (379–395) genutzt wurden, als alle heidnischen Kulte unter Androhung der Todesstrafe untersagt wurden.

Auf dem langen Prozessionsweg standen viele Altäre, auch zahlreiche Weiheinschriften wurden gefunden. Eine Inschrift nahe am Heiligen Tor von Milet deutet auf die Erneuerung der Heiligen Straße unter Kaiser Trajan hin. An der Stelle, wo die Prozessionsstraße in das Heiligtum mündet, wurden archaische Marmorskulpturen gefunden, Löwen sowie sitzende männliche und weibliche Gestalten, vermutlich Darstellungen von Mit-

*Abb. 15   Die monumentalen Spuren des Orakels – der Apollontempel von Didyma.
Blick in den Kulthof mit der Freitreppe von Westen.*

gliedern einer didymäischen Priesterfamilie (Branchiden), die ursprünglich wohl als Weihegeschenke im Heiligen Bezirk aufgestellt waren, bevor sie per Zweitverwendung an den Fundort gelangten.

Zum zeitlichen Ablauf der Prozession fehlen uns Angaben. Ob der Weg auf der Heiligen Straße nach Didyma an einem einzigen Tag zurückgelegt wurde, ist schwer zu sagen. Von anderen bekannten antiken Wallfahrten wissen wir, dass es zahlreiche Aufenthalte mit Opfer- und Kulthandlungen gegeben hat, die von feierlichen Gesängen (Paianen) begleitet wurden. Aus diversen Inschriften können wir überdies Rückschlüsse auf den Prozessionsweg und das Geschehen dort ziehen. So ist z.B. die Rede von einem „breiten Prozessionsweg", der durch einen Eichenwald zu dem höher gelegenen Heiligtum führte.

Bei Ausgrabungen in den letzten Jahren wurde an der Heiligen Straße, nicht weit vom Zugang zum Didymaion, ein größerer Komplex, ein Artemis-Heiligtum, freigelegt. Der archäologische Befund brachte Grundrisse mehrerer unterschiedlicher

Gebäudeeinheiten (von Hallen und Höfen) zutage. Es ist wohl so, dass der Heilige Bezirk zwischen dem 7. Jahrhundert v. Chr. und dem 2. Jahrhundert n. Chr. immer wieder Vergrößerungen erfuhr.

Für das eigentliche Opferritual im Heiligtum von Didyma stellten die Milesier drei Opfertiere, die für die anschließende festliche Bewirtung der offiziellen Teilnehmer der Prozession bestimmt waren. Es waren Mitglieder der Kultgemeinschaft zu Ehren des Gottes, vergleichbar den Kureten in Ephesos. Ihre Aufgabe bestand hauptsächlich im Vortrag der feierlichen Gesänge (des Paians). Milesischen Quellen ist zu entnehmen, dass sie im städtischen Leben einen sehr hohen Rang einnahmen. Sie wählten jährlich einen Vorsitzenden, einen Aisymneten, der zugleich oberster Beamter der Stadt war. Ihm zur Seite standen als eine Art Beigeordnete fünf Prosétairoi, die dem Aisymneten auch bei den rituellen Handlungen assistierten.

Zu den Feierlichkeiten im Rahmen des Apollon-Kultes gehörten auch Festspiele. Sie fanden alle fünf Jahre statt. Homer in seinen Hymnen beschreibt sie so: „… Dies ist der Ort, wo Ioniens Söhne in wallenden Kleidern / Dir zu Ehren sich sammeln samt Kindern und züchtigen Weibern. / Freude bereiten sie dir, denn sie denken an dich, wenn der Wettstreit / Anhebt mit Tänzen und Liedern und Faustkampf. Mancher der / Gäste meint wohl, wenn er Ioniens Söhnen dort allen begegnet, / Dass es Unsterbliche seien und solche, die nimmermehr altern. / Säh er bei allen doch Anmut, schwelgte sein Herz doch in Freuden, / Wenn er die Männer erblickt und die schön gegürteten Frauen, / Schiffe in eilender Fahrt und die Fülle ihres Besitztums …"

Die Weissagungen wurden wie beim delphischen Orakel in Verse gekleidet. Branchos, der Vorfahr der Priesterfamilie der Branchiden, wird als der Begründer des Orakels genannt. Der Kult von Didyma geht weit in die vorgriechische Zeit (2. Jahrtausend v. Chr.) zurück. Nach Herodot handelte es sich um ein „altes Orakel, das alle Ioner und Aioler zu befragen pflegten". Auch Pausanias (2. Jahrhundert n. Chr.) berichtet, das Orakel habe es in Didyma schon vor der ionischen Einwanderung gegeben. Durch die Schrift von Jamblichos „Über die Geheimlehren" aus dem 4. Jahrhundert n. Chr. haben wir ein ungefähres

Bild vom Ablauf des Orakels. Danach hat eine Orakel-Priesterin, mit Stab auf einem Axon (Drehstuhl?) sitzend, die Orakelsprüche verkündet. Für die Eingebungen mussten berauschende Dämpfe eingeatmet werden. Bevor sie ihre Prophezeihungen aussprach, musste die Orakel-Priesterin sich durch ein Bad reinigen und drei Tage lang sich jeglicher Nahrung enthalten. Es störte den antiken Menschen nicht, dass die Orakel geheimnisvoll klangen, indirekt formuliert und allgemein gehalten waren. Zweideutigkeiten und falsche Vorhersagen waren selbstverständlich Teil des „Geschäfts".

Zum Didymaion gehörten auch Naturmale wie die Orakel-Quelle und der Lorbeerbaum des Apollon, zugleich ein Hinweis, dass der ursprüngliche Kult sich in einem geschlossenen, von außen nicht einsehbaren Hof unter freiem Himmel abspielte. Zur Verehrung des Gottes errichtete man darin einen kleinen ionischen Naiskos. Die heute zu sehenden, sehr beeindruckenden Überreste der hellenistisch-römischen Tempelanlage überdecken den archaischen Zustand, da die ältere Anlage 494 v.Chr. von den Persern zerstört worden war. Unter Seleukos I. um 300 v.Chr. begann man dann neu mit einem gewaltigen Projekt, an dem in den folgenden Jahrhunderten lange gebaut wurde, ohne dass es jemals vollendet worden wäre.

Die Szenerie, die sich dem Besucher heute darbietet, wenn er die Ruinen des Didymaions betritt, ist gewaltiger und eindrucksvoller als bei den meisten Heiligtümern der antiken Welt. Der Bauplan für den ionischen Tempel war ungewöhnlich und in mancherlei Hinsicht einzigartig. Der Tempel gehört zum Typus des *dipteralen Dekastylos*. Die Cella war von einer doppelten Säulenreihe umgeben, die Vorhalle wies drei Reihen mit je vier Säulen auf; insgesamt waren es 120 ionische Säulen mit noch einem korinthischen Säulenpaar im Zwischenraum. Von dort konnte man durch drei monumentale Tore über eine breite Freitreppe in das deutlich tiefer gelegene und nicht überdachte Adyton gelangen. Zwei überwölbte Tunnelgänge führten ebenfalls seitlich von diesem Zwischenraum in den Kulthof, in dessen hinterem Teil noch die Fundamente des Quellhauses bzw. des kleinen Naiskos erhalten sind: ein Antentempel mit vier vorgesetzten Säulen.

Wegen der außergewöhnlichen Bedeutung des Heiligtums verwundert es nicht, dass es besonders reichhaltig mit marmornem Reliefschmuck ausgestattet war. Und: fast die gesamte Anlage war aus Marmorblöcken gebaut. Während die Ecksäulen figurale Kapitelle – mit Darstellungen von Stierköpfen, Götterbüsten und Greifen – trugen, schmückten vegetabile Motive und Medusenhäupter die Friese. Der siebenstufige Unterbau der Tempelanlage war leicht konvex gebogen – an sich nichts Ungewöhnliches im Rahmen der griechischen Tempel-Architektur. Durch die so genannte Kurvatur wollte man einfach ein Bild besonders harmonischer Geschlossenheit vermitteln.

Auch wenn nur noch Ruinen davon übrig sind, das Apollon-Heiligtum von Didyma ist nicht zuletzt auch wegen seiner besonders schönen Lage eines der eindrucksvollsten Zeugnisse griechischer Baukunst geblieben. Wer sich Zeit nimmt und nachmittags zum Didymaion wandert, wird erstaunt sein, wie gut die Symbiose aus Landschaft und Tempelbau gelungen ist.

Wir verlassen Didyma wieder, fahren über Akköy zunächst wieder durch die Mäander-Ebene und dann auf der Hauptstraße nach Süden in Richtung Milas. Die Straße windet sich durch eine Hügellandschaft, die bereits zum landschaftlich nicht minder beeindruckenden Karien gehört. Schon bald sieht man linker Hand unten den Binnensee Bafa Gölü. In der Antike war er noch ein Teil der Latmischen Bucht. Auf der gegenüberliegenden Seite erheben sich die Steilhänge des Latmos-Gebirges, des Beşparmak Dağ. Eines der schönsten Erlebnisse auf einer Reise durch Karien ist, wenn man sieht, wie sich die imposante Gebirgssilhouette in den tiefblauen Wassern des Sees spiegelt. Wir umfahren das südliche Ufer und treffen so auf der gegenüberliegenden Seite sehr bald auf die Ruinen von **Herakleia**. Trotz der wegen ihrer faszinierenden Lage von vielen bewunderten antiken Stadt, lohnt sich auch noch ein Abstecher in die unmittelbare Umgebung, genauer: zu den Klöstern im Latmos. Der Weg dorthin ist gewiss anstrengend, man muss einen Höhenunterschied von immerhin rund 500 Metern überwinden. Man wendet sich vom Stadtgebiet aus nach Südosten, geht dann am Ufer entlang, bis der Weg in eine Schlucht einbiegt und dort allmählich ansteigt. Vorbei an hellenistischen

Kammergräbern erreichen wir nach mühevollem Aufstieg Alt-Herakleia. In diese zerklüftete, teilweise unwegsame Berggegend, wo nur noch gelegentlich der Blick auf den See frei wird, zogen sich schon früh fromme Eremiten zurück, um in der Einsamkeit allein Gott zu leben.

Einen Eindruck von deren Leben hier und ihrer Zeit vermitteln auch die in Teilen noch erhaltenen Höhlenmalereien von *Alt-Herakleia*. Unter den vielen Darstellungen, die direkt auf die Felswand aufgetragen wurden, kann man in der so genannten Christushöhle z.B. Bilder von der Geburt Jesu betrachten, bei denen sich in den biblischen Stoff auch Erzählungen bzw. Bilder aus den Apokryphen mischen, z.B. wenn Ammen das Jesuskind baden.

Fast noch sehenswerter ist die so genannte *Pantokratorhöhle*, deren Ausmalungen wohl erst aus dem 9. Jahrhundert stammen. Die ganze Höhlendecke ist bemalt. In der Mitte sitzt Christus als Pantokrator auf einem mit Edelsteinen geschmückten Thron – eingerahmt in eine mit Sprüchen ausgefüllte Mandorla. Seine Rechte ist erhoben, mit der linken Hand hält er das Evangelium, ihm zu Füßen die Symbole der vier Evangelisten. Engel halten die Mandorla. Unterhalb der Engel erscheinen umhüllt von einem Strahlenkranz Sonne und Mond.

An der Wand folgt eine geradezu majestätische Darstellung der Gottesmutter mit dem jugendlichen Christus. Die Madonna trägt ein purpurnes Gewand und sitzt auf einem mit Gemmen geschmückten Thron. Durch den auf ihrem Schoß stehenden jugendlichen Christus wird sie zugleich selbst zu dessen Thron, zum Thron Christi. Fünf Heilige, alle fast lebensgroß, stehen auf der linken Thronseite, unter ihnen Johannes Theologos, die heilige Thekla und der heilige Kyrillos. Für dieses Bild-Ensemble wird ein Diakon Georgios als Stifter genannt.

Auch wenn der Zahn der Zeit lange und schwer an diesen Malereien genagt hat, etwas von der Farbenfreude ihrer Schöpfer kann der Besucher auch heute noch erahnen. Leider sind auch diese Bildwerke von der Unsitte dummer Kritzeleien nicht verschont geblieben.

Mit dem *Latmos-Gebirge* ist auch noch ein sehr romantisch klingender Mythos verbunden. Der Vollständigkeit halber sei er wenigstens kurz erwähnt. In der kargen Landschaft des Latmos soll sich die Mondgöttin Selene in den schönen Hirtenjungen Endymion verliebt haben, als dieser schlief. Zeus, der sich immer wieder in solch menschlichen Situationen helfend oder auch behindernd einmischte, sorgte auf Wunsch der Selene dafür, dass Endymion in einen immer währenden Heilsschlaf verfiel. So konnte sie ihn ungestört küssen, und er behielt dabei seine Jugend. Selene legte sich an seine Seite und gebar dem Endymion in der langen Zeit zahlreiche Töchter. Der Mythos des Endymion war bis weit in die christliche Zeit herein lebendig geblieben. Außergewöhnlich daran ist, dass ausgerechnet die Eremiten den Mythos mit am Leben erhalten haben. Das Heiligtum des Endymion hat sich in ihrer unmittelbaren Nähe ganz unauffällig erhalten. Und die frommen Mönche kamen damit offenbar gut zurecht. Was spricht also dagegen, den Latmos schon deswegen einen heiligen Berg zu nennen!

6. Eine Weltstadt der Antike – Ephesos

Von der einstigen Weltstadt ist nur eine unbedeutende Siedlung übrig geblieben, gelegen an der Mündung des *Küçük Menderes*, dem antiken Kaystros. Umso eindrucksvoller künden die vielen erhaltenen und wieder freigelegten Denkmale von der Größe und Pracht der antiken Metropole **Ephesos**. Von keiner anderen griechischen Stadt an der Westküste Kleinasiens haben sich so viele Spuren aus den verschiedensten Epochen einer zweitausendjährigen Geschichte erhalten wie auf dem Ruinenfeld am Fuße des Panayır Dağı. Und doch spiegelt das Ruinenfeld nur einen Teil der Bedeutung des antiken Ephesos wider. Ob griechische Klassik, ob Hellenismus oder frühes Christentum, die ionisch-athenische Gründung aus dem Beginn des 1. Jahrtausends v.Chr. hat sich in allen diesen Epochen in die Geschichte eingeschrieben.

Im 6. Jahrhundert v.Chr. lebten und wirkten in der schon damals blühenden Handels- und Kulturstadt so unterschiedliche Geistesgrößen wie der ionische Schriftsteller und Liedermacher *Hipponax*, der mit seinen derb-realistischen Fabeln, Spottliedern und Klatschgeschichten eine ganze Epoche erfreute, und der wohl berühmteste und die abendländische Philosophiegeschichte bis in unsere Tage am nachhaltigsten beeinflussende Denker aus vorsokratischer Zeit, *Heraklit* von Ephesos, der erste große Dialektiker und Logos-Interpret der Antike: Der Ursprung alles Seienden ist das Werden, „alles fließt". Die Welt ist eine Welt des unaufhörlichen Wandels in Gegensätzen.

Weltbekannt gewordene Künstler der Klassik wie Phidias und der späten Klassik wie Praxiteles und Skopas (4. Jahrhundert v.Chr.) haben in der ionischen Handelsstadt sich durch ihre Werke verewigt. Der berühmte Tempel der Artemis von Ephesos zählte zu den sieben Weltwundern der Antike. Die bekanntesten Baumeister der damaligen Zeit aus Ephesos und von außerhalb haben an dem Bau mitgewirkt.

Aus dem Neuen Testament wie aus der Anfangszeit des Christentums überhaupt ist Ephesos nicht nur wegen des Briefes an die Epheser nicht wegzudenken. Ephesos ist auch Adressat eines der Sendschreiben aus der Geheimen Offenbarung. Ihr Verfasser lobt („Du hast ausgeharrt und um meines Namens willen Schweres ertragen ...") und tadelt („Ich werfe dir aber vor, dass du deine erste Liebe verlassen hast"). Paulus hielt sich mehrmals und längere Zeit in Ephesos auf und schrieb dort die meisten seiner Briefe. So wurde die Stadt ganz von selbst zur klassischen Begegnungsstätte zwischen hellenistisch-heidnischer Religiosität und dem „neuen Weg" des paulinischen Christentums. Die Apostelgeschichte berichtet ausführlich darüber (vgl. 18,18 ff. und 19,1–40). Für die Kirchen des Ostens steht auch das Leben Mariens in engem Zusammenhang mit Ephesos. Der Legende nach hat Maria dort im Hause des Apostels Johannes ihre späten Tage zugebracht. Und Ephesos war 431 auch die Stadt des dritten (gesamt-)christlichen Konzils, auf dem gegen Nestorios die volle Menschlichkeit des Gottmenschen Jesus bekräftigt und das Dogma von Maria als Gottesgebärerin („Theotókos") verkündet wurde.

Menschen siedelten zu allen Zeiten bevorzugt an geschützten Flussmündungen. Solch ein Ort war auch die Stelle, an der sich der Kaystros in das Ägäische Meer ergoss. Im 2. Jahrtausend v. Chr. bauten an seiner Mündung die einheimischen Karer und Leleger einen Hafen; sie lebten vom Handel und Fischfang und verehrten die „Große Mutter", die Göttin der Fruchtbarkeit und Herrin der Tiere, Kybele.

Wegen der allmählichen Verlandung der Flussmündung musste Ephesos im Verlauf seiner Geschichte aber dreimal den Standort wechseln. Die archäologischen Ausgrabungen lokalisieren die erste Siedlungsperiode auf dem Hügel Ayasoluk im heutigen Hinterland unmittelbar bei dem Ort Selçuk. Das Orakel hatte für die ionische Neugründung den Platz an der Mündung des Kaystros bestimmt. Artemis, Tochter des Zeus und der Leto und Zwillingsschwester des Apollon, wurde in der „Nachfolge" der „Großen Mutter" Kybele als deren göttliche

Beschützerin ausersehen. Zunächst war es nur ein heiliger Hain, bald aber wurde für das Kultbild ein kleiner Tempel aus Stein gebaut.

Die Siedlung entwickelte sich rasch zu einem blühenden Handelszentrum. Als Mitglied des ionischen Zwölfstädtebundes profitierte sie mehr als die anderen Orte am östlichen Mittelmeer von der so genannten zweiten griechischen Kolonisationswelle. Um 560 v. Chr. eroberte der Lyderkönig Kroisos die Stadt. Unter dessen Oberhoheit entstand unmittelbar am Hafen eine neue Siedlung. Um 550 v. Chr. wurde auch mit dem Neubau des Artemis-Tempels begonnen. Schon um diese Zeit galt die Stadt als reich und zugleich als ein wichtiges kulturelles Zentrum.

In den achtziger Jahren des 3. Jahrhunderts v. Chr., unter Lysimachos, an den Ephesos durch Verrat gefallen war, wurde die Stadt auch wegen fortschreitenden Verlandung mehrere Kilometer nach Südwesten, an den Panayır Dağı und Bülbül Dağı verlegt und neu aufgebaut. Die neue, hellenistische Stadt umgab Lysimachos mit der so genannten lysimachischen Mauer, die in größeren Abschnitten sich bis heute erhalten hat. Der damalige Neuanfang und später der Anschluss an das Römische Reich waren für Ephesos ein großes Glück, zumal die Römer spätestens unter Pompeius die den Handel in der Ägäis störende Piraterie erfolgreich bekämpften. Mit der Erhebung zur Hauptstadt der Provinz Asia durch Kaiser Augustus um 29 v. Chr. erlebte die Stadt eine zweite Blütezeit. Es setzte wieder eine rege Bautätgikeit ein. Neben seiner Bedeutung als Kultstätte der ephesischen Artemis wurde Ephesos in der Folgezeit auch zu einem wichtigen Zentrum des römischen Kaiserkults, der durch viele prächtige Bauten dokumentiert ist.

Doch zunächst zum **Tempel der Artemis**. Voller Bewunderung schrieb der große Mathematiker Philon von Byzantion (um 200 v. Chr.): „Der Tempel der Artemis in Ephesos ist ein einzigartiges Gotteshaus. Wer ihn nämlich sieht, wird überzeugt sein, dass der Ort vertauscht (wurde) und die himmlische Welt der Unsterblichen auf die Erde gekommen ist."

Der Besucher von heute kann diesen Mittelpunkt des Artemiskultes allerdings nur noch als eine große Ruine bestaunen.

Abb. 16 Der Artemistempel in Ephesos. Rekonstruktionsvorschlag des Artemisions nach Krischer. In der Cella der Schrein mit dem Kultbild.

Naturkatastrophen und mehr noch menschliche Zerstörungswut haben zum heutigen Zustand geführt. Schwer gelitten hat das Heiligtum unter den Goteneinfällen des Jahres 263 n.Chr. Das viel bestaunte Weltwunder wurde damals zum Steinbruch. In der Spätantike versuchte man dem Bau dann noch einmal etwas vom alten Glanz zurückzugeben.

Die Mythologie bringt die Errichtung des Heiligtums mit den Amazonen in Verbindung. Auch der Stadtname Ephesos wird von einer Amazone abgeleitet. Im Artemishymnus des Kallimachos heißt es, die Amazonen hätten um das Kultbild rituelle Waffentänze aufgeführt. Das ist natürlich Legende; die archäologischen Funde reichen nur bis an den Beginn des 7. Jahrhunderts v.Chr.

In dieser Zeit wurde der noch ältere ursprüngliche Bau durch einen kleineren, überdachten Tempel, in einem Temenos ergänzt. Die zeitliche Einordnung der verschiedenen Erweiterungen während der frühen Perioden ist bis heute umstritten. Erst der Neubau unter Kroisos um das Jahr 560 v. Chr. lässt sich einigermaßen sicher datieren. Bei Herodot heißt es, mehrere Säulen des neuen Tempels seien von dem Lyderkönig gestiftet worden. Eine Dedikationinschrift auf fünf erhaltenen Säulenfragmenten bestätigt die Aussage Herodots. Spätestens um die Mitte des 6. Jahrhunderts v. Chr. müssen die Bauarbeiten also bereits voll im Gang gewesen sein. Nach Plinius war einer der mit der Planung und Ausführung der Bauarbeiten beauftragten Architekten Theodoros von Samos, der bereits beim Bau des samischen Heraions einschlägige Erfahrungen, vor allem mit der aufwendigen Fundamentierung auf wenig stabilem Terrain (sumpfiges Gebiet) hatte sammeln können. Und auch der Hera-Tempel auf Samos, ein so genannter Dipteros, war wie der ephesische Bau von einer Zweierreihe Säulen umgeben. Die Oberleitung des gesamten Bauvorhabens unterstand zwei aus Kreta stammenden Architekten, Chersiphron und dessen Sohn Metagenes. Der endgültig wohl erst um 500 v. Chr. vollendete Tempel war zu jener Zeit sicherlich der gewaltigste Sakralbau der hellenischen Welt. Zugeschrieben wurde er den Architekten *Demetrios* und *Paeonios* von Ephesos. Der monumentale ionische Säulenwald, mit den 36 von Plinius aufgeführten „Columnae caelatae", den reliefgeschmückten Säulen der Eingangsfront, musste für die griechische Baukunst der damaligen Zeit auf jeden Fall etwas ganz Neues gewesen sein und ist ohne ägyptischen Einfluss nur schwer denkbar. Vom Reliefschmuck haben sich nur wenige Darstellungen von Priesterinnen mit Weihegaben erhalten sowie solche von Männern (Kriegern), Kindern und Pferden am unteren Teil der Säulenschäfte.

Nach der Entdeckung des Artemisions 1869 durch den englischen Archäologen J. T. Wood und auf Grund sorgfältiger Feldforschung vor allem durch österreichische Archäologen während der letzten hundert Jahre lässt sich die einstige Tempelanlage weitgehend rekonstruieren. Über einem zweistöckigen terrassenförmigen Unterbau erhob sich das Zentrum des Artemiskultes, die Cella. Sie wurde auf der Langseite zweireihig von 21, an der östlichen Schmalseite von neun und auf der westlichen Eingangsseite von acht kannelierten Säulen umgeben; letztere versehen mit reliefgeschmückten Trommeln. Um auf die insgesamt 127 Säulen zu kommen, mussten auf der westlichen Schmalseite des Tempels drei dieser besonders geschmückten, acht in dem durch Anten gerahmten Pronaos und an der gegenüberliegenden Seite sogar vier Säulenreihen mit drei Säulen zwischen den östlichen Anten aufgestellt werden. Die Säulen standen auf massiven, quadratischen Plinthen (Sockelplatten) und auf aus runden Wülsten und Hohlkehlen gebildeten Basen und wurden von ionischen Kapitellen gekrönt. Dabei vermittelten die einzelnen Schmuckelemente, vor allem die ausgearbeiteten Voluten, trotz der gewaltigen Ausmaße eine gewisse Leichtigkeit und Eleganz. Über den Säulen erhob sich ein dreifach gestalteter Architrav, dekoriert von einem ionischen Kymation (so genannte Eierstäbe) und Zahnschnittfriesen. Es folgten die Simazone (Traufleiste) mit Löwenspeiern und figürlichen Darstellungen von Prozessionen und Kampfszenen.

Dem Tempel vorgelagert war der nach Westen hin offene, im Grundriss U-förmige Altar, der erst 1965 unter dem heutigen Bodenniveau entdeckt wurde. Der spätklassische Altar ist von eher einfacher Form, aber von beachtlicher Größe (40 x 30 m). Der eigentliche antike Opfertisch befand sich mit Sicherheit im Inneren des Areals. Eine Rekonstruktion des Altars nach dem archäologischen Befund ergibt in etwa folgendes Bild: Über einem dreifach gegliederten Sockelunterbau, Orthostaten mit Lattenmotiven, doppeltem Mäanderfries und Figurenkompositionen erhob sich eine umlaufende Säulenhalle ionischer Ordnung. Skulpturen schmückten den Altaraufbau, aber nur weniges davon ist erhalten geblieben. Entgegen der sonst üblichen Ausrichtung griechischer Tempel nach Osten stand die antike Altaranlage vor der westlichen Eingangsfront.

Neben der uns bekannten, überlebensgroßen Marmorstatue der *Artemis Ephesia* – eine römische Kopie aus dem 2. Jahrhundert n. Chr., die in einem Nebenraum des ephesischen Prytaneions (Rathauses) gefunden wurde, befindet sich heute im Museum von Selçuk – wurden im 5. Jahrhundert v. Chr. durch mehrere damals bekannte Werkstätten griechischer Künstler zahlreiche Statuen für das Heiligtum geschaffen. Bekannt geworden ist vor allem der Wettbewerb zur Ausführung der bronzenen Amazonenstatuen, an dem sich die bedeutendsten Künstler der griechischen Klassik beteiligten, unter ihnen Phradmon, Kresilas, Phidias und Polyklet. Polyklet gewann den Wettbewerb mit seiner Statue „Die sterbende Amazone". Sie ist uns als marmorner Torso – ebenfalls nur in Kopie – erhalten. Platon sah in Polyklet den Künstler schlechthin, dem die Verwirklichung des Ideals vollendeter Harmonie am besten gelungen sei. Polyklets Kunst galt und gilt heute noch als Inbegriff des klassischen Menschenbildes. Der zweite Preis ging übrigens an Phidias, der von allen Künstlern der griechischen Klassik das antike Schönheitsideal wohl am beseeltesten darstellen konnte.

Warum aber der künstlerische Aufwand? Artemis war für die Bewohner von Ephesos nicht irgendeine Bewohnerin des Olymp, sondern die Stadtgöttin, der man alles – das Leben, die Fruchtbarkeit, den Wohlstand – verdankte. Ihr zu Ehren wurden mehrmals im Jahr Opferfeste abgehalten. Man veranstaltete große kultische Feiern mit Prozessionen und Spielen. Mit dem Heiligtum der Stadtgottheit verbunden war auch das bis in die Spätantike allseits respektierte Recht auf Asyl. Und natürlich entwickelte sich der Artemiskult mit dem Unterhalt des Heiligtums und dem damit verbundenen Kunsthandwerk und Devotionalienhandel auch zu einem bedeutenden Wirtschaftsfaktor.

Aber wie es in der Geschichte großer Unternehmungen und Ereignisse, die die Massen anziehen, öfters der Fall ist, rief der ephesische Artemiskult und die von ihm ausgehende Anziehungskraft auch Psychopaten auf den Plan. 356 v. Chr. setzte ein geltungssüchtiger Zeitgenosse, Herostratos mit Namen, das Heiligtum in Brand. Es soll der Tag gewesen sein, an dem Alexander der Große geboren wurde. Und die Legende will wissen, Artemis habe an jenem Tag ihr Heiligtum nicht schützen können, weil sie sich wegen der Geburt Alexanders im königlichen Palast von Pella aufgehalten habe, um Olympia, der Gattin Philipps II., bei der Entbindung beizustehen.

Beim Wiederaufbau scheint man zügig vorangekommen zu sein. Denn als Alexander auf seinem Kriegszug gegen den Perserkönig Dareios 334 v. Chr. in Ephesos eintraf und für den

Neubau finanzielle Hilfe anbot, soll diese von den Bewohnern ausgeschlagen worden sein. Beim Neubau orientierte man sich an den Ausmaßen und der Gestalt des Vorgängertempels. Die alten Architekturfragmente wurden pietätvoll in die neue Bausubstanz übernommen. Der archäisch wirkende, ausladende Grundriss, mit dem die nach klassischer Tradition konzipierte Sakralarchitektur in Darstellung und Proportionen zur Vollkommenheit entwickelt worden war, wurde beibehalten.

Woher aber der **Großkult der Artemis** in Ephesos, dessen Vertreter und Nutznießer durch die neue Glaubensbotschaft des Paulus so erschreckt wurden, dass sie abwehrend ausriefen: „Groß ist die Artemis von Ephesus" (Apg 19, 28)?

Auch wenn ihr Name schon griechisch ist, so sind Wesen und Gestalt der Artemis von Ephesos mit der griechischen Jagdgöttin gleichen Namens keineswegs gleichzusetzen. Die ephesische Göttin verkörpert vielmehr eine urtümlich einheimische, der „Megale méter", der „großen Mutter" nachempfundene Naturgottheit. Allein schon der Standort des Heiligtums symbolisiert den Ursprung des Kults der Artemis als der Göttin des Lebens und der Fruchtbarkeit, die sich den Menschen in einer natürlichen Umgebung, in Bäumen, Sümpfen, Quellen oder Bergen zu erkennen gibt. Wie schon erwähnt, lag die ursprüngliche Kultstätte der „Megale méter" am Fuß des Panayır Dağı, nicht unweit des so genannten Siebenschläferareals. Bis heute belegen zahlreiche in den Felsen eingelassene, mit Bildwerken versehene Nischen den frühen Kult. Auch die geologische Struktur der Anhöhe mit ihren tiefen Felsspalten und den darüber gespannten Felsbögen bildete für die Entstehung des Kults ideale Voraussetzungen. Und offenbar erforderte die Gleichsetzung der ephesischen Artemis mit der griechischen Gottheit kein großes religiöses Umdenken. Auch in den Kerngebieten Griechenlands, auf dem Peloponnes, in Boiotien und Attika wurde die Artemis seit je auch als Naturgottheit und Fruchtbarkeitsgöttin verehrt.

Über die Beschaffenheit des Kults selbst sagen die schriftlichen Quellen wenig aus. Wir dürfen davon ausgehen, dass es sich um einen Mysterienkult handelte, in den nur die Kultgemeinde einbezogen war, so wie wir sie auch vom Demeterkult in Eleusis her kennen. Wie schon nach der eleusischen Mysterientradition waren auch die ephesischen Eingeweihten zum Schweigen verpflichtet. Während der Feste zu Ehren der Göttin wurden aber selbstverständlich aufwendige Opferdienste zelebriert mit viel Organisation und Personal. Die Priesterinnen mussten für die Zeit ihres Dienstes jungfräulich leben. Dem gesamten Kultkollegium stand ein Oberpriester, der *Megabyzos*, vor. So berichtet jedenfalls Xenophon, der einen Teil seines Vermögens dem Megabyzos in Ephesos anvertraute. Und zum „Depot-Fund" des archaischen Tempels gehört neben mehreren kleinen Elfenbeinstatuetten, zumeist Darstellungen von Priesterinnen, auch eine männliche Figur, in der ein solcher Megabyzos der Göttin vermutet wird. Angesichts der verpflichtenden Jungfräulichkeit der Priesterinnen musste der Oberpriester ein Eunuch sein.

Das männliche Kultpersonal dürfte hauptsächlich für die Instandhaltung des Heiligtums, für das Finanzwesen und auch für die logistische Organisation der Prozessionen zuständig gewesen sein. Auch Sklaven standen im Dienst des Heiligtums. Überdies ist in den schriftlichen Quellen von „Kureten" die Rede, Mitglieder einer Kultvereinigung, die in Erinnerung an die Geburt der Artemis Mysterienfeiern veranstalten. Wegen der vielen Darstellungen von Kureten auf Säulen (und Pfeilersockeln) beim Prytaneion auf dem oberen Staatsmarkt geht man davon aus, dass sich deren Zentrum spätestens in römischer Zeit dort befand und nicht mehr im Temenos des Artemis-Heiligtums.

Über den Ablauf der *Prozessionen*, ebenso über die Spiele zu Ehren der Göttin sind uns einige Details überliefert. Die Festzüge führten vom Tempel durch das Magnesische Tor zum Staatsmarkt. Von dort zog man über die Heilige Straße (Kuretenstraße) zum Theater, um dann durch das Koresische Tor wieder in das Heiligtum zurückzukehren. Die Prozession wurde von dem Oberpriester (Megabyzos) im mit wertvollen Applikationen besticktem Festornat angeführt. Ihm folgten Kult-Herolde, Opferflötenbläser, Trompeter, Schmuckträger, Priester bzw. Priesterinnen, die Sieger der jeweils zu Ehren der Artemis veranstalteten Wettkämpfe, die die Götterbilder trugen, Zepterträger und Tempelwärter. Auch wurden in solchen Prozessionen allerhand Götterbilder und Weihegaben mitgetragen, aber den eigentlichen Mittelpunkt im großen Festumzug bildete die festlich bekleidete und mit üppigem Schmuck behängte Kultstatue.

Das ursprüngliche Kultbild, laut der Überlieferung von den Amazonen gestiftet oder gar vom Himmel gefallen, dürfte aus Holz gewesen sein, farbig gefasst und eher ein flaches Holzrelief denn eine Vollskulptur. Doch schon bald, spätestens seit dem 7. Jahrhundert v. Chr., wird das Aussehen der *Kultfigur*, nimmt man die schon erwähnten Statuetten aus dem Depot-Fund zum Vergleich, einer menschlichen Vollgestalt ähnlicher.

Mit dem Neubau des Artemision scheint sich die Kultfigur in ihrer äußeren Gestalt nochmals verändert zu haben. Bis dahin handelt e es sich um eine schlanke, fast pfeilerförmige Form mit an den Körper angelegten Armen. Doch nun kristallisierte sich eine ganz andere Auffassung des Weiblichen bei der Artemis Ephesia heraus. Das gesamte Repertoire an Symbolen der „Großen Mutter" wird nun in die Darstellung mit eingebracht. Die Göttin trägt einen dünnen, transparent erscheinenden Chiton. Der Unterleib ist umschlungen von einem in der Taille gegürteten, mit Tier- und Fabelwesen verzierten metallenen Obergewand. Die mehrfach übereinander gereihten Brüste – eine ganz ungewöhnliche, ja einmalige Darstellung – betonen augenfällig ihren Oberkörper. Die Partien über den Brüsten sind mit einem Kranz lanzettförmiger Beschläge geschmückt, zwischen die jeweils eine Fruchtdolde eingearbeitet ist. Den Hals ziert ein sichelförmiges, reich dekoriertes Perlenschmuckband. Auf dem Kopf trägt die Göttin eine hohe, dreifache goldene Krone (Polos). Von Arkaden und Tempelfronten eingefasste Tierprotome und Sphingen dekorieren die drei verschiedenen Zonen. Der von der Krone gehaltene Schleier ist so an ihrem Hinterkopf drapiert, dass er wie ein Nimbus an den angewinkelten Armen heruntergleitet.

Diese Beschreibung folgt der spätantiken Kopie. Es gibt aber noch andere Varianten. Dazu zählt auch eine im Museum von Selçuk aufgestellte Artemisstatue. Es handelt sich dabei ebenfalls um eine römische Marmornachbildung, die so genannte

Abb. 17 „Groß ist die Artemis von Ephesos."
Die ephesische Göttin ist in der gesamten antiken Welt präsent,
so auch auf einem Relief im Theater von Hierapolis.

Großkult der Artemis 125

Schöne Artemis. Das Original wird dem spätarchäischen Bildhauer *Endoisos* zugeschrieben. Die Statue wurde im Nebenraum des Prytaneion gefunden. Die Ausgräber sprachen angesichts des Fundes von einer sorgfältigen „Bestattung" der Statue. Sie zeigt eine ähnlich reiche Ausstattung wie die eben beschriebene. Am Unterkleid befindet sich aber ein muschelförmiger bzw. umgestülpter korbähnlicher Saum. Dieser bedeckt die parallel gesetzten Füße. Der Statue zur Seite gestellt sind Fragmente zweier Hirschkühe.

Die Interpretation der vielen Attribute ist im Einzelnen bis heute unsicher. Auf jeden Fall sind sie Ausdruck der vielen, der Göttin zugeschriebenen „Funktionen". Und zentral ist auf jeden Fall das Fruchtbarkeitsmotiv. Es bildet wohl den eigentlichen Schlüssel für den Zugang zum ephesischen Artemiskult. In der antiken, vor allem antiken christlichen Literatur ist häufig von „Vielbrüstigkeit" als Ausdruck übersteigerter Fruchtbarkeit die Rede. Minucius Felix z.B. spricht von „... der hochgeschürzten Jägerin, zu Ephesos ... mit vielen Brüsten und Eutern behangen, ..." (Octavius 22,5). Die schlaff hängende Form der Brüste und die fehlenden Brustwarzen sind aber nicht unbedingt vorteilhaft für eine Fruchtbarkeitsgöttin. Auch lässt sich schwer von Trauben, Eierfrüchten, Datteln und ähnlichem sprechen. Gérard Seiterle hat in der Zeitschrift „Antike Welt" die These dagegen gestellt, es handele sich bei den Brüsten der ephesischen Artemis um Stierhoden. Die These klingt zunächst befremdlich, erscheint wegen der Stieropfer an den Artemisfesten aber als durchaus plausibel. Denn im Zusammenhang mit den „Großen Festen" zu Ehren der Göttin werden immer wieder die so genannten Taurokathapsien erwähnt, die nach heutigem Verständnis wohl mit Stierkämpfen zu vergleichen wären. Die These Seiterles wird für Ephesos auch durch archäologische Funde untermauert. Der Stier galt gemeinhin als ein Fruchtbarkeitssymbol, das Stieropfer war in Kleinasien seit frühesten Zeiten verbreitet. In Ephesos gab es eine eigene Gruppe – ihre Mitglieder nannten sich Taureastai –, die für die Aufzucht und den Unterhalt der Opfertiere verantwortlich waren. Stiermotive, besonders Stierköpfe, eingepasst in Girlanden, so genannte Bukranien, waren ein sehr beliebtes Dekorationselement auf Architekturreliefs gerade in Ephesos.

In der Antike zog Ephesos viele Pilger an, und es ist bekannt, wie rasch heidnische Religiosität in exzessives Feiern umschlug – ein Grund mehr für die junge Christengemeinde und für Paulus, sich mit den heidnischen Kultgebräuchen auseinander zu setzen.

Ein Ereignis, über das die Apostelgeschichte ausführlich berichtet, illustriert den Zusammenstoß besonders grell: die so genannte *Demetrius-Geschichte*. Lukas beschreibt die tumultartige Szene im Theater von Ephesos natürlich auch in der Absicht, die Wirkmächtigkeit des „neuen Glaubens" im Verhältnis zu den „alten Götzen" gebührend herauszustellen, aber die unverstellte Unmittelbarkeit und Lebendigkeit der Schilderung zeigt auch, welche Herausforderung die Botschaft des Paulus für das heidnische Ephesos mit seinem Artemiskult darstellte. Geschildert wird der von einem gewissen Demetrius angeführte Aufruhr der erzürnten Zunft der Silberschmiede, die mit der Herstellung von kleinen silbernen Artemistempeln ihren Lebensunterhalt verdienten. Durch die Botschaft des Paulus und seiner Begleiter sehen sie ihre wirtschaftliche Existenz bedroht: „So kommt nicht nur unser Geschäft in Verruf, sondern auch dem Heiligtum der großen Göttin Artemis droht Gefahr, nichts mehr zu gelten, ja sie selbst, die von der ganzen Provinz Asien und von der ganzen Welt verehrt wird, wird ihre Hoheit verlieren" (Apg 19,27). Die Begleiter des Paulus, Gaius und Aristarch, gerieten im Theater durch die aufgebrachte Menge in eine bedrohliche Lage. Paulus selbst wurde von Freunden gewarnt, dorthin zu gehen. Über zwei Stunden habe alles durcheinander geschrien, bis der Stadtschreiber Alexander, offenbar ein Jude, sie mit dem Hinweis auf die Rechtslage und der Aufforderung, wenn sie eine Klage vorzubringen hätten, gebe es dafür Gerichtstage und Prokonsuln, einigermaßen beruhigen konnte.

Von der damaligen Atmosphäre lässt sich heute kaum etwas vermitteln, wohl aber dient das rekonstruierte Theater, in dem alljährlich Festspiele stattfinden, dem Besucher beim Flanieren durch das Ruinenfeld von Ephesos als ein willkommener Orientierungspunkt. Von den Sitzreihen schweift der Blick über die Ebene hinaus auf die lange marmorgepflasterte Straße, die Arkadiane, in Richtung des ehemaligen Hafens. Dem Grundriss nach handelt es sich um ein griechisches Theater, das von den Römern ihrer Zeit und ihren Bedürfnissen entsprechend angepasst wurde. Die ursprüngliche Anlage dürfte noch unter Lysimachos oder kurz danach entstanden sein. Um die Zeit, in der Paulus sich in Ephesos aufhielt, fanden an dem Theater umfangreiche Umbauarbeiten statt. Sie betrafen vor allem den Bühnenbau, die Scaenae frons. Eine Architravinschrift hält fest, dass die neue Bühnenfassade im Jahre 66 n.Chr. eingeweiht wurde.

Angesichts des längeren Aufenthaltes des Paulus in Ephesos und der Bedeutung, die die Stadt für sein Wirken hatte, hätte man erwarten können, dass im Zuge der Christianisierung Paulus Schutzpatron der Stadt würde. Dem war nicht so, und auch die anderen von Paulus besuchten Orte Kleinasiens weisen kaum Zeichen einer besonderen Paulusverehrung auf. Dafür schiebt sich in christlicher Zeit ein anderer Name in den Vordergrund: *Johannes*.

Der theologischen Wissenschaft stellt sich damit allerdings auch ständig die Frage, welcher Johannes eigentlich gemeint ist. Die kleinasiatische und mit ihr die ostkirchliche Tradition geht wie selbstverständlich davon aus, dass es sich bei dessen Person um den Apostel und Lieblingsjünger handelte, in dem gleichzeitig der Verfasser des Johannesevangeliums und der Geheimen Offenbarung gesehen wird. Dieser Johannes soll noch zur Zeit des Kaisers Trajan (98–117 n.Chr.) in Ephesos gelebt haben, so jedenfalls berichtet Bischof Irenaeus von Lyon um das Jahr 178. Nach Irenaeus hat Johannes sein Evangelium in Ephesos niedergeschrieben. Auf Grund dieser frühchristlichen Tradition bestand für die Kirche des Altertums – siehe Eusebios – kein Zweifel, dass der Johannes, den die Tradition meinte, auch der Verfasser der johanneischen Schriften des Neuen Testamtentes war. Heute sieht man das etwas anders. Neben stilistischen Unverträglichkeiten und der Tatsache, dass nur bei der Apokalypse ein Verfasser namentlich genannt ist, sprechen andere Gründe gegen eine Identät dieses Johannes mit dem Verfasser (den Verfassern) der johanneischen Schriften.

Das ändert freilich nichts an der Bedeutung des Johannes für die ephesische Christengemeinde. Die archäologischen Zeugnisse aus der christlichen Antike und aus byzantinischer Zeit sprechen diesbezüglich für sich. Herausragendstes Beispiel dafür ist die **Johannesbasilika**. Prokop bezeichnet sie als das wichtigste und größte Wallfahrtsheiligtum des christlichen Ephesos. Sie wurde in der justinianischen Zeit über dem Grab des Johannes außerhalb der antiken Stadt neu errichtet. In den so genannten Johannesakten (3. Jahrhundert?) heißt es, der Apostel habe sich seine Begräbnisstätte an einem näher bezeichneten Ort vor den Toren der Stadt ausgesucht. Ausgrabungen unter der vorjustinianischen Anlage brachten aber statt eines nach dieser Quelle zu vermutenden Friedhofes ein römisches Wohnviertel zutage. Man stieß aber in dem Areal auch auf Befunde einer ersten Memoria, die mit dem in den Prochoros-Akten aus dem 5. Jahrhundert beschriebenen Mausoleum in Verbindung gebracht werden.

Im Laufe des 5., vielleicht auch noch bis zu Beginn des 6. Jahrhunderts erfuhr die vorjustinianische Anlage erneute Veränderungen. An die Seiten des Mausoleums wurden basilikale Kreuzarme angebaut; im Westen ein dreischiffiger Naos mit Vorhalle und doppeltem Narthex, ein ebenfalls dreischiffiger Flügelbau an der Nord- und Südseite und eine fünfschiffige mit flacher Apsis ausgestattete Verlängerung im Osten, deren Außenwände deutlich aus der Mauerflucht des westlichen Kreuzarmes herausragten.

Offenbar war der Zustrom der Pilger bereits damals so groß, dass der ursprüngliche Bau nicht mehr ausreichte. Im 6. Jahrhundert musste dann wegen des Pilgerandrangs auch der erweiterte Komplex einem viel größeren Neubau weichen. Der Neubau gleicht weitgehend dem der Apostelkirche in Konstantinopel, auch das unterstreicht die Bedeutung der Johannes-Memorie. Über dem Grab des Apostels wurde wiederum ein kreuzförmiger Kirchenraum errichtet, der – weit größer als der Vorgängerbau – über den jeweiligen Pfeilerquadraten von sechs Kuppeln überspannt wurde: zwei über dem Naos, eine, möglicherweise etwas höher, über der Vierung, eine über dem östlichen Annex und jeweils eine über den Kreuzarmen. An der

Nordseite des Langhauses folgten weitere Raumeinheiten, darunter etwas nach Osten versetzt ein Baptisterium. Die Seiten waren durch Säulenarkaden vom Mittelschiff getrennt; darüber befanden sich Emporen.

Aufgrund teilweise noch erhaltener Werkstücke – Säulenschäfte, Gesimse und Gewölbefragmente – kann die Johannesbasilika weitgehend rekonstruiert werden. Ionische Kämpferkapitelle zeigen im westlichen Trakt des Langhauses Monogramme von Justinian und dessen Gattin Theodora. Zu der prachtvollen Innenausstattung gehörte die Mosaizierung der Kuppeln und der Obergadenbereiche des Mittelschiffes. Die Gewölbe der Seitenschiffe waren sicherlich mit Fresken ausgemalt. Schrankenplatten verstellten den Zugang zu den Seitenschiffen und Emporen. Eine Templonanlage umgab das Bema bzw. das Presbyterium unter der Vierung. Über dem Altar erhob sich ein Ziborium. In dem östlichen Apsisrund befand sich ein mehrstufiges Synthronon (Priesterbank), und genau in der Achse des Mittelschiffes, unmittelbar dem Bema vorgelagert, hatte die von zwei Seiten zu besteigende Kanzelanlage (Ambon) ihren Platz.

Die durch Grabungen zu Tage gebrachten Befunde sind der Beweis dafür, wie stark im frühchristlichen und byzantinischen Ephesos die Verehrung des Johannes Theologos, wie er in der Ostkirche bis heute genannt wird, war. Die archäologischen Befunde der Johannesbasilika geben zudem Auskunft darüber, wie wir uns die Apostelkirche in Konstantinopel vorzustellen haben, die wir hauptsächlich nur aus den Schriften des Nikolaos Mesarites aus dem Ende des 12. Jahrhunderts kennen. Denn nach der Einnahme Konstantinopels durch Sultan Mehmet II. Fâtih (der Eroberer) wurde 1463 an der Stelle der konstantinischen bzw. justinianischen Apostelkirche 1463 mit dem Bau der nach dem Sultan benannten Moschee durch Sinan dem Älteren begonnen. Deswegen gibt es bis heute keine Möglichkeit, an diesem Ort archäologische Untersuchungen durchzuführen.

Von der Johannesbasilika selbst gibt es dann einen noch ganz anderen bildnerischen Hinweis aus der Zeit vor der Islamisierung des Landes. An der rechten Wand der *Capella Peruzzi* in Santa Croce in Florenz ist uns die Vita des Evangelisten Johannes in Fresken von Giotto aus den Jahren zwischen 1318 und 1320 erhalten. In der Szene der Erweckung der Drusiana, die nach der Legenda aurea Johannes nahe gestanden hatte, findet das Geschehen vor der Stadt Ephesos statt. Die Johannesbasilika bildet dafür den Hintergrund.

Zu der Zeit, als das Fresko in Florenz entstand, war die Johannesbasilika, wie zahlreichen zeitgenössischen Quellen zu entnehmen ist, bereits in einem miserablen Zustand, aber selbst damals wurde sie noch als „großartiges und bewundernswertes Werk", als „unvergleichlich in ihrer Schönheit" beschrieben. Zu Anfang des 14. Jahrhunderts verwandelten sie die Seldschuken in eine Moschee. Der weitere Verfall der ehemals so bedeutenden Wallfahrtsstätte wurde durch schwere Erdbeben beschleunigt. Später diente sie nur noch als Steinbruch für den Bau einer neuen Moschee, der 1375 westlich etwas unterhalb der früheren Kirche errichteten Isa-Bey-Camii. Der heutige Besucher findet die Reste des Heiligtums in unmittelbarer Nähe des ehemaligen Artemisions und der eben genannten Moschee. Wenn auch nur noch als Ruinen, so sind alle drei doch Zeugen ihrer jeweiligen Zeit und Religion und, so ist zu hoffen, ein Sinnbild künftigen friedlichen Miteinanders.

Doch kehren wir in die christliche Stadt Ephesos zurück. Wenn schon Paulus in Ephesos nicht zum Zuge kam, so hätte man doch vermuten können, dass im Sinne christlicher Adaption aus dem ehemaligen Artemis-Heiligtum in christlicher Zeit ein bevorzugter Ort der Marienverehrung werden würde: die erhabene Gottesmutter an Stelle der „Großen Mutter", die reine Jungfrau, die die durch das Ende der heidnischen Muttergottheiten entstandene Lücke schließt. Doch zumindest aus vorkonstantinischer Zeit gibt es wenig Hinweise in dieser Richtung. Der große Aufschwung der Marienverehrung kam erst mit dem **Konzil von Ephesos** (431). Die Bekräftigung der nizänischen Christologie (gegen Nestorios) – Jesus *als Gottes Sohn* voller Mensch – führte ganz von selbst zur Bezeichnung Marias als *Gottesgebärerin (Theotókos)* – weil menschliches Erleiden, Geburt und Tod vom Gottessohn selbst auszusagen sind, ist Maria Gottesgebärerin. So änderte sich die Sicht Marias im Heilsplan, die bis dahin, wie im Lukasevangelium geschildert,

Abb. 18   Ephesos. Der Weg über die Arkadiane zum Theater.

fast nur im Zusammenhang mit der Verkündigung und der Geburt in der Frömmigkeit des christlichen Volkes in Erscheinung trat. Und mit der Gestalt Marias in der Heilsgeschichte veränderte sich auch das ikonographische Programm. Maria wird nicht mehr in römischer Matronentracht dargestellt, sondern vorherrschend wird – wie im kaiserlichen Zeremoniell römisch-byzantinischer Tradition – der kaiserliche Purpur.

Trotz der eben beschriebenen anderen Situation in der frühen Kirche ist die Marienverehrung mit Ephesos nicht allein durch das Dritte Ökumenische Konzil verbunden. Hinweis darauf ist das so genannte Haus der Maria, das nach heutiger Kenntnis allerdings erst im 7. Jahrhundert entstanden sein dürfte. Nach einer uralten Legende lebte die Mutter Jesu, wie bereits erwähnt, bei dem Lieblingsjünger Johannes in Ephesos. Diese Legende erhielt Anfang des 19. Jahrhunderts neuen Auftrieb durch die Mystikerin Anna Katharina Emmerick aus Dülmen in Westfalen, die in einer Vision angeblich die genaue Stelle des Hauses der Maria sehen konnte und gegenüber Clemens von Brentano diese genauestens beschrieb.

Mönche aus Smyrna entdeckten Jahrzehnte nach dem Tod der Seherin anhand von deren Angaben im Süden von Ephesos, nahe dem Plateau des Ala Dağı, Reste einer kleinen Kirche, die wahrscheinlich einmal zu einem Kloster gehörte. Dieser Komplex wurde nun als das *„Haus der Maria"* identifiziert und restauriert. Heute zählt neben den antiken Plätzen von Ephesos dieser Ort zu den meistbesuchten Zielen von Pilgern und Touristen. Ein Abstecher dorthin lohnt sich schon wegen der besonderen Lage des Heiligtums inmitten einer wunderschönen Hügellandschaft.

Doch um nochmals auf das Konzil zurückzukommen: Die große Kirchenversammlung von Ephesos war theologisch, also was Glaubensfragen betrifft, keineswegs besonders erfolgreich. Inhaltlich kam es über die Bestätigung des Nizänums nicht hinaus. Zu einer endgültigen Klärung der großen christlogischen Fragen – Zwei-Naturen-Lehre: die Einheit der göttlichen und menschlichen Natur in der Person Jesu Christi – kam es erst auf dem Konzil von Chalkedon (451). Das Konzil von Ephesos selbst gab kein Beispiel christlicher Einigkeit. Im Osten waren theologische Fragen immer besonders eng mit Kirchenpolitik und wegen der Allpräsenz des Kaiserhauses in kirchlichen Fragen stärker als im Westen auch mit weltlich-politischen Fragen verquickt. Gerade auf der Kirchenversammlung von Ephesos spielten auch Rangstreitigkeiten zwischen den östlichen Patriarchaten – Alexandrien, Antiochien, Konstantinopel – eine beträchtliche Rolle.

Und selbstverständlich ist auch die Marienverehrung trotz des Dogmas von der Gottesgebärerin auf dem Ephesos-Konzil nicht einfach erfunden worden, was sich schon daran zeigt, dass die Konzilsversammlung, an der an die 200 Bischöfe teilnahmen, in einer *Marienkirche* („ekklesia panagia Maria") stattfand, die zugleich die Bischofskirche von Ephesos war. Sie lag nördlich des großen Hafengymnasions und gehört baugeschichtlich zu den interessantesten Denkmälern der Stadt. Ursprünglich stand an der Stelle der Kirche ein antikes Gebäude, ein Museion, wahrscheinlich aus den ersten Jahrzehnten des 2. Jahrhunderts, das um die Mitte des 3. Jahrhunderts, wahrscheinlich während der Goteneinfälle, durch Brand zerstört wurde. Aus diesem über 260 Meter langen dreischiffigen Gebäude mit Apsidensälen an den Schmalseiten entstand gegen 400 eine dreischiffige Säulenbasilika mit einem westlich vorgelagerten Narthex. Daran schloss sich ein rechteckiges Säulenatrium an. Die Zugänge befanden sich auf der Südseite. Auf der Nordseite befand sich das Baptisterium, ein überkuppelter Zentralbau mit zwei Anräumen an seiner Westseite.

In der gleichen Kirche fand übrigens 449 noch einmal eine große Kirchenversammlung statt. Sie ist unter dem wenig rühmlichen Titel „Räubersynode" in die Kirchengeschichte eingegangen. Sie war von Kaiser Theodosios II. einberufen worden zur Klärung der Lehre des Eutyches, eines Abtes aus Konstantinopel, der „monophysitisch" die göttliche Natur in Christus gegenüber der menschlichen stark überbetonte. Eutyches wurde – gegen den Willen Roms – rehabilitiert und dessen Kontrahent, Bischof Flavian, der damalige Patriarch von Konstantinopel, verurteilt. Der Ausdruck Räubersynode stammt übrigens von Papst Leo I., der damit dagegen protestierte, dass seine von päpstlichen Legaten überbrachte Stellungnahme zum Streit Eutyches – Flavian nicht einmal verlesen werden durfte.

Doch lassen wir die Zwistigkeiten von einst auf sich beruhen und kehren noch einmal an den Ort des Konzils zurück, denn die Baugeschichte der Konzilskirche geht in „nachkonziliarer" Zeit weiter. Im westlichen Bereich der Basilika entstand eine neue Kuppelkirche, die in ihrem Aussehen der Sophienkirche in Thessaloniki sehr ähnlich war. Offenbar war die alte Konzilskirche innerhalb weniger Jahrzehnte bereits so baufällig geworden, dass man sich zu einem gründlichen Umbau entschloss. Mächtige Pfeiler aus Ziegeln trugen jetzt die darüber gespannte Kuppel, die zu den Seitenschiffen hin von kleineren Säulen im Erdgeschoss zusätzlich abgestützt wurde. Über den alten Narthex gelangte man durch einen neu vorgelagerten Esonarthex und durch drei Türen in den überkuppelten Naos. Im Osten schloss sich eine neue Apsis mit für den Gottesdienst vorgesehenen Nebenräumen, den Pastophorien, an. Die genaue Datierung des Neubaues stößt allerdings auf Probleme. Die Zeitangaben schwanken zwischen Mitte des 5. und Ende des 7. Jahrhunderts. Vergleicht man die Marienkirche in Ephesos mit der Sophienkirche in Thessaloniki, so wird man den Neubau eher in der Zeit um 700 als im 5. Jahrhundert ansetzen müssen.

Später folgte dann noch ein Umbau, in den auch der bis dahin ungenutzte Raum im Ostteil der alten Konzilskirche einbezogen wurde. Es entstand eine Quermauer mit fünf Eingängen an der östlichen Apsisaußenwand der Kuppelkirche. Zu dem neu eingebauten Narthex gelangte man durch einen nun in den Apsisscheitel der älteren Kuppelkirche eingebrochenen Zugang. Man nimmt an, dass der Vorgängerbau zu einem Atrium umgewandelt wurde. Statt Säulen trennten jetzt jeweils drei freistehende Pfeiler das höhere Mittelschiff von den beiden Seitenschiffen. Diese neue Pfeilerbasilika erhielt auch Emporen über den Seitenschiffen und dem Narthex.

Es empfiehlt sich, den Rundgang durch das frühchristliche Ephesos mit einem Besuch bei der wenige hundert Meter entfernten, an den nordöstlichen Ausläufern des Panayır Dağı in einer Schlucht gelegenen Nekropole zu beschließen. Es handelt es sich um die Grabstätten der berühmten **„Siebenschläfer"**.

Neben einigen Einzelgräbern sind terrassenförmig auf mehreren Ebenen teilweise gewölbte Hallen und Kammern mit Grabnischen in die Felsenschlucht eingebaut. Mit diesem Coemeterium ist eine bis in unsere Tage nachwirkende Legende verknüpft. Nach dieser lebten zur Zeit von Kaiser Decius um die Mitte des 3. Jahrhunderts in Ephesos sieben vornehme Männer. Sie standen im Dienste des Kaisers, bekehrten sich zum Christentum, wurden getauft und verweigerten als Christen die Opferriten des Kaiserkults. Um der Verfolgung zu entgehen, flohen sie aus der Stadt. Auf der Flucht legten sie sich in besagter Höhle schlafen. Als sie wieder aufwachten und in der Stadt Brot holen wollten, merkten sie, dass sie nicht Stunden, sondern zweihundert Jahre geschlafen hatten. In der Zwischenzeit war das Christentum Staatsreligion geworden. Als Kaiser Theodosios II. von der denkwürdigen Geschichte hörte, sah er darin einen Beleg für den Glauben an die leibliche Auferstehung. Als die sieben Männer dann starben, wurden ihre unversehrten Leiber in einem prunkvollen Begräbnis an dieser Stelle beigesetzt. Über den Gräbern wurde eine Kapelle errichtet.

Heute kann man unter einer kleinen Kirche die in den Felsen gehauenen Grabkammern besichtigen. An deren Wänden befinden sich neben Darstellungen von Heiligen auch eingeritzte Inschriften, hauptsächlich Bitten („Vokationen") an die heiligen „Siebenschläfer". Der Platz wurde bald zu einer bevorzugten Begräbnisstätte, so dass die Nekropole wegen der steigenden Nachfrage vergrößert werden musste. An den ursprünglichen Kern der Anlage schlossen sich neue Grabkammern an. Im Laufe der Jahrhunderte stieg die Zahl der Begräbnisplätze in der Nekropole bis auf 700. Diese Zahl ist umso erstaunlicher, als die aufwendig ausgestalteten Gräber meist für mehrere Verstorbene vorgesehen waren.

So verwirrend der Eindruck der Nekropole mit ihren mehreren Stockwerken und Terrassen und den Mausoleen ähnlichen Einbauten für den Besucher ist, genau so kompliziert ist die Chronologie der Anlage. Ein wichtiger Anhaltspunkt ist sicher die mit der Regierungszeit Theodosios II. verknüpfte Legende. Es fanden sich bei Grabungen aber eine Vielzahl Tonlampen aus dem 4. Jahrhundert. Das spricht dafür, dass wenigstens der so genannte Kryptenkomplex, noch vor oder um 400 entstand. Auf jeden Fall war das „Siebenschläfer-Coemeterium" nicht nur ein wichtiger Begräbnisplatz für die Christen von Ephesos, sondern ist auch ein bedeutsames Zeugnis christlichen Totengedenkens und der Heiligenverehrung. Zahllose Graffiti von Pilgern und Handelsreisenden aus dem Abendland zeigen eindrucksvoll, welche Bedeutung die Nekropole weit über Ephesos hinaus bis in die osmanische Zeit hinein hatte.

In Ephesos wäre noch vieles andere beschreibens- und besuchenswert. Tagelang kann man von einem Säulengang zum anderen bummeln, z.B. die Pracht antiker Baukunst an der wiederhergestellten Fassade der *Celsusbibliothek* (um 105 n. Chr.) bewundern oder von dem Reichtum der ehemaligen Metropole an der Westküste Kleinasiens träumen. Oder man kann vorbei spazieren an den vielen öffentlichen Brunnen am Straßenrand, die von über Aquädukte weither geleiteten Wassern gespeist wurden; vorbei spazieren auch an Thermenanlagen, an den großen Gymnasien und an den Nymphäen bis zu den großartigen Stadttoren. Oder man kann auf der Kuretenstraße zu dem zierlich wirkenden Tempel des Kaisers Hadrian wandern mit seinen korinthischen Säulen und dem syrischen Giebel oder zu den so genannten Hanghäusern oberhalb der Kuretenstraße. All diese Zeugnisse aus den verschiedenen Geschichtsepochen und Bauperioden strahlen ihren eigenen Charme aus und zeugen zugleich von der Vergänglichkeit alles Menschlichen. Nur in Ephesos stellt sich wie kaum anderswo nicht nur die Frage „Wo anfangen?", sondern auch „Wo aufhören?"

7. Städte der Verheißung

In der Offenbarung des Johannes (griechisch: apokalypsis, verdeutscht Apokalypse) werden sieben Gemeinden in fiktiven Sendschreiben mit den Worten: „An den Engel der Gemeinde in ..." begrüßt. Gemeint sind damit Städte, die alle nicht weit von der Westküste Kleinasiens liegen: Ephesos, Smyrna (Izmir), Pergamon, Thyatira (Akhisar), Sardes, Philadelphia (Alaşehir) und Laodikea am Lykos (Eşkıhisar). Ihrem Typus nach sind die Sendschreiben der Apokalypse den alttestamentlichen Propheten-Texten nachempfunden, mit dem Unterschied freilich, dass die alttestamentlichen Propheten von Ausnahmen, z.B. Ezechiel, abgesehen ihre Offenbarungen hörten und sie mündlich weitergaben, der Verfasser der Apokalypse die Botschaften dagegen in Visionen empfängt. Inhaltlich ist die Offenbarung des Johannes ein Zeugnis christlicher Hoffnung in einer Zeit der Bedrängnis. (Nach dem heutigen Stand der Forschung wird angenommen, dass die Offenbarung des Johannes zur Zeit der domitianischen Verfolgung in den achtziger oder neunziger Jahren des ersten Jahrhunderts verfasst wurde.)

Aber alle in der *Offenbarung des Johannes* genannten Städte liegen in einem Umkreis von etwas mehr als zweihundert Kilometern. Das nahe der Stadt Denizli gelegene Laodikeia ist von Izmir aus gerechnet der von allen am weitesten entfernte Ort.

Izmir, das antike **Smyrna**, landschaftlich wunderschön in einer tiefen, geschützten Bucht an der Westküste Kleinasiens gelegen, ist heute einer der großen türkischen Handelshäfen. Nicht von ungefähr sprach man in der Antike von einem der reizvollsten Plätze der Welt. Wem sich die Möglichkeit bietet, tut gut daran, sich der Stadt von der Seeseite zu nähern. Den Besucher, der, vorbei an dem Reiterdenkmal Atatürks, die ansteigenden Gassen der Altstadt, unterhalb der das Stadtzentrum beherrschenden Festung Kadife Kale aufsucht, empfängt reges Treiben.

Von hier aus hat man auch die beste Sicht auf die Stadt und die Bucht von Izmir. Der Gang auf den Burghügel, in der Antike *Pagos* genannt, ist besonders lohnend. Während die großen, von Bäumen flankierten Alleen in Richtung Messegelände für die moderne Millionenstadt charakteristisch sind, wirkt die Altstadt mit ihren kleinen, verschachtelten Häusern wie eine Theaterkulisse. Dies gilt besonders für den alten Baubestand dort bzw. für das, was nach dem verheerenden Brand 1922 am Ende des griechisch-türkischen Krieges davon übrig geblieben ist.

Die ursprüngliche Siedlung des alten Smyrna lag an der Stelle des heutigen Dorfes Bayraklı. Es handelte sich um eine von äolischen Griechen im 11. Jahrhundert v. Chr. gegründete Handelsniederlassung. Ionische Kolonisten aus Kolophon bauten die Siedlung ab dem 7. Jahrhundert v. Chr. weiter aus. Großer Wohlstand wollte sich trotz der verkehrsgünstigen Lage zum offenen Meer hin damals aber nicht einstellen. Erst Alexander der Große erkannte die strategische Bedeutung der am Endpunkt wichtiger Handelsstraßen nach Osten gelegenen Stadt, gründete im Gebiet der heutigen Kadife Kale die Stadt praktisch neu und sorgte damit für deren wirtschaftlichen Aufstieg.

Während der römischen Kaiserzeit wurde Smyrna mit vielerlei Privilegien ausgestattet. Ein verheerendes Erdbeben im Jahr 178 unterbrach die wirtschaftliche Blüte jäh, doch schon in den Jahren unmittelbar danach, noch unter Kaiser Mark Aurel, wurde ihr Wiederaufbau vorangetrieben. In dieser Zeit konnte Smyrna auch vom allmählichen Niedergang von Ephesos profitieren. Die Einfälle der Araber überstand die Stadt weitgehend unbeschadet. Von 1204 bis 1261 gehörte Smyrna zum Hoheitsbereich des Lateinischen Kaiserreiches. Bis 1435 blieb es ein wichtiger Stützpunkt der Kreuzfahrer und der Johanniter aus Rhodos.

Unter osmanischer Herrschaft wurde Smyrna zu einer wichtigen türkischen Handelsstadt, beherbergte aber weiter, bis zu deren Vertreibung nach dem griechisch-türkischen Krieg 1922, eine große griechische Volksgruppe.

In jüngster Zeit konnten in dem schon erwähnten Dorf Bayraklı die Fundamente eines Athena-Tempels aus dem Ende des 7. Jahrhunderts v.Chr. mit Überresten eines polygonalen Mauerwerks freigelegt werden. Etwas weiter nördlich, unweit vom Basar, sind Mauerreste der Agora erhalten. Der Platz stammt aus hellenistischer Zeit und wurde unter Mark Aurel erneuert. Es entstanden zweigeschossige Säulenhallen sowie, an der Nordseite, eine dreischiffige Stoa. In der Mitte der Platzanlage standen Altäre, u.a. ein dem Zeus geweihter, geschmückt mit einem Hochrelief mit Darstellungen der Demeter und des Poseidon (heute im Museum). Reste anderer antiker Bauten, darunter vom Theater, sind wegen der Überbauungen aus neuerer Zeit kaum noch zugänglich.

Auf zwei Dinge sollte man in Izmir auf keinen Fall verzichten: auf einen Besuch im Archäologischen Museum (Kültür Parkı) mit zahlreichen, hervorragenden Exponaten aus griechischer und römischer Zeit, teilweise Fundstücke aus den Gegenden zwischen Pergamon und Didyma; und auf einen ausführlichen Spaziergang durch das orientalisch anmutende Treiben im Basar mit dessen engen, zum Schutz vor der Sonne teilweise mit Zelttüchern überspannten Gassen. Von dort gelangt man dann gleich zum Konak-Platz mit dem Uhrturm, dem Wahrzeichen der Stadt, und erreicht über diesen Platz wieder das Ufer.

Eine besondere Bewandtnis hat es in Smyrna mit der Zahl Sieben. Smyrna gehört nicht nur, wie eben geschildert, zu den sieben Adressaten der Sendschreiben der Offenbarung des Johannes, Smyrna zählt auch zu den sieben Städten (Gegenden), die den Anspruch erheben, der Geburtsort *Homers* zu sein. Und nicht nur aus klassischer Zeit, sondern auch nach heutigen Befund spricht einiges dafür, dass Homer tatsächlich aus der Gegend von Smyrna stammte. Diese Vermutung wird nicht zuletzt durch den Umstand gestützt, dass am Flusslauf des Meles (Halkpinar Suyu) in einem von Bäumen umgebenen See antike Säulenbasen und anderes Steinmaterial gesichtet und eine Statue geborgen wurde, in der man die Artemis erkannte, die dem See dann auch den Namen gab: Bad der Artemis. Mit diesem See und den Funden dort wird jener homerische Hymnos auf die Artemis in Verbindung gebracht, in dem es heißt, die göttliche Jägerin „...tränkt ihre Rosse im dicht mit Binsen bestandenen Meles, rast auf goldenem Wagen in Eile durch Smyrna und Klaros fort ins Rebengelände ..."

Auch der *Dionysos-Kult* scheint in Smyrna besondere Blütezeiten erlebt zu haben. Die archäologischen Funde sagen darüber nichts aus, aber Herodot berichtet im Zusammenhang mit der ionischen Kolonisation davon. Als die Ionier von dem südlich von Smyrna gelegenen Kolophon aus die Stadt eroberten, hätten sie die äolischen Bewohner gerade bei deren dionysischen Feiern „vor den Toren" überrascht. Eine andere Erzählung bezieht sich auf ein „Ereignis" aus dem dritten vorchristlichen Jahrhundert. Eine Flotte von Chioten habe die Stadt bedroht. Doch als die chiotischen Seeleute Smyrna erobern wollten, fanden sie die Stadt menschenleer. Die Einwohner waren, wie jedes Jahr, auf den Pagos gegangen, um das Fest des Dionysos zu feiern. Als diese den Invasionsversuch bemerkten, stürmten sie von dem Berg hinunter und schlugen die Angreifer so gewaltig in die Flucht, dass diese ihre gesamte Flotte zurücklassen mussten. Nach der siegreichen Gegenattacke habe man dann noch ausgelassener getanzt und gefeiert als vorher. Der Sieg über die Chioten blieb von da an mit dem Dionysos-Kult verbunden. In einem jeweils vom Oberpriester angeführten Festzug zu Ehren des Dionysos trugen die Männer der Stadt jedes Jahr am Dionysosfest die Opfertiere vom Ufer zur Agora, um auf diese Weise dem Gott für den Sieg zu danken.

Archäologische Zeugnisse aus der frühchristlichen Periode sind nicht bekannt. Auf Grund des Sendschreibens der Offenbarung des Johannes darf die Existenz einer Christengemeinde für spätestens gegen Ende des ersten Jahrhunderts angenommen werden. Möglicherweise gab es eine solche sogar schon seit der Missionstätigkeit des Paulus. Für die Orthodoxe Kirche besteht kein Zweifel, dass der Apostel *Johannes* der eigentliche Begründer des Christentums in Smyrna war. Das Sendschreiben der Apokalypse an die Gemeinde sagt: „Sei treu bis in den Tod; dann werde ich dir den Kranz des Lebens geben" (Offb 2,10). Eine ähnliche Aussage gibt es auch bei Paulus, der in 1 Kor 9,25 die frühen Christen an das Vorbild der Apostel erinnert.

Wahrscheinlich war Smyrna für die Christen des 1. und

2. Jahrhunderts eine wichtige Anlaufstelle. *Ignatios von Antiocheia* hielt sich auf dem Weg nach Rom, wo ihn das Martyrium erwartete, für kurze Zeit in Smyrna auf. Von dort aus schrieb Ignatios Briefe an die Gemeinden in Ephesos, Magnesia und Trallies, und von Alexandreia Troas aus dann auch wieder einen an die Gemeinde von Smyrna und an deren Bischof Polykarp (ca. 70–115 n. Chr.), die wohl berühmteste christliche Persönlichkeit der Stadt. Polykarp soll noch Schüler des Apostel Johannes gewesen sein, so wenigstens berichtet Irenaeus von Lyon, der in Smyrna selbst Schüler Polykarps gewesen war. Nach Tertullian (Praescr. 32) hat Johannes selbst noch Polykarp als Bischof eingesetzt. Auch bei Eusebios (Hist. Eccl. 4, 14.3) heißt es, der Apostel habe Polykarp in das Kirchenamt eingeführt. Als Bischof sah Polykarp seine wichtigste Aufgabe darin, den christlichen Glauben zu verkünden und zu vertiefen und seine Gemeinde vor Irrlehren zu bewahren. Er wurde weit über seinen engeren Wirkungskreis hinaus bekannt. Noch im hohen Alter versuchte er bei einem Aufenthalt in Rom, etwa um 150, mit dem römischen Bischof Anicetus den so genannten Osterfeststreit beizulegen.

Da wir alle in den Sendschreiben der Apokalypse genannten Gemeinden besuchen wollen, folgen wir von Smyrna aus der Hauptstraße nach Norden, bis hinter Zeytindağ. Dort biegen wir rechts ab. Nach kurzer Fahrt durch die weitläufige, hügelige Landschaft erreichen wir Bergama, das antike **Pergamon**.

Als „Satans Thron" bezeichnet das Sendschreiben an die Gemeinde von Pergamon den Burgberg der Stadt mit dem großen Zeus-Altar. Jedenfalls bezieht die Überlieferung die Bezeichnung auf diesen Ort. Es könnte damit aber auch das Asklepieion gemeint gewesen sein. Doch ganz unabhängig davon hat Pergamon in der Geschichte des frühen Christentums eine höchst unheilvolle Rolle gespielt, wenn auch gewissermaßen nur symbolisch. In Pergamon war der erste Tempel zu Ehren des Augustus errichtet worden: Pergamon wurde damit zum Sinnbild für den Kaiserkult, der für nicht wenige Christen den sicheren Tod bedeutete, wenn sie sich ihm verweigerten.

Landschaftlich spricht die Lage von Pergamon für sich. Der Ausblick von seinen Höhen auf die Ebene und die Hügellandschaft der Umgebung bis zum Meer hinunter ist stupend. Erst recht überwältigend wirken die in dieses Szenarium hinein verstreuten unzähligen Ruinen antiker Denkmäler. Und alles überragt der Burgberg, die Akropolis, umspült von den beiden Flüssen Selinos und Ketios, die dann südlich der Stadt in den Kaikos (heute: Bakırçay) münden. Der Burgpalast war in der Antike eingesäumt von herrlichen Gärten, zahlreichen Tempeln und anderen öffentlichen Bauten, zu denen auch das große, steil aufsteigende Theater und der berühmte Altar des Zeus gehörten, der heute im Pergamonmuseum in Berlin steht. Pergamon, die „Königin der Ausgrabungen", ist schon ein ganz besonderer Ort. Man muss sich Zeit nehmen, um die antike Pracht in aller Ruhe bestaunen zu können.

Die Stadt hatte eine wechselvolle Geschichte bereits hinter sich, als im dritten vorchristlichen Jahrhundert mit den Herrscherdynastien des pergamenischen Reiches der große Aufschwung kam.

Der Name Pergamons stammt aus vorgriechischer Zeit und dürfte soviel wie Burg oder Festung bedeutet haben. Erhaltene Siedlungsspuren weisen auf eine Befestigung des Ortes durch Thraker während der Völkerwanderung im ausgehenden zweiten Jahrtausend v. Chr. hin. Das weitgehende Fehlen frühgriechischer Reste dagegen lässt sich wohl aus der Tatsache erklären, dass Pergamon für die ionischen Kolonisten zu weit im Landesinneren gelegen hatte.

Aus den spärlichen archäologischen Funden zur Vorgeschichte der Stadt und ihrer Umgebung sollte hier nur eine im Übrigen kaum gesicherte Erzählung angesprochen werden. Sie steht im Zusammenhang mit dem Trojanischen Krieg. Es heißt in ihr, König Teuthras von Teuthrania, einer kleinen befestigten Stadt zwischen Pergamon und dem Meer, habe zur Zeit des Trojanischen Krieges in seine Stadt die Athena-Priesterin Auge aufgenommen, die unter dem Schutz der Athena dorthin gekommen war. Sie war von ihrem Vater, dem König von Tegea, auf dem Peleponnes mit ihrem neugeborenen Sohn in einer Barke ausgesetzt worden, als der König von einer heimlichen Verbindung seiner Tochter mit Herakles erfuhr, aus der ihr Sohn *Telephos* hervorging. Und wie es in solchen Erzählungen so zu gehen pflegt, wurde Telephos der Nachfolger Teuthras' als König von Teuthrania. Es herrschten kriegerische Zeiten. Der junge König stellte sich mit einer Streitmacht den Achäern entgegen, als diese auf dem Weg nach Troja unglücklicherweise in Mysien, nicht unweit von Teuthrania, an Land gegangen waren. In jenem Kampf wurde Telephos von Achill so empfindlich verletzt, dass die Wunde sich erst schloss, als Telephos auf Weisung eines Orakels den Griechen den richtigen Weg nach Troja zeigte. Auf diese Begebenheit wird weder in der Ilias noch in der Odyssee angespielt. Dennoch geht die Geschichtsschreibung heute davon aus, dass Volksgruppen, so genannte Ketier, aus der Gegend von Teuthrania am Trojanischen Krieg teilgenommen haben.

Doch wichtiger ist ein anderer Teil des Telephos-Mythos, nämlich die Sage, Telephos habe von Teuthrania aus Pergamon gegründet. Wie sehr dieser Gründungsmythos die Jahrhunderte überlebte, zeigt seine bildliche Darstellung am Telephos-Fries des Pergamon-Altars.

Literarisch dagegen wird Pergamon erst in der Anabasis des Xenophon (430–352 v. Chr.) erwähnt. Die Teilnehmer am „Zug der Zehntausend" unter Kyros dem Jüngeren fanden auf dem Rückmarsch 399 v. Chr. gastliche Aufnahme bei der Fürstin Hellas, der Witwe des pergamenischen Fürsten Gongylos, obwohl die Stadt zu dieser Zeit persisches Lehen war. Aus den wenigen erhaltenen historischen Quellen kann man schließen, dass das frühe Pergamon keine überregionale Bedeutung hatte. Dass die Stadt nach dem alexandrinischen Reich doch noch zu einer bedeutenden Herrschaft ausgebaut werden konnte, lag in erster Linie an ihrer strategisch besonders günstigen Lage. Diesen Vorteil erkannte vor allem ihr erster Dynast, Philetairos von Tios (281–263 v. Chr.). Gute Voraussetzungen für den Aufstieg von Pergamon waren aber bereits unter Lysimachos geschaffen worden. Dieser herrschte nach dem Tod Alexanders über Westkleinasien. In Pergamon hatte er einen ansehnlichen Teil der Kriegsbeute deponiert, einen Schatz von insgesamt über 9000 Talenten Silber. Philetairos war unter Lysimachos Statthalter gewesen, schlug sich dann aber auf die Seite der Seleukiden. Endgültig selbständig wurde Pergamon aber erst unter dem Neffen

Philetairos', *Eumenes I.* (263–241 v.Chr.). Durch seine geschickte Bündnispolitik kam er zu hohem Ansehen. Eumenes machte Pergamon zu einer Metropole der Künste und Wissenschaften. Er hinterließ ein intaktes Reich, das nach seinem Tode von seinem Adoptivsohn *Attalos I.* (241–197 v.Chr.) regiert wurde. Spätestens nach dem Sieg über die Galater nahe den Quellen des Flusses Kaikos (230 v.Chr.), führte Attalos den Titel König: Die pergamenischen Untertanen nannten ihn sogar „Soter", Erretter. Auch er förderte, ganz der Tradition seines Vorgängers folgend, Kunst und Wissenschaft. Unter ihm wurde aus Pergamon eine Weltstadt. Eine der politisch wichtigsten Entscheidungen Attalos' I. war die Teilnahme am römisch-makedonischen Krieg, in dem Attalos sich auf die Seite der Römer stellte.

Den Zenit ihrer Macht und Blüte verdankt die Stadt aber dem sicherlich bedeutendsten Attaliden, *Eumenes II. Soter* (197–159 v.Chr.). In der Stadt und auf der Akropolis entstanden unter ihm zahlreiche Prachtbauten, u.a. das große Theater, der Athena-Tempel, die erweiterte Bibliothek und schließlich der monumentale Zeus-Altar. An seinem Hof waren viele berühmte Persönlichkeiten aus Wissenschaft, Literatur, Philosophie und Kunst zu Gast. Berühmt wurde die pergamenische Bildhauerschule. Man sah sich kulturell im Wettstreit mit Alexandria. Unter Eumenes II. erlebte auch der Asklepios-Kult einen neuen Aufschwung.

Unter dem ebenfalls romfreundlichen Nachfolger Attalos II. Philadelphos (159–138 v.Chr.) blieb das Ansehen Pergamons ungeschmälert. Dessen Nachfolger und zugleich letzter Herrscher des Pergamenischen Reiches, *Attalos III. Philomotor* (138–133 v.Chr.), wirkte allerdings eher wie ein Sonderling. Seine Stärke war weniger das Regieren als seine Vorliebe für botanische und pharmazeutische Studien. Attalos III. blieb kinderlos und vermachte Pergamon per Testament dem Römischen Reich. Sehr damit einverstanden dürften die Bewohner Pergamons allerdings nicht gewesen sein, denn 131 v.Chr. unter dem Konsul Licinius Crassus musste ein Expeditionsheer nach Kleinasien befohlen werden, um die Truppen um den Thronprätendenten Aristonikos zu zerschlagen. Erst nach einem

Jahr – unter Perperna – gewannen die Römer endgültig die Oberhand; Aristonikos wurde in Rom hingerichtet. Ab da war das ehemalige Pergamenische Reich Teil der römischen Provinz Asia.

Wollte man aber meinen, damit habe Pergamon auch seine kulturelle Bedeutung für alle Zeiten eingebüßt, so täuscht man sich. Pergamon blieb während der römischen Kaiserzeit Hauptstadt, Sitz des Conventus iuridicus und des Kaiserkultes für die Provinz Asia. Unter den Kaisern Hadrian, Mark Aurel und Caracalla, die alle in Pergamon zu Kur weilten, entwickelte sich das Asklepieion zum großen Heiligtum der Spätantike.

Erst das aufstrebende Palmyra konnte Pergamon den Rang ablaufen. Damit begann der Niedergang allerdings in allen Bereichen, in Wirtschaft und Handel ebenso wie in der Kunst. Die politische Herrschaft wechselte ständig, zunächst wurde die Stadt byzantinisch, dann arabisch, dann wieder byzantinisch, dann wechselweise seldschukisch, bis dann zum Ende des 14. Jahrhunderts aus Pergamon die osmanisch-türkische Stadt Bergama wurde.

Wie die christliche Botschaft nach Pergamon gelangte, wissen wir nicht. Wahrscheinlich kamen die ersten Christen auch hier aus der jüdischen Diaspora. Zuverlässige Informationen über die frühchristliche Zeit sind äußerst spärlich: Man darf aber annehmen, dass bereits am Ende des 1. Jahrhunderts eine sehr aktive christliche Gemeinde bestand. Immerhin wird im Sendschreiben der Apokalypse an Pergamon Antipas als einer der ersten christlichen Märtyrer der Gemeinde von Pergamon erwähnt. Der Verfasser der Apokalypse bezeichnet ihn als „meinen treuen Zeugen" (Offb 2,13). Aus dem 2. Jahrhundert gibt es Hinweise auf einen Bischof Theodotos. Eusebios erwähnt in seiner Kirchengeschichte im Zusammenhang mit dem Martyrium des Polykarp mehrere Christen, „...welche in Pergamon, in Asien, das Martyrium erlitten haben, nämlich Karpus, Papylus und das Weib Agathonike, welche nach vielen herrlichen Bekenntnissen ein ruhmreiches Ende gefunden haben" (Hist. Eccl. 4, 15,48).

Auch für die Folgezeit sind die Daten spärlich; doch spricht einiges dafür, dass die christliche Gemeinde innerhalb der da-

*Abb. 19   Im Heiligtum des Asklepios ‚Soter' von Pergamon. Ansicht von
der Nordhalle auf das Theater des Asklepieion.*

mals immerhin 120 000 Einwohner zählenden Stadt nicht unbedeutend gewesen ist. In den Verfolgungen unter Kaiser Decius sollen auch in Pergamon zahlreiche Prozesse und Hinrichtungen von Christen stattgefunden haben.

Der Verfasser der Apokalypse warnt die Gemeinde in Pergamon vor Irrlehren, Götzendienst und Sittenverfall (vgl. Offb 2,12–17). Ein gewichtiger Grund für solche Warnungen dürfte der *Asklepios-Kult* gewesen sein. Das Heiligtum lag südlich der Akropolis in der Ebene. Seine Bedeutung für die heidnische Welt der Antike muss ähnlich groß gewesen sein wie heute für Katholiken die von Lourdes.

Pergamon war berühmt wegen seiner Heilquellen und seiner Ärzte. Aus dem gesamten Mittelmeerraum strömten Pilger und Kranke dorthin. Der christliche Heiland geriet hier eindeutig in Konflikt mit dem Heiler unter dem Beistand der heidnischen

Gottheit. Für die Apologeten des frühen Christentums kein leichter Stand, christliches Heilsverständnis und Sehnsucht nach Heilung von körperlichen Gebrechen und seelischer Not griffen in der hellenistischen Frömmigkeit eng in einander. Da hieß es Verwandtschaften nicht zu leugnen und doch klar zu unterscheiden. Ob die Verteidiger der christlichen Lehre Klemens, Origenes, Lactantius oder Tertullian hießen, man merkt den christlichen Schriftstellern des 2. und 3. Jahrhunderts die Schwierigkeiten in der Argumentation an. Sie versichern: „Wir bringen euch nichts, was gegenüber dem, was man von euren Zeussöhnen erzählt, neu und fremd wäre" (Justinus, Apologeticum 1, 21), stellen dann aber Christus als den eigentlichen Heiler und Erlöser den „sterblichen Göttern" der Heiden gegenüber in umso strahlenderem Lichte dar. Doch gerade der Asklepios-Kult bot Anlass auch zu so mancher Polemik. Den Christen galt Asklepios als ein gefährlicher Dämon. Schon deswegen spricht einiges dafür, dass der Verfasser der Apokalypse mit dem „Thron Satans" eher das Asklepieion als den Zeustempel auf dem Burgberg gemeint haben könnte.

Man erreicht das *Asklepieion*, wenn man kurz vor Bergama links abzweigt. Nach den Beschreibungen des Pausanias war die früheste Anlage in Pergamon der in Korinth und Kos sehr ähnlich. Über die Heilige Straße, die Via Tecta, gelangte man zunächst zum Propylon. Dieses wurde im 2. Jahrhundert v. Chr. von dem Priester Claudius Charax in Auftrag gegeben. Von diesem aus betritt man den offenen, von Säulen umgebenen Innenhof des Heiligtums. Direkt linker Hand befindet sich der Asklepios-Tempel, einst ein Rundbau. An der südöstlichen Ecke der Hofanlage folgt der Telephoros-Tempel, ebenfalls ein Zentralbau durch sechs Konchen im Obergeschoss gegliedert. Über eine Doppeltreppe an der rückwärtigen Seite gelangt man in das Untergeschoss mit den Behandlungsräumen. Von dort führt dann der ‚Heilige Tunnel', ca. 80 Meter lang und knapp drei Meter hoch, zur heilenden Quelle, dem Mittelpunkt des Heiligtums.

Die Brunnenfassungen aus verschiedenen Perioden sind noch erhalten. Am Ende der nördlichen Säulenhalle sehen wir den wieder aufgerichteten Portikus der Kaiserbibliothek, so genannt, weil dort eine Statue Kaiser Hadrians aufgefunden wurde. Der Bibliothekskomplex, eine Stiftung der Flavia Melitena, einer reichen pergamenische Bürgerin, wurde zu Beginn des 2. Jahrhunderts erbaut. In der Antike gelangte man durch eines der zwei Portale direkt in den Hof, das andere führte zu der fast 128 Meter langen nördlichen Säulenhalle, über die man zum westlich gelegenen Theater gelangte. Das Theater ist, nachdem man es anlässlich eines Besuches von Atatürk restauriert hat, wieder in einem guten Zustand. Die Sitzreihen sind zu den Treppenaufgängen hin mit Löwenfüßen dekoriert. An die Westseite des Hofplatzes schließt sich ein Gymnasion an. Weiter südlich finden sich noch die Reste einer Latrine. Unter den ca. zweihundert im Altertum bekannten Asklepieien war das von Pergamon neben dem von Kos und von Epidauros das berühmteste. Die Anlage war Heiligtum und Sanatorium zugleich. Neben körperlichen Krankheiten wurden auch seelische Leiden behandelt. So genannte Inkubationen, eine Art Schlafkur mit nachfolgender Traumanalyse, gehörten zu den wichtigsten Behandlungsmethoden. Auch Autosuggestion und – natürlich – Wunderglaube spielten eine große Rolle.

Pergamons berühmtester Arzt war der aus der Medizingeschichte bekannte *Galenos* (um 130–200 n.Chr.). Galenos hatte bereits als Gladiatorenarzt im Dienste des Kaisers gestanden, bevor er dann Leibarzt von Marc Aurel wurde. Er besaß umfangreiche Kenntnisse in Anatomie, Chirurgie und Pharmakologie und verfasste rund 250 Schriften. Ganze Bereiche der modernen Medizin und Pharmazie wären ohne ihn nicht vorstellbar.

Wir verlassen das Asklepieion, kehren zunächst wieder in das Ortszentrum zurück und verweilen kurz bei der weithin sichtbaren ‚*Roten Halle*‘ *(Kızıl Avlı)*. Diese wurde über dem durch einen Tunnel geführten Selinus errichtet. Die Bestimmung des dreischiffigen, im Stile einer Basilika aufgeführten Baues ist unsicher. Nach ganz unterschiedlichen Zuordnungen in der Vergangenheit wird heute vermutet, dass es sich bei der ‚Roten Halle‘ ursprünglich um ein Serapeion handelte, das zu Beginn des 2. Jahrhunderts unter Kaiser Hadrian erbaut wurde. Der heute noch erhaltene Kernbau ist ein seitlich von zwei turmartigen Rundbauten mit je einem vorgelagerten Hof flankierter Backsteinbau. Auf seiner Westseite folgt ein von einer hohen Mauer umgebener großer Vorhof. Wahrscheinlich hat an jeder Seite des Hofes eine Säulenhalle gestanden. Die Wände der Hallen und der Exedren waren mit Marmorplatten versehen. Später wurde die ‚Rote Halle' in eine christliche Kirche umgewandelt. Diese war dem Apostel Johannes geweiht. Sie galt zugleich als Grabstätte des Märtyrers Antipas.

Die frühesten Bauten, die aus der Attaliden-Zeit stammen, befinden sich natürlich auf der *Akropolis*. Beginnt man den Aufstieg nahe am Eumenes-Tor, so erreicht man, vorbei an der unteren Agora, über die antike Straße bald die Mittelstadt mit dem sich über drei Terrassen erstreckenden Gymnasion. Die Anlage zählt mit zu den eindrucksvollsten Gymnasien der Antike, die nächsthöhere Terrasse war reichlicher und aufwendiger ausgestattet als die jeweils vorhergehende. Die unterste Ebene diente als Spiel- und Übungsplatz der Knaben, die darüberliegende war den Epheben vorbehalten und die oberste den Männern zwischen 19 und 30 Jahren. Dennoch bildete die gesamte Anlage eine geschlossene Einheit mit Laufbahnen, mit verschiedenen Anlagen zur körperlichen Ertüchtigung mit den entsprechenden Umkleideräumen und einem Auditorium. Zur Anlage gehörten auch kleinere Heiligtümer, ein Tempel für Hermes und Herakles am östlichen und für Asklepios am gegenüberliegenden Ende der mittleren Ebene. Der wohl am meisten ins Auge springende Bauteil ist die große, auf allen vier Seiten von Säulenhallen umschlossene Palaestra des oberen Gymnasions. Der heutige Mauerbefund stammt aus dem 2. Jahrhundert v. Chr. Die Umbauten in römischer Zeit konzentrierten sich vor allem auf die obere Terrasse.

Geht man von hier weiter, so kommt man bald an einem kleinen, der Hera geweihten Heiligtum vorbei. Gegenüber der so genannten Stadtgrabung stößt man auf Reste des ehemaligen, wahrscheinlich bereits unter Philetairos erbauten Demeter-Heiligtums. Der Heilige Bezirk wurde wohl wegen der unsicheren chthonischen Verhältnisse ursprünglich vor den Stadtmauern angelegt und erst im Zuge der Stadterweiterung unter Eumenes II. in die Stadt einbezogen. Im Zentrum der rechteckig gestalteten Hanganlage stand der Tempel. An der Nordseite sind noch treppenförmig angeordnete Sitzreihen zu erkennen. Hier versammelten sich an den Thesmophorien, dem Fest der Aussaat, eine überwiegend weibliche Kultgemeinde. Von da aus gelangt man, vorbei an der Oberen Agora, wo sich im südlichen Marktteil das moderne Grab von Carl Humann, eines der ersten Ausgräber Pergamons befindet, und – unterhalb des großen Zeus-Altares – zum so genannten Königstor, dem Eingang zur Akropolis. Dem eigentlichen Burgtor gegenüber befindet sich ein etwas schwer zu deutender Komplex: das Heroon, der Heilige Bezirk für die Verehrung der pergamenischen Könige.

Die Bausubstanz auf dem nach allen Seiten abfallenden Burgberg verjüngt sich zusehends in nördlicher Richtung. An der östlichen Flanke reihen sich mehrere Paläste aneinander, im Süden der Palast Eumenes' II, gefolgt von dem Attalos' I., an den dann Offiziershäuser und die Anlagen für die Arsenale im äußersten Norden des Burgbergplateaus anschließen.

Links vom Königstor befand sich der Temenos der *Athena Polias Nikephoros*, der Tempel der siegbringenden Stadtgöttin, der älteste bekannte Kultbau der Stadt aus den Anfängen des 3. Jahrhunderts v. Chr. Die Kulttradition aber reicht bis zur argivischen Königstochter Auge, der Mutter des mythischen Stadtgründers Telephos, zurück. Heute sind nur noch Spuren der Fundamente aus der Zeit des Philetairos zu entdecken, die ehemals den Bezirk umgebenden Säulenhallen wurden abgetragen. Der Nord-Süd ausgerichtete Tempel der Göttin stand näher am dahinter liegenden großen Theater.

Hinter den nördlichen Arkaden des Athena-Heiligtums folgt die unter Eumenes II. erbaute, berühmte *Bibliothek*. Im Hauptraum wurde eine Nachbildung der Athena Parthenos des Phidias aufgestellt – ein Zeichen dafür, als wie eng die Verbindung von Bibliothek und Heiligtum gedacht wurde. Zur Zeit des Pergamenischen Reiches zählte die Bibliothek zu den bedeutendsten der griechischen Welt. Dies zeigt sich schon daran, dass, als Marc Anton die Bibliothek der Kleopatra zum Geschenk machte, die pergamenischen Bestände einen wesentlichen Teil der Bestände von Alexandria ausmachten.

Im Zusammenhang mit der Bibliothek darf überdies nicht unerwähnt bleiben, dass ein besonders edles Wirtschafts- und Kulturprodukt aus Pergamon stammt: das Pergament, das mit Kreideschlamm behandelte Schreibmittel aus ungegerbten Tierhäuten. Es soll in der Not erfunden worden sein, als Ägypten die Ausfuhr von Papyrus nach Pergamon sperrte. Das Pergament diente bis weit in das Mittelalter hinein als Schreibmittel schlechthin. Gegenüber den Papyrus-Rollen hatte Pergament den großen Vorteil, dass damit Bücher aus zusammengebundenen Seiten gemacht werden konnten.

Noch einmal etwas weiter in Richtung Norden gewinnt man einen herrlichen Blick auf das *Traianeum*. Es ist die größte und gewaltigste Tempelanlage Pergamons. Sie wurde unter Kaiser Traian (98–117 n.Chr.) begonnen und von seinem Nachfolger Hadrian (117–128 n.Chr.) vollendet. Es verkörpert auf einmalige Weise den römischen Kaiserkult, den vergöttlichten Kaiser. Kolossalstatuen beider Kaiser, Traians und Hadrians, schmückten den Raum. Auf der West- und Ostseite rahmten lange Hallen den heiligen Bezirk ein. Mächtige Substruktionen mit gewölbten Gängen und Kammern trugen die große Terrasse an der steil abfallenden Felswand. Wenn man heute von der Akropolis aus auf die westliche Ebene mit dem gigantischen Rund des Theaterauditoriums im Vordergrund schaut, wird einem die beherrschende Stellung des Heiligtums für Pergamon erst richtig bewusst.

Doch bevor man über das Theater wieder in die Ebene absteigt, sollte der Besucher nochmals zum Südende der Terrasse vorgehen und den Platz des großen *Zeus-Altars* aufsuchen. Schon beim Aufgang zur Akropolis kommt man unterhalb des Zeus-Bezirks vorbei. Der Altar befindet sich zwar bekanntlich nicht mehr an seinem ursprünglichen Ort, aber der Platz verströmt trotzdem eine besondere Stimmung, besonders am Spätnachmittag, wenn die Strahlen der untergehenden Sonne von den drei Pinien mal gebündelt, mal geteilt werden. Der Zeus-Altar, vor allem aber dessen Reliefs sind Sinnbild für die Blütezeit Pergamons unter Eumenes II., der diesen Monumentalbezirk um 190 v.Chr. errichten ließ. Berühmt wurde das Denkmal hauptsächlich durch seine Reliefzyklen auf dem unteren

Sockel, über dem sich auf drei Seiten die schmale Säulenhalle erhob. Auf den Außenseiten zeigt der Relieffries in allen Details die Gigantomachie, der mythische Kampf der Götter mit den Giganten. Dieses Thema übernahmen die Pergamener sehr gerne, hatten sie doch nach anfänglichen Schwierigkeiten den Ansturm der Galater siegreich für sich entschieden. Die Attaliden sahen sich so als die Retter der hellenistischen Ideale, denen Barbaren nichts antun konnten. Wie selbstverständlich folgt auf der Innenseite dann die Erzählung über die Taten des Telephos, des legendären Gründers der Stadt.

Auch von hier, nahe am Athena-Heiligtum, findet man den Zugang zu den oberen Sitzreihen des *Theaters*. Neben dem von Epidauros ist das von Pergamon sicher das eindruckvollste Theater Kleinasiens aus hellenistischer Zeit. Bevor Einzelheiten besichtigt werden, sollten Besucher sich die Zeit nehmen und einen Sitzplatz in den obersten Reihen suchen, um den Blick aufs Ganze in Ruhe auf sich wirken zu lassen. Die Platzwahl für das Theater war durch die natürliche Lage des Burgbergs vorgegeben. Die Sitzreihen steigen steil an. Zwischen der ersten und der siebenundachtzigsten als letzter beträgt die Höhendifferenz vierzig Meter. Zwei horizontale Umgänge, die Diazomata, gliedern das Rund der Sitze in drei Ränge, die durch Treppenläufe in sechs bzw. sieben Sektoren aufgeteilt sind.

Von der obersten Sitzreihe hat man den besten Überblick auf den Grundriss des Theaters. Das Zentrum bilden die Orchestra und das Proskenion, die Theaterbühne, die an die langgestreckte Stoa anschließt. Diese Theaterterrasse wird im nördlichen Teil von einem kleinen Dionysos(?)-Tempel mit davor liegendem Altar begrenzt. Die Zuschreibung ist zumindest passend, schließlich war Dionysos auch der Gott des Tanzes und der Schauspielkunst.

Steigt man von den oberen Reihen ab zur Theaterterrasse, so trifft man oberhalb des Auditoriums auf die Heiligtümer der großen Gottheiten und Kaiser. Sie erwecken den Eindruck, ganz in ihren Sphären zu schweben, losgelöst von der übrigen Welt. Dreht man sich um, so fällt der Blick auf die weite fruchtbare Ebene, die Landschaft um den Kaikos.

Nach der Rückkehr in die Stadt sollte, wenn die Zeit es zulässt, noch das Archäologische Museum aufgesucht werden. Wohl sind viele Exponate von Pergamon nach Istanbul oder nach Berlin gebracht worden, aber auch die im Museum noch vorhandenen Stücke lohnen eine Besichtigung.

Wir verlassen Bergama in östlicher Richtung. Die Route führt teilweise entlang der ehemaligen Handelsstraße, die einmal von Sardis nach Pergamon führte über Kınık, Soma und Kırkagaç. Auf der linken Seite fließt parallel zur Straße der Fluss Bakırçay, der schon genannte antike Kaikos. Nach etwa 80 Kilometern erreichen wir die kleine Kreisstadt Akhisar, was im Türkischen soviel heißt wie ‚Weiße Burg'. In der Antike hieß Akhisar Thyáteira oder **Thyatira** und war der vierte Adressat der Sendschreiben der Offenbarung des Johannes.

Die Gegensätze zu Pergamon könnten drastischer nicht sein. Doch immerhin, vor einigen Jahren stieß man bei Straßenarbeiten auf Säulenreste und Ausschnitte von Fundamenten (eines Tempels?). Und im Garten des städtischen Krankenhauses konnte ein Marmorsarkophag geborgen werden, in dessen Inschrift eine Familie aus Thyatira genannt wird.

Die Gründung von Thyatira erfolgte durch die Lyder im 7. Jahrhundert v. Chr. Noch heute ist der Ort ein wichtiger Verkehrsknotenpunkt auf dem Weg über Bursa, Iznik und Izmit zum Bosporus oder entgegengesetzt nach Izmir, ebenso in Richtung Osten, nach Zentralanatolien. Wegen seiner strategisch günstigen Lage wurde Thyatira unter der Herrschaft der Seleukiden Garnisonstadt, bevor es nach deren Niederlage dem Pergamenischen Reich einverleibt wurde. Thyatira profitierte von der Blütezeit Pergamons. In der Kaiserzeit entwickelte sich auch Thyatira zu einem blühenden Handels- und Gewerbeplatz. Vor allem florierten die Webereien. Dies belegen gut erhaltene Inschriften über Wollhändler. Ihnen zufolge wurde auch Purpur gehandelt. Zusammen mit Sardes stand Thyatira in Konkurrenz zu anderen Städten, beispielsweise zu Laodikeia und Hierapolis.

Die archäologischen Befunde sind dürftig. Aber aus der Offenbarung des Johannes wie aus der Apostelgeschichte wissen wir, dass die Stadt für die erste Generation von Christen ein bedeutender Bezugspunkt gewesen sein muss. Es dürfte in Thyatira schon sehr früh Christen gegeben haben. Die Apostelgeschichte nennt die Purpurhändlerin Lydia. Paulus hatte sie während seines Aufenthalts in Philippi getauft (Apg 16,14f.). Lydia stammte aus Thyatira.

Die Offenbarung des Johannes lobt die Gemeinde: „Ich kenne deine Werke, deine Liebe und deinen Glauben, dein Dienen und Ausharren, und ich weiß, dass du in letzter Zeit mehr getan hast als am Anfang" (Offb 2,20). Zugleich aber tadelt der Verfasser sie scharf – vor allem wegen des Weibes Isebel, das sich als Prophetin ausgebe, aber zu Unzucht und Götzendienst verführe. Gemeint ist mit Isebel wohl keine individuelle Person, sondern ein Personenkreis mit unsittlichem Lebenswandel.

Anstatt von Thyatira aus die Schnellstraße über Manisa Richtung Izmir zu wählen, folgen wir in Akhisar der Straße nach Gölmarmara, vorbei am See Marmara Gölü (Gyges-See) bis in die Ebene von Salihlı. Wir fahren an mehreren Höhenzügen entlang, in die kleine Seitentäler abzweigen. Südlich vom See liegen zu beiden Seiten der Straße zahlreiche Grabplätze einer ehemaligen lydischen Nekropole. Der Ort heißt *Bin Tepe*, übersetzt ‚Tausend Hügel', gewiss eine gewaltige Übertreibung, denn bisher konnten nur rund 90 Hügelgräber gezählt werden. Drei Tumuli, Ruhestätten lydischer Herrscher, fallen wegen ihrer Größe auf. Dieser lydische Friedhofsplatz mit seinen Hügelgräbern ist zweifellos der größte dieser Art in Kleinasien. Von Herodot wird das Grab des Alyattes als größtes bezeichnet. Der ungefähr 500 Meter rechts der Straße gelegene Grabhügel hat einen Durchmesser von knapp 350 Metern bei einer Höhe von fast 70 Metern. Ein weitläufiges System von Korridoren führt in das Innere der Grabkammern. Um das Nekropolenareal gut überblicken zu können, besteigt man am besten einen der höheren Grabhügel. Bei guter Sicht kann man bis zur Akropolis von Sardis sehen.

In Salihlı halten wir uns in Richtung Izmir. Bereits nach wenigen Kilometern in der Ebene des Hermos, des Gediz Nehrı, in der Nähe des Dorfes Sart stoßen wir auf die nicht besonders geglückte, wieder errichtete Fassade des Gymnasions und die weitläufigen, verstreut liegenden Ruinen von **Sardes**, der ehemaligen Hauptstadt des Lydischen Reiches. Sie liegt am Fuße des Tmolos-Gebirges, der Boz Dağları.

Bereits um die Mitte des 2. Jahrtausends. v. Chr. dürfte es in dem Gebiet um Sardes eine vorgeschichtliche Siedlung gegeben haben. Auch sie soll mit Troja in Verbindung gestanden haben. Laut Herodot herrschte in Sardes um 1200 v. Chr. eine mykenische Dynastie. Aber die schriftlichen Quellen, ebenso die archäologischen Zeugnisse, liefern uns bisher nur ein sehr lückenhaftes Bild von der Frühzeit der Stadt. Wieder einmal weist uns die Mythologie den Weg in die weit zurückliegende Gründungszeit. Und wieder ist Herakles im Spiel.

Omphale, die Tochter des Jardanos, heiratete den König von Lydien, Tmolos, der auch Namensgeber für das an Sardes grenzende Gebirge war. Nach dessen Tod regierte Omphale allein weiter. Sie kaufte Herakles, als dieser zum Sklaven geworden war. Herakles musste für sie in Frauenkleidern spinnen und Hausdienste leisten. Wie es sich für einen Helden seines Formats geziemt, vollbrachte Herakles trotzdem große Taten. Er tötete den Wegelagerer Syleus, erschlug einen Drachen und plünderte die Stadt der feindlichen Itoner. Als Dank dafür gebar Omphale ihm einen Sohn, Lamos. Mit ihm begann die Herakliden-Dynastie. Deren letzter Herrscher hieß Kandaules. Er regierte im 7. Jahrhundert v. Chr. und wurde von Gyges ermordet.

Die Geschichte des Thronwechsels von Kandaules zu Gyges ist wiederum sehr sagenumwoben. Sie wurde von Peter Hebbel in dem Drama „Gyges und sein Ring" literarisch verarbeitet. Platon erzählt, Gyges habe einen Ring besessen, der ihn unsichtbar machte. Herodot gestaltet die Geschichte weiter aus. Demnach habe Kandaules Gyges in seinem Schlafgemach versteckt, damit dieser die Schönheit von Kandaules' Gattin bewundern könne. Die Gattin bemerkte den Eindringling und fühlte sich durch die Handlungsweise ihres Gatten tief verletzt. Sie forderte Gyges auf, Kandaules zu töten, was dieser denn auch tat. Später aber vermählte sich Gyges mit der Königin und übernahm selbst die Herrschaft. Dies sollte der Anfang einer neuen großen Dynastie sein, die aber bereits 100 Jahre später wenig rühmlich endete.

Gemeint ist damit die Geschichte des *Kroisos* (680–645 v. Chr.), uns heute als einer der Reste klassischer Bildung besser bekannt als ‚Krösus' und damit als Synonym für großen Reichtum. Herodot kommt in mehreren Kapiteln des ersten Buches seiner „Historien" auf Kroisos zu sprechen. Demnach erlangte das lydische Königsreich unter Kroisos die größte Ausdehnung, Der Lyderkönig hatte fast ganz Kleinasien unterworfen und ungeheure Schätze angesammelt. Das Orakel von Delphi weissagte ihm, wenn er den Halys überschreite, werde er ein großes Reich zerstören. Gemeint war damit leider sein eigenes Reich. 546 v. Chr. wurde Kroisos vom Perserkönig Cyros vernichtend geschlagen und verlor Reich und Herrschaft. Schon wenige Jahre später gehörte das ganze westliche Kleinasien zum persischen Großreich. Sardes wurde Sitz eines persischen Satrapen. Erst unter der Herrschaft der Seleukiden und dann unter der der pergamenischen Attaliden gelangte die Stadt wieder zu Wohlstand, der dann bis in die Spätantike anhielt.

Zum Beginn des letzten Jahrhunderts fanden in Sardes die ersten Grabungen statt: Sie sind bis heute nicht abgeschlossen. Der große Vorteil des archäologischen Areals: der größte Teil der Fläche wurde in neuerer Zeit nie überbaut.

Eines der wichtigsten Denkmäler von Sardes ist der einige hundert Meter südlich des Dorfes Sart im Tal des Paktolos-Flusses gelegene *Artemis-Tempel*. Anhand der noch einsehbaren Befunde kann man den einst sicherlich eindrucksvollen Bau sich noch gut vorstellen. Als mit den Grabungen direkt unterhalb der Akropolis begonnen wurde, mussten zunächst gewaltige Erdmassen, bis zu einer Höhe von zehn Metern, abgetragen werden, um die Ruinen freilegen zu können.

Der heilige Bezirk der Artemis reicht bis ins 5. Jahrhundert v. Chr. zurück, die Untersuchungen ihres Altares westlich vom Tempel lassen eine solche Datierung zu. Der Tempel selbst weist mindestens drei Bauphasen auf: Die älteste gehört in die Zeit um 330 v. Chr., als nach den Eroberungen durch Alexander Sardes hellenistisch wurde. Die nächstfolgende Periode wird man der Epoche unter dem pergamenischen König Eumenes II. zwischen 175 und 150 v. Chr. zuweisen können. Die dritte und letzte Bauphase dürfte in die Regierungsjahre des römischen Kaisers Antoninus Pius (138–161 n. Chr.) gefallen sein. Erhalten ist ein so genannter Pseudo-Dipteros. Gemeint ist damit der Abstand zwischen dem Säulenumgang und der Cella beim ionischen Tempel. Sie liegen beim Pseudo-Dipteros soweit auseinander, dass dazwischen eine zweite Säulenreihe Platz hätte. Von den Säulen sind nur noch wenige Fundamente vorhanden, dagegen sind die aufgehenden Cella-Wände recht beachtlich. Während der römischen Umbauphase wurde in den Naos der Cella eine Zwischenwand eingelassen. Der so neu entstandene westliche Raum wurde ebenfalls der Artemis geweiht, der östlich anschließende dagegen war für die Verehrung der vergöttlichten Faustina I., der Gattin des Mark Aurel, vorgesehen. Einst schmückten 20 Säulen an den Lang- und acht Säulen an den Schmalseiten den Doppeltempel. Am Pronaos und dem Opisthodomos standen vor dem späteren Umbau noch sechs weitere, im Inneren der Cella noch einmal zwölf ionische Säulen.

Bevor man zum Dorf Sart zurückkehrt, sollte man noch einen Blick auf die Ruinen einer spätantiken Kirche südöstlich vom Tempel werfen. Der Sakralbau dürfte an der Wende vom 4. zum 5. Jahrhundert errichtet worden sein.

Wir fahren auf der Hauptstraße in Richtung Sahihlı weiter und besichtigen das nördlich der Straße gelegene *Gymnasion*. Dessen wiedererrichteter Marmorhof ist das Wahrzeichen von Sardes und deswegen kaum zu übersehen. Zu der prunkvollen Anlage gehörte eine große, von Säulen gesäumte Palaestra. Sie diente der sportlichen Ertüchtigung. Der dem Kaiserkult gewidmete Marmorhof wurde von einer durch Säulen gegliederte zweigeschossigen römischen Prunkfassade und drei Umfassungswänden umschlossen.

Unmittelbar östlich vom Gymnasion wurde ein langgestreckter Saal mit halbkreisförmigen, ansteigenden Sitzreihen freigelegt. Diesem war ein kleiner Peristylhof vorgelagert. Die Böden der gesamten Anlage waren mit Mosaiken und Marmorschnittmustern ausgelegt. Laut Inschrift handelte es sich bei diesem Bau um eine Synagoge – klarer Beleg für eine größere jüdische Gemeinde in Sardes. Sie stammt sehr wahrscheinlich aus dem 3. Jahrhundert.

Das Christentum scheint auch in Sardes bereits früh Fuß gefasst zu haben. Ob Sardes bereits zum Wirkungsbereich des Apostel Paulus gehörte, wissen wir nicht. Dass die Stadt aber in den Sendschreiben der Apokalypse genannt wird, spricht dafür, dass bereits in den achtziger Jahren des 1. Jahrhunderts eine Christengemeinde bestand. Eine wichtige christliche Persönlichkeit aus Sardes war Bischof *Meliton*, der nach Eusebios zusammen mit Apollinarios, dem Bischof von Hierapolis, eine Apologie, eine Verteidigungsschrift, an den Kaiser Marc Aurel richtete. Darin wurde zum erstenmal das Verhältnis der Christen zum römischen Staat deutlich angesprochen. Unter anderem hieß in dem Schriftstück: „Jetzt wird auf unerhörte Weise das Geschlecht der Gottesfürchtigen durch neue, für Asien erlassene Gesetze aufgeschreckt und verfolgt. Freche Denunzianten und nach fremden Gütern gierige Menschen benutzen Erlasse, um offen auf Raub auszugehen und Menschen, die nichts Böses getan haben, Tag und Nacht auszuplündern ... Geschieht dies auf deinen Befehl hin, so soll es recht sein! Denn ein gerechter Fürst wird niemals ungerechte Verordnungen erlassen. Gerne nehmen wir dann die Ehre eines solchen Todes hin. Doch tragen wir dir die Bitte vor, dass du erst, nachdem du die Urheber dieser Streitsucht kennen gelernt hast, urteilst, ob sie die Todesstrafe oder ein gesichertes Leben verdienen. Wenn aber der Erlass und diese neue Verordnung, die man nicht einmal gegen barbarische Völker anwenden sollte, nicht von dir ausgegangen sind, dann bitten wir dich um so inständiger, du mögest uns, die man offen beraubt, nicht im Stiche lassen" (Eusebios, Hist. eccl. 4,26,5f.). Der Stil, in dem das Schreiben verfasst ist, spricht dafür, dass es sich bei Meliton um eine außergewöhnliche Persönlichkeit von hoher Autorität gehandelt hat.

Gegenüber der Synagoge und den Bädern, auf der anderen Seite der Straße, ist ein Gebäude im Grundriss noch erhalten, das heute als *„Haus der Bronzen"* bezeichnet wird. Auch wenn der archäologische Befund nicht alle Unklarheiten beseitigen kann, so sprechen die Reste der einzelnen Mauerteile für einen größeren Villenkomplex, eine Villa urbana, um die Mitte des 6. Jahrhunderts. Sie könnte einem christlichen Würdenträger als Residenz (Bischofssitz?) gedient haben.

In byzantinischer Zeit blieb die Stadt wohlhabend, musste sich aber später seldschukischer Angriffe erwehren. Noch bis in das 14. Jahrhundert galt Sardes als ein Bollwerk gegen den Islam. 1390 wurde es von den Osmanen eingenommen und 1402 bei dem Mongolensturm durch Timurlenk fast völlig zerstört.

Es mag etwas ungewöhnlich sein, auf einer Reise durch Kleinasien einen Halt in Alaşehir einzuplanen, aber auch dieser Ort gehört zu den Adressaten der Sendschreiben der Offenbarung des Johannes. Nach Sahihlı zurückgekehrt, fährt man noch ungefähr zehn Kilometer in Richtung Uşak und biegt dann rechts auf die Straße nach Denizli ab. Von dort erreicht man dann Alaşehir nach einer Stunde Fahrzeit. Es liegt am östlichen Ausläufer des Tmolos-Gebirges. Hinter seinem Namen verbirgt sich das antike **Philadelphia**, unter den Adressaten der Sendschreiben vermutlich schon damals trotz des wohlklingenden Namens der unbedeutendste Ort. Warum aber dann trotzdem die Erwähnung in der Apokalypse? Darauf lässt sich keine sichere Antwort geben.

Die ursprünglich kleine lydische Siedlung wurde im Laufe ihrer Geschichte immer wieder von Erdbeben heimgesucht. Die Stadt wurde aber auch immer wieder neu aufgebaut. Ihren Bewohnern kam offenbar nie der Gedanke, aus dem Gebiet fortzuziehen. Man lebte zwar gefahrvoll, aber die Gegend war auch sehr fruchtbar. Das erklärt das Beharrungsvermögen ihrer Einwohner.

Der Name der Stadt ist erst durch den pergamenischen König Attalos II. Philadelphos (159–138 v. Chr.) verbürgt. Welche Rolle sie für die ersten Generationen von Christen spielte, wissen wir nicht. Bekannt ist, dass sich Bischof Ignatios von Antiochien, der um 110 n. Chr. in Rom den Märtyrertod erlitt, von Alexandreia Troas aus in einem Brief an die Christen der Stadt wandte. Auf seiner so genannten Gefangenschaftsreise war Ignatios in Troas informiert worden, dass in Antiocheia die Verfolgung der Christen ausgesetzt sei. Er wandte sich deshalb an die Gemeinde in Philadelphia mit der Bitte, durch Sendboten die Glaubensbrüder in Antiocheia zum Ende der Verfolgung zu beglückwünschen.

In dem Sendschreiben der Apokalypse wird die Gemeinde von Philadelphia gelobt. „Ich kenne deine Werke, und ich habe vor dir eine Tür geöffnet, die niemand mehr schließen kann. Du hast nur geringe Kraft, und dennoch hast du an meinem Wort festgehalten und meinen Namen nicht verleugnet!" (Offb 3,8). Zugleich aber ist von „Leuten aus der Synagoge Satans" die Rede, die sich als Juden ausgäben, Juden aber nicht seien, „sondern Lügner" (Offb 3,9). Der Verfasser der Apokalypse spielt damit offenbar auf jüdische Kreise an, die sich allzu bereitwillig heidnischen Kultgesetzen beugten.

Im Sendschreiben ist die Rede von einer „Siegessäule" im „Tempel meines Gottes" und von Gott, der immer darin bleiben werde. Daraus lässt sich wohl schließen, dass es in Philadelphia eine Tempelanlage mit einem Heiligen Bezirk gegeben haben muss. Nachweisen lassen sich aber nur noch Teile einer Ummauerung aus byzantinischer Zeit und Reste einer dem Evangelisten Johannes geweihten frühchristlichen Basilika.

Ein ähnliches Schicksal wie Philadelphia widerfuhr auch der letzten der sieben Städte der Sendschreiben aus der Geheimen Offenbarung: **Laodikeia**. An der Stelle der antiken Stadt steht heute das türkische Dorf Eski Hişar. Man erreicht es, wenn man von Alaşehir aus über Sarayköy in Richtung Denizli fährt.

Die Geschichte der Stadt reicht nur bis ins 3. Jahrhundert v. Chr. zurück, besiedelt scheint der Ort aber bereits viel früher gewesen zu sein. Gegründet wurde Laodikeia zwischen 261 und 253 v. Chr. von Antiochios II. Theos. Ihren Namen erhielt die Stadt von der Stiefschwester-Gemahlin des Antiochios, Laodike. Im Friedensvertrag von Apameia (188 v. Chr.) kam Laodikeia unter die Herrschaft der pergamenischen Könige; seit 129 v. Chr. gehörte es dann ebenfalls zur römischen Provinz Asia. Grundlage seiner guten wirtschaftlichen Entwicklung, die erst im 1. Jahrhundert v. Chr. einsetzte, war größtenteils die Herstellung von Textilien und der Tuchhandel; vor allem Leinen und Wollwaren aus Laodikeia wurden weit über die Grenzen Phrygiens hinaus bekannt. In dieser Zeit entwickelte sich die Stadt auch zu einem beachtlichen Finanzplatz. Cicero, der im Jahre 50 v. Chr. Prokonsul der Provinz Asia war, empfahl, zum Geldwechseln Laodikeia aufzusuchen. Strabon bezeichnet Laodikeia als eine bedeutende und reiche Stadt. Ihr unterstanden insgesamt 25 Orte der Umgebung. Auch als Zentrum der Heilkunde, speziell der Augenheilkunde, machte sich die Stadt einen Namen.

Die Ausgrabungen aus der Antike befinden sich auf einem erhöhten, weiträumigen Hügelplateau. Von den Quellen in Başpinar führten Wasserleitungen in die Stadt. Etwas eigentümlich mutet an, dass es in Laodikeia zwei Theater gab, ein kleineres an der Straße zum Ort Goncali und ein größeres im Südosten. Auf dem Weg ins Zentrum der antiken Stadt kommt man zum Nymphaion, das zu Ehren des Kaisers Caracalla errichtet worden war und bis ins 5. Jahrhundert genutzt wurde. Südlich von diesem sind noch die Reste eines Odeions, eines Gymnasions aus dem 2. Jahrhundert, und eines Stadions erhalten. Letzteres wurde von den Bürgern der Stadt erbaut und von diesen 79 n. Chr. Kaiser Vespasian gewidmet. Im Westen außerhalb der Stadt und jenseits des Baches Gümüs Çay befindet sich die Nekropole. Die Gräber, einige mit Sarkophagen, sind teilweise noch gut erhalten.

In dem Sendschreiben an Laodikeia wird die reiche, mit kaiserlichen Privilegien ausgestattete Stadt ermahnt, sie möge auf die christliche Gemeinde hören. Genannt wird in dem Sendschreiben alles das, was die Stadt reich gemacht hat: „Kaufe von mir Gold ... kaufe von mir weiße Kleider ... kaufe Salbe für deine Augen ..." (Offb 3,18). Christen muss es in Laodikeia schon sehr früh gegeben haben – wohl schon wegen der bedeutenden jüdischen Kolonie. Im Brief an die Kolosser, an die Christen einer der nahen Nachbarstädte, wird berichtet, ein Epaphras aus Kolossaî habe die christlichen Gemeinden von Laodikeia und Hierapolis gegründet hat (Kol 4, 12–15).

Wer allerdings beim Rundgang durch die Ausgrabungen von Laodikeia nach frühchristlich-byzantinischen Denkmälern sucht, wird enttäuscht. Die Stadt wurde im ausgehenden 5. Jahrhundert von einem Erdbeben fast völlig zerstört und später nicht wieder aufgebaut. Nach einem Bericht des Rhetors Joannes Melalas hatten nur die christlichen Kirchen die Katastrophe unbeschadet überstanden: Umso erstaunlicher ist, dass heute auch von ihnen fast nichts mehr zu sehen ist.

Der heutige Besucher findet nur noch selten den Weg nach Laodikeia, wenn er zu der großen Ausgrabungsstätte von **Hierapolis** bei Pamukkale unterwegs ist. Letzteres – Pamukkale bedeutet soviel wie Baumwollschloss – ist berühmt geworden wegen eines der bizarrsten Naturschauspiele Kleinasiens. Es handelt sich um die so genannten, aus einer hohen Konzentration aus Kalzium und Karbondioxyd bestehenden Sinterterrassen. Sie stammen von Thermalquellen, die im Verlauf der Jahrhunderte Kaskaden von Kalkablagerungen gebildet haben. Fast hundert Meter tief untereinander liegen die Terrassenebenen des ausgetrockneten Wasserfalls. Pamukkale ist heute einer der größten Kurorte der Türkei. In Hierapolis aber wurden Thermalquellen auch schon in der Antike genutzt. Mehrere römische Kaiser weilten in Hierapolis zur Kur.

In seiner Geschichte unterscheidet sich das antike Hierapolis kaum von den bisher genannten Städten. Auch die Blütezeit dieser Stadt beginnt erst mit der Neugründung durch die pergamenischen Könige. Die vielen Erdbeben haben allerdings auch davon so gut wie nichts übrig gelassen. Was sich bis heute als Ruinen erhalten hat, stammt im wesentlichen aus dem 1. Jahrhundert n. Chr.

In der heidnischen Antike war Hierapolis eine Stadt der vielen Gottheiten. Griechische und orientalische Religiosität begegneten sich hier besonders intensiv. Apollon war wohl der Hauptgott, in ihm verbarg sich aber zugleich der phrygische Sonnengott Lairbenos, dessen Heiligtum sich in unmittelbarer Nähe der Stadt befand. Seine Mutter Leto war das Ebenbild der kleinasiatischen Muttergöttin Kybele. Inschriften bezeugen zudem einen Zeus Bozios oder Troios, beides ungriechische Beinamen. Man verehrte die ephesische Artemis und den phrygischen Mondgott Men genauso wie Poseidon und Pluto.

Direkt am Podium des Apollon-Tempel entdeckte man in jüngster Zeit eine Felsenkammer mit einem zugemauerten Tor. Das Tor ist der Zugang zum *„Plutonium"*, dem Heiligtum des römischen Gottes der Unterwelt. Noch heute – der Zugang ist durch ein Gitter versperrt, und ein Schild weist den Besucher auf die Gefährdung durch giftige Gase hin – ist hinter dem Tor ein Wasserrauschen zu hören. Wie schon im Altertum treten auch heute noch gesundheitsschädliche Gase in hoher Konzentration aus. Nach den Beschreibungen von Cassius Dio und Strabon wurden Kleintiere und Vögel Opfer der giftigen Dämpfe, wenn sie sich dorthin verirrten. Für die Einwohner von Hierapolis war das Plutonium die „Geisterhöhle".

Noch bis ins 5. Jahrhundert wurde immer wieder darüber berichtet, so auch von einem Besuch des Arztes Asklepiodotos in der geheimnisvollen Grotte. Beim Betreten des Heiligtums umhüllte er sein Gesicht schützend mit einem Umhang, nachdem er ein paar Mal kräftig Luft geholt hatte. So konnte er dem Weg des heißen Wassers sehr weit hinein nachgehen, doch den Ursprung der Quelle konnte er wegen der Niveauunterschiede im unterirdischen Gelände nicht erreichen.

Das Aussehen des Heiligtums dürfte sich im Laufe der Zeit mehrmals verändert haben. Es fällt auf, dass bei Strabon von einem Tempel nie die Rede ist. Die einstige Gestalt des über dem Plutonium liegenden Apollontempels ist wegen dessen schlechten Erhaltungszustandes nur schwer zu rekonstruieren. Hinter der Tempelanlage führt ein ansteigender Weg zu dem östlich gelegenen Theater. Von dort erhält man einen guten Rundblick über das gesamte Ausgrabungsfeld. Sehr gut kann man dabei den Verlauf der alten Stadtmauer mit dem so genannten Domitiansbogen und dem davor liegenden byzantinischen Tor im Norden der antiken Stadt sehen. Geht man auf dem Hauptweg etwas nach Süden, stößt man auf die Reste des noch relativ gut erhaltenen *Nymphaion*. Ein großes Wasserbecken wird auf drei Seiten von Wänden umgeben. In den Nischen mit vorgesetzten Säulen sind Statuen aufgestellt. An der mittleren Rückwand befand sich der Wasserausfluss. Spätestens im ausgehenden 1. Jahrhundert n. Chr. wurde das Nymphaion innerhalb des Apollonbezirks errichtet. Im 3. Jahrhundert wurde die Anlage aufwendig umgebaut. Bis ins 5. Jahrhundert war sie noch in Betrieb.

Westlich der Straße, unmittelbar am Eingang zu den Ausgrabungen, stehen die zum Teil neu errichteten Gebäudeeinheiten der großen Thermenanlage. In ihnen befindet sich das heutige Museum von Hierapolis.

Relativ gut erhalten ist das *Theater*. Die Treppenläufe in dem ansteigenden Zuschauerraum teilen die 50 Sitzreihen in neun Segmente. Unmittelbar an der Orchestra befindet sich ein halbrunder Einbau, die Herrscherloge. Den Unterbau des mehrgeschossigen Bühnenhauses schmücken Säulen mit schräg verlaufenden Kanneluren und Kompositkapitellen, die seitlich der Nischenarchitektur vorgelagert sind. Darüber folgt das Bühnengebäude mit dem prachtvollen Mittelportal, seitlich eingerahmt von je zwei kleineren Durchgängen. In den Zwischenräumen haben sich die marmornen Sockelzonen mit den konkav eingeschwungenen Seiten erhalten. Auf ihnen standen die mächtigen Säulen der Bühnenfront. Die Säulen sind auf ihren Schauflächen von Reliefs überzogen mit Darstellungen u. a. von mythologischen Tanzszenen junger Frauen sowie von Opferszenen zu Ehren der Göttin Artemis. Auf einer Reliefszene, die sich heute im Depot des Museums befindet, ist der römische Kaiser Septimius Severus dargestellt, in dessen Regierungszeit (193–211 n. Chr.) der Theaterbau fertiggestellt wurde.

Außerhalb der antiken Stadt liegen mehrere Nekropolen mit Sarkophagen, mit tempelähnlichen Mausoleen und mit Tumuli gedeckten Grabkammern. Im Areal des östlichen Friedhofes befindet sich ein besonders eindrucksvoller Grabbau, das *Martyrion des Apostels Philippus*, der, folgt man Eusebios, in Hierapolis sein Martyrium erlitt und an dieser Stelle oder nicht weit davon beigesetzt wurde. Ein Grab direkt unter dem Martyrion ist bisher aber nicht nachgewiesen.

In der Vita des aus Bethsaida stammenden Apostels heißt es, er habe das Evangelium überzeugend gepredigt und viele Menschen zum Glauben an Christus bekehrt. Die Apostelgeschichte berichtet, Philippus habe in Samaria den Zauberer Simon getauft. Und ein Engel habe ihm auf dem Weg von Jerusalem nach Gaza befohlen, den Eunuchen Kandake, einen Kämmerer und Hofbeamten der Königin von Äthiopien, aufzusuchen. Als Philippus Kandake begegnete, las dieser im Buch Jesaja. Philippus erklärte ihm die Schrift, Kandake ließ sich daraufhin taufen. Der Überlieferung nach gilt Kandake als Begründer des Christentums in Athiopien.

Die Apostelgeschichte berichtet, Philippus habe mit seinen vier Töchtern, „prophetisch begabten Jungfrauen", sich in Caesa-

Abb. 20   Hierapolis. Die baulichen Reste des Martyrions des heiligen Philippus nahe den berühmten Sinterterrassen von Pamukkale.

rea aufgehalten, wo Paulus ihn besuchte. Wie Philippus dann in hohem Alter nach Hierapolis gekommen sein soll, ist wohl mehr als unklar. Sicher ist – jedenfalls nach Eusebios – nur, dass dort bereits sehr früh die Verehrung des Philippus und dessen Töchtern eingesetzt hat.

In den quadratischen Grundriss des Martyrions ist ein oktogonaler, ursprünglich wahrscheinlich überkuppelter Zentralraum eingeschrieben. Er bildet den Kern der einstigen Gedächtniskirche. Diesen umschließen ringsum mehrere fast gleich große Räumlichkeiten, die vermutlich als Pilgerunterkünfte dienten. Auf allen vier Seiten befand sich ein Zugang in das Innere des Martyrions. Vom Zentralraum aus hatte man über die Seiten Zugang zu acht gleich großen, rechteckigen Räumen. In einem von Pfeilern durchbrochenen Umgang konnte man den oktogonalen Innenraum umgehen.

So, wie sich die Memorie heute darstellt, dürfte der ganze Komplex wohl im ausgehenden 4. oder Anfang des 5. Jahrhunderts gebaut worden sein. Der Hauptbau wurde durch einen Brand zerstört. Zwei kleinere Kapellen, eine an der Ost-, eine zweite an der Südseite, lassen vermuten, dass die Pilgerstätte auch nach der Zerstörung des Hauptbaues fortbestand.

Bereits sehr früh gab es in Hierapolis eine christliche Gemeinde. Der Kolosserbrief erwähnt die Gemeinde in Hierapolis zusammen mit der von Laodikeia (Kol 4,13). Und es könnte sein, dass ihre Gründung tatsächlich auf Philippus zurückgeht. Jedenfalls fällt auf, dass Phlippus in Kleinasien neben Johannes zu den am meisten verehrten Heiligen gehört hat.

Hierapolis blieb während des ganzen 1. Jahrtausends eine blühende Stätte der Christenheit. In der zweiten Hälfte des 2. Jahrhunderts war der durch zahlreiche Schriften, u. a. auch durch eine Petition an Kaiser Mark Aurel, bekannt gewordene Claudios Apollinari(o)s dort Bischof. Unter den Teilnehmern an den großen Konzilien des Ostens finden sich auch immer die Namen der Bischöfe dieser Stadt.

Neben dem Martyrion des Apostels Philippus zeugen noch andere Kirchenbauten im Grabungsfeld von der Blütezeit des christlichen Hierapolis. So die Basilika ‚extra muros', die in einem Thermenkomplex im Norden, außerhalb der Stadt, eingebaut war und aus der Zeit um 400 stammt. Eine andere kleine einschiffige Kapelle aus dem 5. Jahrhundert hat sich am Ostbogen des domitianischen Ehrentores erhalten. Im nördlichen Stadtbereich befindet sich eine dreischiffige Säulenbasilika aus dem 5. Jahrhundert mit nachträglich in den Seitenschiffen eingefügten Kapellen. Der Fußboden der Kirche war mit Opus sectile ausgelegt. Eine reiche marmorne Ausstattung schmückte das Innere. Eine zweite, um 450 erbaute Säulenbasilika mit Emporen befindet sich hinter dem Theater. Eine andere dreischiffige Pfeilerbasilika stand in der Nähe des Nymphaions. Man könnte in dem Sakralbau aus der ersten Hälfte des 6. Jahrhunderts die Bischofskirche von Hierapolis vermuten, aber es fehlen Hinweise auf ein Baptisterium.

Seit dem Einfall der Araber dürften in Hierapolis kaum noch größere Neubauten entstanden sein. Als Kreuzritter beim Dritten Kreuzzug Ende des 12. Jahrhunderts durch Hierapolis kamen, fanden sie fast nur noch Ruinen vor, veranstalteten aber trotzdem eine Prozession zu Ehren des Stadtheiligen.

Nicht unweit vom antiken Hierapolis befindet sich die seldschukische Karawanserei **Akhan**. Man erreicht sie wenige Kilometer von Denizli entfernt auf der Hauptstraße nach Afyon. Ein kurzer Besuch dort lohnt sich. Zur Entstehungsgeschichte: In den ersten Jahrzehnten nach dem Sieg der Seldschuken 1071 über die Byzantiner, als Konya Hauptstadt des neuen Reiches geworden war, wurden zur Absicherung der Handelswege zahlreiche Karawansereien eingerichtet, die sich dann zu wichtigen Handelszentren entwickelten.

Die Karawanserei Akhan wurde unter Seyfettin Aksurgur zwischen 1252 und 1260 erbaut. Ihren Namen, das „Weiße Haus", erhielt sie, weil sie aus Marmor, teilweise Spolien von den antiken Denkmälern aus der nächsten Umgebung, erbaut worden war. Die zwei unterschiedlich großen Gebäudekomplexe der Karawanserei sind von hohen Mauern mit Schießscharten umgeben. Durch ein großes, prunkvolles, mit vegetabilem Dekor aufwendig ausgestattetes Tor gelangt man in den ersten größeren Innenhof. Über dem Tor sind zwei Inschriften zu sehen. Bei der einen handelt es sich um die Stifterinschrift, die andere rühmt die Heldentaten des seldschukischen Sultans Izzeddin Keykâvus II. Im großen Innenhof sind seitlich mehrere zweigeschossige Raumgruppen angelegt. Dazu gehört auf der linken Seite ein großer, offener, rechteckiger mit Säulen gestützter Saal, der wahrscheinlich zum Unterstellen von Tieren und Lasten gedient hat. In den Obergeschossen befanden sich Schlafstätten für die Reisenden. Gegenüber der Eingangsseite des größeren Hofes befand sich der Zugang zum kleineren Gebäude, dem Gebetsraum, der Mesçit. Akhan unterscheidet sich in seiner Gestaltung kaum von anderen Karawansereien des 13. Jahrhunderts. Zumeist sind es wehrhafte Bauten mit gleichem Grundriss, die sich nur in Details voneinander abheben. Was an ihnen fasziniert, ist die Verbindung von Funktionalität, Formstrenge und künstlerischer Phantasie.

Kurz hinter Akhan in Fahrtrichtung Afyon biegt rechts eine Straße nach *Kolossaî* ab. Die ehemalige antike Stadt befand sich auf einem erhöhten Platz. Nach archäologischen Zeugnissen aus der Antike sucht man in Kolossaî allerdings vergeblich. Trotzdem lohnt sich ein kurzer Halt an dem Ort, an dem einst die Adressaten lebten, an die sich der Paulus zugeschriebene

Brief an die Kolosser gerichtet hat. In biblischer Zeit bildete Kolossaî zusammen mit Laodikeia und Hierapolis eine Art Städtedreieck. Die urchristliche Gemeinde dort bestand vermutlich aus Heidenchristen, vornehmlich aus einheimischen Phrygern. Die Gemeinde in Kolossaî dürfte von dem bereits aus Laodikeia bekannten Epaphras gegründet worden sein.

Auch die Quellen aus christlicher Zeit sind mehr als spärlich. Nur noch zweimal wird Kolossaî erwähnt: Auf dem Konzil von Chalkedon (451) leistete Metropolit Nuenchios von Laodikeia für Bischof Epiphanios aus Kolossaî die Unterschrift. Und auf einer Synode in Konstantinopel (692) wird ein Bischof Kosmas für die Stadt genannt. Doch bereits auf dem Zweiten Konzil von Nikaia (787) nahm Bischof Dositheos als Episkopos von dem etwas weiter südlich gelegenen Chonae, dem heutigen Honaz, teil.

So unbedeutend die geschichtlichen Zeugnisse über Kolossaî sind, so schön bietet sich die Landschaft dar, wenn man über die Ebene von Honaz zu dem dahinter ansteigenden Gebirgsmassiv um Honaz Dağları hinüberschaut.

Kehrt man von Kolossaî wieder auf die Hauptstraße nach Denizli zurück, so gibt es zwei Möglichkeiten, von dort nach **Aphrodisias** und damit zugleich von Phrygien nach Karien zu kommen. Möchte man ohne viel Zeitverlust die Ausgrabungen in Aphrodisias besichtigen, so empfiehlt es sich, die Straße in Richtung Aydin zu nehmen. Ungefähr fünf Kilometer hinter dem Ort Horsunlu biegt man dann links ab und fährt über Karacasu bis Geyre, so heißt heute das antike Aphrodisias. Landschaftlich weitaus reizvoller ist allerdings die Fahrt ab Denizli in das Gebirge von Ak Dağları. Zunächst fährt man in Richtung Süden über Çukuköy zu dem 1250 Meter hohen Pass von Kazikeli. Von dort hat man einen schönen Panoramablick auf die umliegenden Gebirge mit ihren schneebedeckten Berggipfeln. Kurz dahinter gabelt sich die Straße; wir biegen rechts ab nach Tavas. Dort geht es nochmals rechts ab zu dem ca. 30 Kilometer entfernten Geyre. Auf beiden Strecken sollte man sich Zeit nehmen, um die pittoreske Landschaft genießen zu können.

Bevor man mit dem Rundgang durch die Ruinen von Aphrodisias beginnt, lohnt sich der Besuch des alten *Geyre*. In vielen

Häusern, zumeist landwirtschaftlichen Kleinhöfen, sind Architekturteile der antiken Stadt verbaut, Sarkophage werden als Tröge genutzt, herumliegende Säulenstümpfe sind bevorzugte Sitzplätze: Ein Hauch von Idylle und ein besonderer Genuss speziell zu Zeiten, in denen Aphrodisias nicht von Touristenströmen heimgesucht wird!

Vom Dorfzentrum von Geyre aus kann man dann mit der Besichtigung der Ausgrabungen von Aphrodisias beginnen. Vorbei an dem wiederaufgerichteten Tetrapylon gelangt man zum Tempel der Aphrodite, dem Haupttheiligtum der antiken Stadt. 14 Säulen von dem Tempel, der einst mit seiner Pracht die südlich gelegene Agora beherrschte, ragen in den Himmel. Noch heute bietet der Tempel mit der Gebirgslandschaft im Hintergrund ein einzigartiges Bild.

Der Göttin *Aphrodite* verdankt Aphrodisias den Namen. Vor allem in römischer Zeit waren die Stadt und das Heiligtum Mittelpunkt eines sehr verbreiteten Aphrodite-Kults. Jedes Jahr fanden Feierlichkeiten und Spiele zu Ehren der Göttin statt, sowohl im Heiligtum selbst wie in dem nördlich davon gelegenen großen Stadion. „Aphrodite, die Goldene ... süßes Verlangen weckt sie den Göttern, überwältigt der sterblichen Menschen Geschlechter ...", so wurde Aphrodite wie im Homerischen Hymnos, während der Feste besungen. Sie galt als die freudebringende und Leben spendende Urmacht der Liebe. Ihre unerreichbare Schönheit sollte den Menschen immer vor Augen sein.

Die Tempelanlage stammt aus der Zeit um 100 v. Chr.; der Kultbezirk reicht aber bis in das 7. Jahrhundert v. Chr. zurück. Die ganze Stadt hatte sich aus dem Heiligtum heraus und um dieses herum entwickelt. Ein Kranz von 13 Säulen an den Langseiten und acht auf den Schmalseiten umgab das Innere des ionischen Tempels, eines Pseudo-Dipteros. Die Säulen trugen ionische Kapitelle mit geschwungen Volutendekorationen. Die beachtlichen Schätze an Baudekors – Säulen, Kapitelle, Friese, aber auch Statuen und Torsi –, die heute in einem Schutzbau gelagert sind, vermitteln eine Vorstellung von der einstigen Pracht.

Im 5. Jahrhundert n. Chr. wurde eine Kirche in den Tempel eingebaut mit einer östlichen Apsis. In ihr haben sich noch

Abb. 21   Aphrodisias. Der Tempel der Aphrodite von Westen mit den spärlichen Resten des Einbaues einer christlichen Kirche.

Reste farbiger Wandmalereien erhalten. Die „Umwidmung" ist typisch für die Zeit des Übergangs von der heidnischen Antike in die christliche Ära. Die Stadt der Aphrodite wurde zur Stadt des Kreuzes, aus Aphrodisias wurde Stavropolis. Mit großer Selbstverständlichkeit bemächtigte sich das Christentum der heidnischen Heiligtümer. Das äußere architektonische Erscheinungsbild wurde dabei unberührt gelassen, das Innere aber den eigenen gottesdienstlichen Erfordernissen angepasst.

Unmittelbar südlich vom Aphrodite-Tempel liegt die Agora, um sie gruppierten sich die öffentlichen Gebäude der antiken Stadt. Von den den Marktplatz umgebenden Säulenhallen haben sich zwischen Pappeln noch einige kannelierte Säulen erhalten. Sie vermitteln so noch eine Ahnung davon, wie weiträumig die Agora einst angelegt war. Nördlich der Agora liegt das gut erhaltene *Odeion* bzw. Bouleuterion aus dem 2. Jahrhundert n. Chr., nach heutigem Sprachgebrauch das „Rathaus", das politische Zentrum der Stadt. Die an die Agora anschließende Mauerfront sah aus wie ein Bühnenhaus. Es war mit Reliefs und Statuen geschmückt.

Die Orchestra hatte einen Mosaikboden. Hinter diesem Bau schloss sich ein Säulenhof an, in dem Standbilder prominenter Persönlichkeiten des öffentlichen Lebens von Aphrodisias aufgestellt waren (heute im Museum). Westlich davon, an der Außenmauer der Cavea, stand ein Rundbau, ein Heroon für einen vergöttlichten Verstorbenen: im Zentrum ein Altar, geschmückt mit Blumen und Früchte tragenden Eroten, und ein reich verzierter Sarkophag. Der Grabbau ist offensichtlich früher zu datieren als das Odeion.

Westlich neben dem Odeion befindet sich ein Gebäudekomplex mit mehreren Räumlichkeiten einschließlich eines Peristylhofes mit blauen Marmorsäulen. Bei den Ausgrabungen wurde hier ein Bleisiegel mit Inschrift geborgen. Die Inschrift spricht von einen Metropoliten von Karien, was bedeutet, dass das Gebäude in christlicher Zeit als Bischofspalast benutzt wurde. Östlich von der Agora steht ein weiterer hochinteressanter Ruinenkomplex, der erst in jüngster Zeit freigelegt werden konnte. Es handelt sich um eine langgestreckte, prunkvolle, seitlich von einer dreigeschossigen Kolonnadenfassade eingefasste

Prozessions- bzw. Kultstraße. Auf eine solche lassen die zahlreichen, dort gefundenen Wandsäulen, Kassettenfragmente und Reliefblöcke schließen.

Von hier ist es nicht mehr weit zu dem großen *Theater* am Osthang des südlich der Agora aufsteigenden Hügels, der möglicherweise aus dem Bauschutt der früheren Siedlung entstanden ist. Südlich davon sind noch die Überreste einer größeren Thermenanlage zu sehen. Auf dem Weg zu den Hadrians-Thermen kommt man, bevor man den Portikus des Tiberius erreicht, noch an zwei kleineren byzantinischen Kirchen vorbei. Die Anlage schmücken Architrave und mit Kranzdekor und Masken eindrucksvoll verzierte Friese – wohl Arbeiten aus der Bildhauerschule von Aphrodisias. Es folgen die Hadriansthermen, eine weitläufige Badeanlage mit einer Palaestra.

Die Besichtigung der Ausgrabungen beschließt man am besten mit einem Besuch des Stadions im Norden der antiken Stadt. 30 000 Zuschauer sollen auf den umlaufenden 22 Sitzreihen Platz gefunden haben. Die Anlage ist erstaunlich gut erhalten. Eine breite Terrasse säumt den oberen Rand der Cavea. Als ob sie immer schon dazu gehört hätten, sorgen heute einige Ölbäume rings um das Stadion im Sommer für kühlenden Schatten.

8. Zwischen Konzil und Halbmond

Wer sich einige Zeit in Istanbul aufgehalten hat und seine Fahrt nach Kleinasien fortsetzen möchte, überquert in der Regel den Bosporus bei Ortaköy über eine der beiden großen Hängebrücken, die Europa mit Kleinasien verbinden, und orientiert sich in Richtung Izmit, dem antiken Nikomedeia. Zu einem noch eindruckvolleren Erlebnis wird die Überfahrt, wenn man von Galata aus, dem Stadtteil Istanbuls auf der anderen Seite des Goldenen Horns, das Fährschiff nimmt. Die Überfahrt bis Üsküdar bietet Gelegenheit, sich zurückzuwenden und im Lichte der Morgensonne die überwältigende Silhouette von Stambul auf sich wirken zu lassen: im Norden die Spitze mit dem Tekfur Saray, dann der mächtige Bau der Aya Sofya, auch die „Blaue Moschee", und im Hintergrund die die Stadt überragende Mehmet II. Fâtik Camii. Die vielen in den Himmel strebenden Minaretts erscheinen am Horizont wie die Zacken einer Krone.

Nach kurzem Zwischenhalt in Üsküdar lassen wir Istanbul dann endgültig hinter uns. Die Umrisse der Weltstadt-Silhouette werden immer schwächer, bis sie im morgendlichen Dunst vollends verschwinden. Das Schiff fährt durch das Marmarameer vorbei an der kleinen Inselgruppe Kızıl Adalar, den so genannten Prinzeninseln mit der Hauptinsel Büyük Ada, und nimmt Kurs auf den kleinen Hafenort Yalova an der südlichen Landseite des Izmitkörfezi, des Golfs von Izmit. Die Fahrzeit beträgt insgesamt nur etwa eineinhalb Stunden.

Von Yalova setzt man die Fahrt in einem Sammel-Taxi, üblicherweise einem Dolmus, über die kurvenreiche Straße nach Orhangazi fort. Der Weg führt durch fruchtbares Hügelland vorbei an ausladenden Getreidefeldern und grünen Olivenhainen. Ab und zu säumen Pinien den Straßenrand. Aber bald schon öffnet sich der Blick auf die weite Ebene mit der großen blauen Fläche des Iznikgölü – ein Binnensee, an dessen Ostufer die Stadt Iznik, das antike **Nikaia**, liegt. Nach kurzer Fahrt durch Weinberge und Obstgärten erreichen wir es über die nördliche Uferstraße.

Natürlich hat das moderne Iznik sein Stadtbild im Vergleich zur byzantinischen Zeit stark verändert, doch spätestens, wenn man durch das Istanbul Kapı, das Nordtor der Stadt, in die rechtwinklig angelegten Gassen, die laut Strabon die Stadt im Altertum bekannt gemacht haben, nach Iznik kommt, spürt man die Atmosphäre des alten Nikaia. Das Nordtor gehört zu einer der vier großen Toranlagen der Stadt. Nikaia wird von mächtigem, turmbewehrten Mauerwerk umgeben. Die bis auf einige Stellen gut erhaltene Festungsmauer ist fast 4500 Meter lang. Der Mauerring entstand über eine lange Zeit hin zwischen dem 3. und dem 13. Jahrhundert im Wechsel aus Bruchsteinen und Ziegelbändern.

Stephanos von Byzanz spricht von thrakischen Einwanderern, die sich im frühen 1. Jahrtausend v.Chr. hier niedergelassen hätten. Die ersten gesicherten Angaben zu Nikaia stammen aber erst aus dem 4. Jahrhundert v.Chr. Nach Strabon hat Antigonos Monophtalmos 316 v.Chr. an der Stelle des heutigen Iznik die Stadt Antigoneia gegründet. Lysimachos, der Feldherr Alexanders des Großen, machte die Stadt dann 301 v.Chr. zur Hauptstadt von Bithynien und nannte sie nach seiner Gattin Nikaia. Im 2. Jahrhundert v.Chr. wurde der Astronom, Geograph und Mathematiker *Hipparchos* (161), Verfechter des geozentrischen Planetensystems, Erfinder der Trigonometrie und der Einteilung des Kreises in 360 Grad, in Nikaia geboren. Aus den dann folgenden Jahrzehnten und Jahrhunderten ist über Nikaia nicht all zuviel zu erfahren. Dies dürfte damit zusammenhängen, dass schon ab dem 2. Jahrhundert v.Chr. das benachbarte Nikomedeia Nikaia in Bithynien den Rang ablief. Nikaia selbst hat nicht nur durch Erdbeben ständig gelitten, sondern noch mehr durch Perser- und Gotenüberfälle, wurde aber immer wieder neu aufgebaut. 74 v.Chr. kam es durch das Testament des Nikomedes IV. Philopator zu Rom. Mit Rom kam dann der Aufschwung, so jedenfalls berichtet Plinius der Jüngere, der zu Beginn des 2. Jahrhunderts Statthalter in Bithynien war. Besonders gefördert wurde Nikaia durch die Kaiser Hadrian und Commodus.

Doch zur Berühmtheit brachte es die Stadt erst in christlicher Zeit, als im Jahre 325 Kaiser Konstantin das *1. Ökumenische Konzil* zunächst nach Ankyra, dem heutigen Ankara, und dann nach Nikaia einberief – in erster Linie wohl wegen der besseren Erreichbarkeit vor allem für Bischöfe aus westlicheren Gebieten. Zwischen 250 und 300 Bischöfe nahmen unter dem Vorsitz des Kaisers und unter der Regie von des Kaisers theologischem Berater, des Bischofs Hosius von Cordoba, teil. Schon der hohe Einsatz des Kaisers und die Tatsache, dass die Bischofsversammlung im kaiserlichen Palast tagte, zeigt, dass es auf dem Konzil nicht nur um dogmatische Fragen, sondern auch um die Sicherung des Reichsfriedens ging. Denn die theologischen Streitigkeiten zwischen „Arianern" und „Katholiken" drohten nicht nur die Kirche zu spalten, sondern brachten angesichts der eben erst neu gefestigten Stellung des Christentums auch politischen Unfrieden. Und wie künftig unter Byzanz noch so oft, nahm sich die Führung des Reiches der Sache unmittelbar an. Theologisch ging es um die grundlegende Frage, wie das Verhältnis Christi zu seinem Vater bzw. wie Christi Gottessohnschaft zu verstehen sei. Arius, ein theologisch hoch angesehener Presbyter aus Alexandrien, vertrat die These, Christus sei seinem Vater nur „wesensähnlich", wer die volle Menschlichkeit Christi ernst nehme, könne nicht zugleich seine Gottgleichheit behaupten. Die Gegner des Arius fürchteten angesichts der Theologie des Arius um die Stellung Christi in der Heilsgeschichte und verfochten mit Nachdruck Christi „Wesensgleichheit" (Homoousie, Homoousios) mit dem Vater. Ihr theologischer Kopf war Athanasios, der jedoch erst Jahre nach dem Konzil Erzbischof von Alexandria wurde und auf den Konzil selbst nur als Sekretär und theologischer Berater seines Vorgängers fungierte. Die Fronten auf dem Konzil verliefen allerdings nicht so eindeutig, wie es die athanasianische Seite darstellte. Die Beschlüsse des Konzils brauchten Zeit, bis sie sich durchsetzten. Die Auseinandersetzung um den Arianismus ging noch lange nach dem Nicaenum weiter. Die christologisch-trinitarischen Kontroversen beschäftigten die Kirche, vor allem die des Ostens, noch über Jahrhunderte. Aber der Streit machte eine Lehrentscheidung dringend. Das Homoousios setzte sich nicht zuletzt auf Grund der direkten Intervention des Kaisers durch. Arius wurde verurteilt, Jahre später von Konstantin allerdings wieder rehabilitiert. Fürderhin hieß es im Glaubensbekenntnis, dem so genannten nizänisch-konstantinopolitanischen: „Gott von Gott, Licht vom Lichte, wahrer Gott vom wahren Gott, gezeugt nicht geschaffen, eines Wesens mit dem Vater."

Gut 300 Jahre später (787) – mitten im Bilderstreit gab es dann noch einmal ein Konzil in Nikaia, das so genannte *Nicaenum II* – das Siebente allgemeine Konzil nach amtlicher kirchlicher Zählung. Es handelte sich um die Fortsetzung einer ursprünglich in Konstantinopel zusammengetretenen, dort aber von bilderfeindlichen Militärs aufgelösten allgemeinen Kirchenversammlung. Sie hob das Bilderverbot der Synode von Hiereia von 754 auf, ohne den Bilderstreit damit auch schon beenden zu können. Dies geschah erst mit der Synode in Konstantinopel von 843.

In Iznik (Nikaia) selbst ist außer einigen Teilen der Stadtmauer und der Tore allerdings so gut wie nichts übrig geblieben, was an die Zeit des Ersten Konzils erinnern könnte. Und auch sonst ist aus dieser Zeit wenig überliefert. Bei Prokop heißt es zwar, Kaiser Justinian habe die Wasserleitung und die kaiserliche Residenz grundlegend erneuern lassen. Auch ist die Rede von Kirchenbauten wie von Frauen- und Männerklöstern, doch sind deren Standorte im heutigen Iznik nicht nachweisbar. Das Istanbul Kapı stammt im Kern aus der Zeit der Flavier-Kaiser Vespasian (69–79 n.Chr.) und Titus (79–81 n.Chr.). Nach dem Wiederaufbau unter Kaiser Hadrian erhielt die Anlage die triumphbogenartige Gestalt, wie sie heute noch zu sehen ist. Von den anderen drei Toranlagen ist das westliche Seetor, nahe den kaiserlichen Quaianlagen, nicht mehr erhalten. Das Südtor, das Yenişehir Kapı, an der Ausfallstraße nach Bursa war von zwei Wehrtürmen flankiert. Die Anlage wurde in der Zeit des Claudius Goticus (268 bzw. 269 n.Chr.) ausgebaut. Das Osttor, das Lefke Kapı, ist dem Istanbul Kapı sehr ähnlich. Eine Friesinschrift nennt Prokonsul Plancius Varus (78/79 n.Chr.) als Erbauer. Eine später auf dem Architrav angebrachte Inschrift weist auf Kaiser Hadrian hin, unter dem die durch ein Erdbeben verwüstete Stadt wieder aufgebaut wurde. Eine dritte Inschrift – auf einer der Torwangen – nennt den Konsul Iunius Bassus von 317 n. Chr. Im so genannten Vortor sind Reliefblöcke mit Darstellungen von Kampfszenen gegen germanische Barbaren eingemauert. Ein dazugehöriger Block, nicht unweit vom Lefke Kapı, trägt die Inschrift ‚Alamania'. Dieser Beischrift wegen wird angenommen, dass die Relieffragmente zu einem Monument gehören, das zum Gedenken an den Sieg über die Alemannen aus dem Jahr 298 n. Chr. unter Constantinus Chlorus errichtet wurde. Bis heute haben die Umfassungsmauern von Iznik von ihrem imposanten Erscheinungsbild nichts verloren.

Genau am Schnittpunkt der beiden Straßenzüge, der Atatürk- und der Mazharbey Caddesi, die die Achsen zwischen den vier Stadttoren bilden, liegen die Ruinen der *Hagia Sophia*, der alten Metropolitankirche, in der 787 das Zweite Konzil von Nikaia stattgefunden hat. An dem Gebäude lassen sich drei Bauperioden ablesen. Aus der ersten Phase stammen noch die Außenmauern bis zur Westwand und das in die Apsis eingebaute Synthronon. Wahrscheinlich handelte es sich um eine dreischiffige Säulenbasilika, die Ende des 5., Anfang des 6. Jahrhunderts gebaut wurde. Nach dem Erdbeben von 1065 wurde die Anlage unter Beibehaltung der ursprünglichen Ausmaße in eine Pfeilerbasilika umgewandelt. Dabei wurde das Bodenniveau deutlich angehoben und der Fußboden mit Opus sectile geschmückt. Von der Innenausstattung sind nur noch wenige Fragmente bekannt: Es spricht aber vieles dafür, dass der zweite Kirchenbau ebenfalls aufwendig ausgestattet war. An den östlichen Enden der Seitenschiffe wurden Kuppeln eingebaut. Im südlichen Trakt sind noch Spuren von Fresken, u. a. eine Deesis, erhalten. Die Wände waren mit Marmorinkrustationen und Mosaiken geschmückt. Das heutige Aussehen – dritte Bauperiode – erhielt die Anlage, als die Kirche 1331 unter Orhan in eine Moschee umgewandelt wurde. Nach einem Brand im 17. Jahrhundert wurde dieser – dritte – Bau unter Süleyman dem Prächtigen durch Sinan wieder hergestellt. Dabei veränderte man den Innenraum insofern, als man die Mittelschiffs-

Abb. 22   Iznik. Ansicht der Aya Sofia von Südosten.

arkaden mit je zwei rundbogigen Öffnungen versah und die Innenwände mit Iznik-Kacheln verzierte. Aus dieser osmanischen Bauphase stammen auch der Mihrab im südöstlichen Innenraum und außen, nordwestlich, der Unterbau des Minaretts.

Nahe der Südseite der – ursprünglichen – Hagia Sophia stand die älteste *Medrese* des osmanischen Iznik, in der zur Zeit Orhans der Gesetzeslehrer Davut el Kaysarî unterrichtete. Einen Straßenzug weiter südlich folgt das Hacı Hamza Hamamı, ein Männer- und Frauenbad, das unter Sultan Beyazit II. nach 1500 errichtet wurde. Die nahezu quadratischen Innenräume waren jeweils überkuppelt und mit aufwendigem Stalaktitendekor verziert. Nicht weit von hier, auf der Straße zum Yenişehir Kapı, folgt linker Hand die Mahmut Çelebi Camii. Die über dem Portal eingelassene Bauinschrift von 1442 gibt Mahmut Çelebi, einen Sohn des Ibrahim Paşa, Großvezir Murats II., als Bauherrn an. Es handelt sich um eine Einkuppelmoschee mit einer vorgelagerten Vorhalle und einem mit grünen Fayencen geschmückten Minarett. Etwas westlich davon, aber in unmittelbarer Nähe liegen das römische Theater, das die Bewohner Eski Saray, den alten Palast, nennen, und das Stadion, beide spätantike Zeugnisse von Nikaia.

In genau entgegengesetzter Richtung kommt man an die Stelle, an der einst die große *Koimesis-Kirche* gestanden hat. Das für die byzantinische Architektur und Mosaikkunst so bezeichnende Denkmal ist leider zu einem Mahnmal sinnloser Zerstörung geworden. Während der griechisch-türkischen Kämpfe 1922, die mit der Vertreibung der griechischen Bevölkerung aus Iznik endete, wurde die Kirche samt ihren prachtvollen Mosaiken ein Opfer barbarischer Verwüstung. Heute kann man nur noch die Spuren der Umfassungsmauern, die westlichen Kuppelpfeiler, Türschwellen, Stylobate und spärliche Reste des einstigen Opus-sectile-Bodens erkennen. Auf Grund von Vermessungen und photographischen Aufnahmen vom Beginn des 20. Jahrhunderts können wir uns aber noch ein recht genaues Bild von ihrem ursprünglichen Aussehen machen.

Gestiftet wurde das byzantinische Gotteshaus von einem gewissen Hyakinthos. Dessen Monogramme finden sich mehrfach auf den noch erhaltenen Baugliedern. Aus der Zeit des Zweiten Konzils von Nikaia ist vom gleichen Hyakinthos die Stiftung eines Klosters bekannt. Man geht davon aus, dass der Bau zu Beginn des 8. Jahrhunderts entstand, noch vor der Zeit des Bilderstreites. Von den Bilderstürmern wurde der Koimesis-Kirche ein neues, auf Symbole reduziertes Ausgestaltungsprogramm verpasst. In der Apsis, wo ursprünglich die Theotókos dargestellt war, erschien nun ein schlichtes Kreuz. Vielleicht schon 787, spätestens aber um 843, wurde die Kirche mit einem neuen, nun wieder figürlichen Mosaikschmuck versehen. Das Erdbeben von 1065 traf die Kirche empfindlich, u.a. stürzten Teile der Hauptkuppel ein. Unter dem byzantinischen Kaiser Konstantinos X. Dukas wurde die Kirche aber schon bald wieder hergestellt. Eine Mosaikinschrift verweist auf die Übergabe des Klosters an den Patrikios Praepositos und an den Großhetaireiarchen Nikephoros zu Pronoia. Von beiden wird angenommen, dass es sich bei ihnen um die Lehens- und Schutzherren der Kirche und der dazu gehörigen Klostergebäude handelt.

Drei Portale führten einst in den Naos und in die Seitenschiffe. Die Mitte bildeten vier mächtige Pfeiler, darüber trugen

Schildbögen das Kuppelquadrat. Dreierarkaden öffneten die Wege in die Seitenschiffe. Die Ostpartie bestand aus einer Haupt- und zwei Nebenapsiden. Schranken umgaben das etwas eingezogene Bema, und die Interkolumnien der Durchgänge in die Seitenschiffe waren mit Schrankenplatten verstellt. Architekturgeschichtlich ein Vorläufer der Kreuzkuppelkirchen, gehört die Koimesis-Kirche zu einer Gruppe von Bauten, zu dem auch die Hagia Sophia in Thessaloniki, die Klemens-Kirche in Ankara und die Nikolaos-Kirche von Myra gehören.

Auch wenn die herrlichen Mosaiken der Kirche völlig zerstört worden sind, so soll hier doch wenigstens das eine oder andere Detail erwähnt werden, z.B. die Darstellung der Theotókos in der Hauptapsis. In majestätischer Haltung stand Maria, in Purpur gekleidet, auf einem Fußschemel, dem Suppedaneum, gekrönt von drei goldenen Strahlen aus der Hand Gottes. Vor ihrer Brust hielt sie den segnenden jugendlichen Christus. Im Bema-Bogen sah man zwei Engel in prunkvollen kaiserlichen Gewändern, bestickt mit Applikationen aus Goldbordüren und Edelsteinen. Sie hielten jeweils eine Standarte mit dem Trisagion, dem Dreimal-Heilig der orthodoxen Liturgie, und einen Globus. In einer der Lünetten über den Türen war ein Brustbild der Maria orans zu sehen, in einer anderen die Theotókos zwischen Kaiser und Stifter, eine Darstellung, die uns auch aus der Hagia Sophia in Konstantinopel geläufig ist. Stil und Tracht der vor den Goldgrund gesetzten Figuren entsprachen der überlieferten Bildtradition mittelbyzantinischer Sakralkunst.

Und die spätere Geschichte der Stadt? Im ausgehenden 11. Jahrhundert verweigerten seldschukische Hilfstruppen dem byzantinischen Kaiser den Gehorsam und gründeten in Nikaia ein eigenes Emirat. Der Emir residierte im so genannten Sultanikion, wie es von Anna Komnene (1083–1147) genannt wird; sicherlich identisch mit dem alten Kaiserpalast. Nach der Besetzung Konstantinopels durch die Kreuzfahrer und die Venezianer, 1204, und der Ausrufung des Lateinischen Kaiserreiches kam Nikaia noch einmal – beinahe ungewollt – zu besonderen Ehren. Kaiser Theodoros I. Laskaris machte Nikaia vorübergehend zur kaiserlichen Residenz und damit zum Machtzentrum des byzantinischen Reiches bzw. des den Byzantinern noch verbliebenen Rest-Kaiserreiches Nikaia. Auch das Patriarchat von Konstantinopel übersiedelte in dieser Zeit nach Nikaia.

Im März 1331 nahm der osmanische Heerführer Orhan Gazi die Stadt ein. Zum Zeichen des nun islamischen Iznik machte er aus der Hagia Sophia eine Moschee. Sie hieß fortan *Ulu Camii*. Zu Beginn des 15. Jahrhunderts war die Stadt Angriffen der Mongolen unter Timur Lenk (Tamerlan) ausgesetzt. Damit begann dann auch schon ihr politischer und kultureller Niedergang. Der Einfluss Izniks beschränkte sich fortan hauptsächlich auf die unmittelbare Umgebung. Einige wirtschaftliche Bedeutung blieb der Stadt durch die traditionelle Seidenfabrikation und die Herstellung von weit über die Region hinaus bekannten, schon vorhin erwähnten Fliesen, den so genannten Iznik-Kacheln. Selim I., mit dem Beinamen der Grausame, ließ, um diesen Wirtschaftszweig zu fördern, Anfang des 16. Jahrhunderts Künstler und Handwerker aus Aserbaidschan und aus dem persischen Täbris nach Iznik umsiedeln. Noch heute zählen die feinen Fliesen mit den Fayancearbeiten zu den schönsten Keramiken, die der Weltmarkt zu bieten hat. An vielen Gebäuden Istanbuls und anderer Städte, vor allem an Moscheen, können wir sie bewundern.

Auch aus dieser späteren Zeit hat Iznik noch so manches Sehenswerte zu bieten. Man sollte deshalb die Stadt nicht verlassen, ohne die sehr sehenswerten Moscheen und Medresen aus osmanischer Zeit aufzusuchen. Von dem Platz der Koimesis-Kirche aus, in Richtung Norden, ist es nicht weit zur *Süleyman Paşa Medresesi*, heute leider ebenfalls ein verfallener Baukomplex. Schon Evliya Çelebi bezeichnete sie als die prächtigste der sieben Medresen von Iznik. Sie wurde 1340–1350 nach der Einnahme der Stadt erbaut und gehört zu den frühesten osmanischen Medresen. Vor allem die Bauform der Anlage – mehrere überkuppelte Zellenräume sind um einen Säulenhallenhof gruppiert – wurde zum Vorbild auch für spätere Medresen-Bauten.

In direkter Nachbarschaft zu dieser gibt es zwei Moscheen, die Esref Rumi Camii und die Hacı Özbek Camii. Die letztere zählt zu den frühen osmanischen Beispielen der Einkuppelmoschee. Datiert ist sie aus dem Jahre 1333. An ihrer Architektur lassen sich bauliche Anregungen aus der byzantinischen Kuppelbauweise ablesen.

Als Höhepunkt der Sehenswürdigkeiten des osmanischen Iznik gilt die *Yeşil Camii*, die Grüne Moschee, wie sie wegen des türkisfarbenen Fliesenschmucks des Minaretts genannt wird. Sie steht in der Nähe des Lefke Kapı. Laut Bauinschrift über dem Eingangsportal hat man am 30. April 1378 mit dem Bau der Moschee begonnen, diese aber erst zum 29. September 1391 vollendet. Als Stifter der Moschee und der dazugehörigen Külliye, der schulischen und karitativen Einrichtungen, wird Çandarli Kara Halil, genannt Hayreddin Paşa, Großvezir unter Murat I. Festgehalten – in einer eigenen Inschrift – ist auch der Architekt: Hacı Musa. Leider wurde die Moschee 1923 nicht sehr sachkundig restauriert. Das Besondere an der Moschee ist, dass sie im Grund- wie im Aufriss den Regeln des ‚Goldenen Schnitts' folgt. Der rechteckige Grundriss umfasst Vorhalle und Betsaal. Schon in der Vorhalle entfaltet sich das volle bauliche Schmuckrepertoire der Moschee: Spitzbogenarkaden mit verzierten Muqarnas-Kapitellen. Die eingestellten Säulenspolien, direkt beim Eingang und an den Seiten geben diesem Bauteil eine besondere Leichtigkeit, die sich im Inneren der Moschee fortsetzt. Beim Betreten des Betsaals gelangt man zunächst in eine narthexähnliche Raumeinheit, die das Zentrum durch zwei eingestellte Säulen in einen quadratischen Innenraum verwandelt. Die Hauptkuppel ruht auf einer Seite nur auf zwei Säulen, von daher der Eindruck, die Kuppel schwebe sozusagen im freien Raum. Der achsenbetonte Zugang zum Mihrab wird durch die zwei kleineren Kuppeln der Vorhalle und des Vorjoches im Betsaal hervorgehoben. Schön anzusehen ist die filigrane Verzierung des marmornen Mihrab mit kaligraphischen und vegetabilen Schmuckelementen, eine der schönsten erhaltenen Arbeiten in Iznik aus der frühosmanischen Zeit.

Der Moschee gegenüber liegt das *Imâret der Nilûfer Hatun*, ein repräsentativer Bau mit einem von Bursa her bekannten T-förmigen Grundriss. Murat I. errichtete den Bau 1388/89 im Gedenken an seine Mutter, die Gemahlin des Orhan Nilûfer. Sie war die Tochter des byzantinischen Kaisers Johannes VI. Kantakuzenos, der sie aus politischen Gründen mit dem Osmanen Orhan vermählte. Zu dem Baukomplex gehörten ein Gästehaus für eine islamische Bruderschaft und eine osmanische Armenküche. Durch die fünfjochige Vorhalle gelangt man in den überkuppelten mittleren Hauptraum, der sich zu einem zweijochigen Raumkubus, einem mit zwei kleineren Kuppeln überdeckten Liwan öffnet. Die seitlichen, gleichfalls überkuppelten Rechteckräume waren eigene, selbständige Raumeinheiten. Sie dienten wahrscheinlich Reisenden als Unterkunft. Das polychrome Mauerwerk mit seinem Wechsel zwischen Kalkstein und jeweils drei Ziegellagen erinnert an byzantinische Mauertechnik.

Ungefähr fünf Kilometer außerhalb der Stadt am Fuße des nördlich gelegenen Çataltepe befindet sich ein frühchristliches, tonnengewölbtes Grab, das im Inneren vollständig ausgemalt ist. Ein Besuch dort lohnt sich sehr, man muss sich aber vorher an den Museumsleiter wenden. Die bei Straßenarbeiten 1967 freigelegte unterirdische Grabkammer zählt zu den besterhaltenen frühchristlichen Zeugnissen Kleinasiens. Besonders beeindruckend ist die Farbigkeit ihrer Ausmalung. Neben der Eingangstür sieht man auf beiden Seiten einen radschlagenden Pfau. Auf der gegenüberliegenden Schmalseite tauchen wiederum Pfaue auf, die inmitten einer paradiesischen Landschaft an einem mit Wasser gefüllten Kantharos stehen. Im Bogenfeld ist in einem Medaillon ein Christogramm eingeschrieben. Die Langseiten zeigen aufgemalte Imitationen von Marmorplatten und Fruchtschalen mit Vögeln. Sehr kunstfertig ist der Übergang in das Tonnengewölbe gelöst. Ein fast perspektivisch gemalter Konsolenfries fasst auf beiden Seiten den Kassettendekor des Gewölbes ein, in die einzelnen Felder sind Blüten als Füllmotive eingesetzt. Man schätzt, dass die Grabkammer aus dem 4. Jahrhundert stammt.

Doch Iznik besteht heute nicht nur aus Sehenswürdigkeiten der byzantinischen und osmanischen Zeit. Ebenso reizvoll kann ein Gang durch die Altstadt sein mit ihren Läden und Ständen, in denen Produkte der Umgebung angeboten werden, teilweise mit den einfachsten Mitteln effektvoll für die Augen des Einkäufers drapiert. Auch lohnt ein Besuch bei den Fischlokalen an der Seeuferpromenade oder bei den Lokantasi im Schatten der

Pappeln an der Kılıcarslan Caddesi. Iznik ist der ideale Ort, um nach Besichtigung der vielen Denkmäler das heutige Alltagsleben einer türkischen Kleinstadt auf sich wirken zu lassen.

Wenn man von Iznik nicht gleich wieder nach Istanbul zurück muss, sollte unbedingt Bursa besucht werden. Man fährt zunächst in Richtung Yenişehir. Hier empfiehlt es sich, die Fahrt kurz zu unterbrechen, um sich die Orhan Gazi Camii anzusehen. Sie zählt zu den älteren Beispielen des osmanischen Moscheenbaus (1. Hälfte des 14. Jh.). Von Yenişehir fährt man über die westliche Ausfallstraße weiter durch eine weich geformte Hügellandschaft, bis man kurz hinter Seymen auf die Schnellstraße Bursa-Ankara kommt. Der über 2500 Meter hohe Bithynische Olymp, der Uludağ, den man bei schönem Wetter sogar von Istanbul aus sehen kann, dient dabei als willkommener Wegweiser.

Die Wurzeln des antiken Prusa ad Olympum liegen im späten 3. Jahrhundert v. Chr. Im unmittelbaren Umfeld der heutigen Stadt **Bursa** weisen Siedlungsspuren aber zurück bis ins 2. Jahrtausend v. Chr. Die vielen Thermalquellen machten Bursa bereits in der Antike zu einem viel besuchten Kurort. Diese Bedeutung ist der Stadt bis heute geblieben. Man braucht nur an die radioaktiven Quellen Yeni Kaplıca und Kara Mustafa Paşa im Stadtviertel Bademli oder an die Bäder Eski Kaplıca und Hüsnü Güzel im Viertel Çekirge zu denken.

Das heutige Stadtbild von Bursa mit den zahlreichen Moscheen ist hauptsächlich von Bauten aus der Zeit unter Orhan und dessen direkten Nachfolgern im 14. Jahrhundert bestimmt, als Bursa Residenzstadt war. Bis zur Einnahme von Konstantinopel blieb Bursa neben Edirne eigentliche Hauptstadt des Osmanischen Reiches. Erst unter Mehmet II. dem Eroberer wurde das Sultanat 1453 in die alte byzantinische Hauptstadt verlegt.

Die Moschee, als „Ort der Niederwerfung" – soviel bedeutet das arabische ‚masdjid', aus dem das Wort Moschee abgeleitet wird –, ist Stätte des Gebets und insoweit das allein sichtbare Wahrzeichen des Islams. Anders als bei christlichen Sakralbauten gibt es im Islam keine liturgischen Vorgaben für die architektonischen Gesetzmäßigkeiten. Nach dem Koran ist allein das gemeinschaftliche Gebet entscheidend; alles andere ist zweitrangig. Deswegen war auch die Umwandlung vieler christlicher Kirchen in Moscheen kein Problem, Hauptsache, sie erfüllten den Zweck als Gebetsraum. Ob Zentralbau, Basilika oder Kreuzkuppelkirche, war nebensächlich. Ihr eigentliches Urbild hat die Moschee allerdings in den wichtigsten muslimischen Heiligtümern wie dem Haus des Propheten in Medina oder der Ka'aba in Mekka. Relativ spät erst tauchen die Bethäuser auf, die Mesçits; auch die Hauptmoschee, in der man sich zum Freitagsgebet versammelt, ist erst eine relativ späte Schöpfung. Entscheidend sind die Ausrichtung des Mihrab in Richtung Mekka und der neben dem Mihrab aufgestellte Mimber.

Bezeichnend für die Moscheen von Bursa ist – trotz Ausnahmen – die umgekehrte T-Form als Grundriss. Zumeist handelt es sich um zwei hintereinander liegende Kuppelräume, die von zwei niedrigeren, wiederum überkuppelten Raumeinheiten flankiert werden. Diese Bauform hat ihre beherrschende Stellung erst durch den großen Baumeister Sinan verloren, der ganz von dem Wunsch beseelt war, die byzantinische Baukonzeption, wie er sie in der Hagia Sophia in Konstantinopel vorfand, bautechnisch vor allem noch zu übertreffen (vgl. S. 19). Zu den meisten Moscheen von Bursa gehören neben dem Betsaal die Medrese, das Imâret und die Türbe.

Unser Weg in Bursa führt uns zunächst über die Altıparmak Caddesi westlich des Hisar zu der *Murat II. Külliyesi*. Sie ist eine der malerischsten Ensembles osmanischer Baukunst, in einem parkähnlichen Areal gelegen und umgeben von restaurierten Stadthäusern noch aus der Erbauerzeit. Das Interessante daran ist, dass nicht die Hofmoschee Murats, sondern die Medrese das Zentrum der Anlage bildet. Die Moschee, die laut Inschrift über dem Eingangsportal 1426 fertiggestellt wurde, besteht aus den beiden Hauptkuppelsälen, dem Hof im vorderen Teil und dem dann folgenden Gebetsraum. Die beiden seitlichen Nebenräume sind im Gegensatz zum Nilûfer Imâret aus Iznik in voller Breite zum ersten Kuppelraum hin geöffnet. Die Außenwände sind mit geometrischer Steinornamentik geschmückt, im Wechsel von Kalkstein und Ziegellagen, so wie wir es von den byzantinischen Palaiologen her kennen.

Von dem Imâret östlich der Moschee sind nur noch die

Grundrisse zu erkennen, dagegen ist die Medrese westlich davon in einem weitaus besseren Zustand erhalten. Um einen quadratischen Hof legen sich gleich große Raumeinheiten, so genannte seitliche Revaks. Auf die Mittelachse ausgerichtet sind die Unterrichtsräume gegenüber der Eingangshalle. Wie das Imâret gehörte auch der westlich gelegene Hamam zur Stiftung der Külliye. Zwischen Moschee und Medrese liegt das mit zahlreichen Türben überbaute Gräberfeld, wo neben mehreren osmanischen Prinzen auch Murat II. und Prinz Cem, der Lieblingssohn Mehmets II., beigesetzt sind.

Murat II. trat 1445 vom Sultanat zurück. Dafür gab es mehrere Gründe. Einer davon war sicher bewusste, von der Mystik der Derwische beeinflusste Bescheidenheit. Dem entspricht die Einfachheit der Grablege. Das Grab sollte nicht Symbol des irdischen Lebens und der Vergänglichkeit sein, sondern an das Leben im Paradies nach dem Tode erinnern. Personenkult war von Murat II. nicht gefragt. Viel prachtvoller, ausgestattet mit farbenfreudigem Kachelschmuck mit kalligraphischen und vegetabilen Motiven, ist die Türbe des Prinzen Cem. Der Prinz war Statthalter von Karaman und Konya. Nach zwei missglückten Aufständen gegen Beyazıt war er gezwungen nach Capua bei Neapel ins Exil zu gehen, wo er 1495 starb. Erst vier Jahre später wurde er nach Bursa überführt und in dem aufwendig geschmückten Grabbau beigesetzt.

Auf genau entgegengesetztem Wege über den Fluss Gök Dere gelangen wir zu der Külliye Mehmet I. mit der *Yeşil Camii*. Sie liegt recht reizvoll auf einer Terrasse etwas über Bursa. Errichtet wurde der Bau zwischen 1413 und 1421 als eines der ersten größeren Bauvorhaben nach den Niederlagen der Osmanen gegen den Mongolenführer Timur Lenk im Jahr 1402. Nach Beendigung des Interregnums konnte Mehmet I. mit dem Bau beginnen. Ausgeführt wurde er von dem Architekten Hacı Ivaz Paşa. Nach dem Tod Mehmets I., 1421, wurde die Grablege errichtet. Die Moschee gehört zu den bedeutendsten Beispielen frühosmanischer Architektur. Besonders hervorzuheben sind der filigrane Dekorschmuck der Tür- und Fensterrahmungen im Inneren und die von Profilleisten durchzogene Gliederung der Wände. Die Wandflächen sind nur in bestimmten Zonen gekachelt, dagegen umgibt den Mihrab im hinteren erhöhten Raumteil eine fast an den Kuppeltambour reichende, mit Korantexten und ornamentalen Dekoremblemen auf blauem und grünem Hintergrund verzierte Kachelwand.

Anstatt der sonst üblichen zwei Annexbauten sind es hier insgesamt vier überkuppelte Raumeinheiten, die vorderen ganz zum Hofraum geöffnet, die hinteren nur durch niedrige Türöffnungen zu betreten. Diese Räume sollen beheizbar gewesen sein und den Durchreisenden als Tabhane, als Herbergen, gedient haben. Die frühosmanische Hofmoschee – das zeigt sich auch hier – stellte immer eine Symbiose aus politischer Repräsentation, Religionsausübung und praktischem Zweckbau dar. Die Baukonzeption hatte, wie sich insbesondere in der Ausstattung der Sultansloge zeigt, auf die politische Repräsentation Rücksicht zu nehmen.

Oberhalb der Moschee in dominierender Lage befindet sich die *Türbe Mehmets I.*, ein oktogonaler Zentralbau mit zurückspringendem Kuppeltambour. In der Mitte, im Innern, unmittelbar vor dem Mihrab, steht der Sarkophag. Die anderen Grabplätze sind erst nachträglich in das Mausoleum eingefügt worden. Auch zur Stiftung Mehmets I. gehörten eine Medrese, heute Museum für Volkskunde, ein Imâret und ein Hamam.

Nicht unweit der Külliye Mehmet I. liegt die *Yıldırem Beyazit I. Külliyesi*. Mit ihrer Ummauerung ähnelt sie fast einer byzantinischen Klosteranlage. Neben der zentral gelegenen Moschee gehören zu dem Komplex eine Medrese, heute Krankenhaus, ein Imâret, ein Hamam, eine Türbe und ein Saray. Der ganze Komplex entstand unter Beyazit I. Yıldırem zwischen 1390 und 1395. In ihrem Grundriss und ihrer Raumaufteilung entspricht die Anlage dem für Bursa gültigen Grundschema: Die Vorhalle der Moschee ist in fünf Joche unterteilt und durch umlaufende Profile gegliedert. Die Hofhalle und der Gebetsraum sind von den seitlichen Liwanen flankiert. Der majestätisch wirkende Außenbau besticht durch seine fein proportionierte Gliederung aus Marmor- und Steinquadern.

Die Medrese, die sich von den anderen Beispielen Bursas deutlich unterscheidet, besteht aus einem Rechteckhof mit Pfeilerarkaden und den dahinter liegenden Wohntrakten – eine

Baukonzeption, wie sie noch von der seldschukischen Architektur her bekannt ist. Gegenüber des Portals schließt sich der überkuppelte Dershane an; auch hier wieder die bekannte polychrome Mauertechnik. Die Türbe des Sultans, in der auch sein Sohn Isa mit Familie beigesetzt ist, wurde laut Inschrift durch den Architekten Ali bin Hüseyin 1406 im Auftrag von Beyazits Sohn Süleyman erbaut.

Wir kehren wieder zurück zur Atatürk Caddesi und besuchen als letzte Moschee die *Ulu Camii*, die noch nach seldschukischer Bautradition errichtet wurde. Es ist eine Vielkuppelmoschee und erinnert an die flachgedeckten arabischen Hofmoscheen. Gestiftet wurde sie von Yıldırem Beyazit, beendet wurde der Bau erst unter Mehmet I., 1421. Die Baukonzeption mit den vielen Pfeilern, auf denen die 19 Kuppeln ruhen, zeigt große Ähnlichkeit mit altarabischen Vorbildern. Die Kanzel des Muezzin wie auch den Mimber schmücken filigrane Holzschnitzarbeiten, der Mihrab ist von einem überschwänglich farbigen Dekor eingefasst. Die Wandzonen sind mit dekorativen kalligraphischen Motiven aus dem 17. Jahrhundert überzogen.

Auf dem Rückweg nach Istanbul sollte man noch einen Halt in Izmit, dem antiken **Nikomedeia**, einplanen. Izmit ist heute eine der wichtigsten Industrie- und Hafenstädte Kleinasiens mit fast 500 000 Einwohnern. Gegründet wurde die Stadt im 8. Jahrhundert v. Chr. von megarischen Kolonisten. Die Siedlung hieß zunächst Astakos bzw. Olbia. Nach ihrer Zerstörung durch Lysimachos Ende des 4. Jahrhunderts v. Chr. machte sie Nikomedes I. (278–250 v. Chr.) zur nach ihm benannten Residenzstadt des Königreiches Bithynien.

111 bis 113 lebte der schon mehrfach zitierte *Plinius der Jüngere* als Stadthalter Kaiser Traians in Nikomedeia. In seinem Briefwechsel mit dem Kaiser sind Informationen erhalten, die uns Aufschlüsse über die Topographie, die Geschichte, das Finanzwesen und die Sozialstruktur der Stadt geben. Auch enthalten sie Hinweise auf das frühe Christentum. Demnach muss es in Nikomedeia bereits um diese Zeit eine sehr aktive Christengemeinde gegeben haben. Plinius berichtet z.B., bei Verhören sei festgestellt worden, dass manche der Beschuldigten bereits seit 25 Jahren Christen waren.

Als Kaiser *Diokletian* dann 284 n. Chr. das Imperium Romanum in vier Reichsregionen (Tetrarchien) unter der Leitung je eines Mitregenten, eines Tetrarchen, unterteilte, machte er Nikomedeia zu seiner Residenz und baute es, die Brandschatzungen der Goten im Jahre 259 vergessen machend, wieder prachtvoll aus. In dieser Zeit galt Nikomedeia als die „schönste Stadt der Erde", wobei mit Erde natürlich das Römische Reich gemeint war. Die Christen wurden besonders in der Spätzeit Diokletians, der politisch zweifellos eine der fähigsten Kaisergestalten aus spätrömischer Zeit war, mit am härtesten verfolgt. Erst durch das Toleranzedikt des Galerius, kurz vor dessen Tode (311), konnten – zunächst im Osten – die Christen wieder aufatmen, bis ihnen dann von Konstantin durch das Edikt von Mailand (313) im ganzen Reich Freiheit gewährt wurde.

Über die Verhältnisse in Nikomedeia von damals sind wir recht gut unterrichtet durch den Rhetor Caecilius Firmianus Lactantius *(Laktanz)*, den Kaiser Diokletian wegen dessen lateinischer Beredsamkeit als Lehrer der Rhetorik nach Nikomedeia berief. Laktanz, der Christ geworden war, legte sein Rhetorenamt zu Beginn der Diokletianischen Verfolgung nieder. Er selbst überstand die Verfolgungszeit in ärmlichen Verhältnissen, bis Kaiser Konstantin 317 den bereits Hochbetagten als Erzieher seines Sohnes Crispus in seine Residenz in Trier holte. Als großer Rhetor war Laktanz weit über Nikomedeia hinaus bekannt geworden – mit großer Wirkung noch in späteren Jahrhunderten. Die Renaissance-Humanisten nannten Laktanz einen „christlichen Cicero". In seinem Büchlein „De mortibus persecutorum" (Über die Christenverfolger), das zwischen 314 und 316 entstand und das uns durch eine Handschrift aus dem 11. Jahrhundert überliefert ist, berichtet der Rhetor ausführlich über die Verfolgungszeit.

Auch im Leben des Kaisers Konstantin spielte Nikomedeia eine nicht geringe Rolle. Als junger Mann verbrachte Konstantin dort einige Jahre am kaiserlichen Hof. In dieser Zeit erhielt er entscheidende Einblicke in das politische Leben und Wirken Diokletians. Zugleich waren die Jahre in Nikomedeia der Beginn der eigenen politischen Karriere. Allerdings musste Konstantin wegen seines Zerwürfnisses mit Galerius Nikomedeia

Abb. 23   Ansicht auf die Silhouette von Stambul mit der Hagia Sophia und der Sultan Ahmet Camii, die ‚Blaue Moschee'.

verlassen. Als Konstantin alle Kämpfe um die Alleinherrschaft im Reich für sich entschieden und 324 Alleinherrscher geworden war, verlegte er seine Residenz an den Bosporus.

Viel übrig geblieben ist davon allerdings nicht. Nikomedeia wurde im Verlauf seiner späteren Geschichte von mehreren schweren Erdbeben heimgesucht. Die Folge war, dass die Stadt bereits in byzantinischer Zeit mehr und mehr verfiel. Heute erinnert nichts mehr an den einstigen Ruhm.

Nur selten gehört es zum Programm von Türkeireisen, dass Teilnehmer den Istanbuler Stadtteil Üsküdar auf der anderen Seite des Bosporus aufsuchen: Oft wird überhaupt vergessen, dass ein nicht unerheblicher Teil Istanbuls auf kleinasiatischem Boden liegt. Auf dem Weg von Izmit zurück nach Istanbul führt die Schnellstraße aber streckenweise durch diesen Stadtteil.

Setzt man mit der Fähre vom europäischen Ufer Istanbuls über, überwältigt einen der herrlich-pittoreske Anblick des terrassenförmig sich über dem Ufer erhebenden Stadtteils mit seiner über dem Hafenviertel thronenden Rum Mehmet Paşa Camii. Von der Anlegestelle gegenüber sieht man die von Sinan erbaute Iskele Camii. Von hier aus brechen alljährlich die Pilger nach Mekka auf. Ein Gang durch die Gassen und Straßen des

Hafenviertels ist überaus reizvoll. Etwas südlicher, im Stadtteil Haydarpaşa, befindet sich der Bahnhof, vielen bekannt aus Karl Mays „Von Bagdad nach Stambul". Hier startete früher der legendäre Orientexpress in Richtung Bagdad; heute enden die Züge nach beschwerlicher Fahrt durch das anatolische Hochland leider an der türkisch-syrischen Grenze.

Orientiert man sich noch etwas weiter südlich, so ist man bald an der Stelle, an der sich der Bosporus mit dem Marmarameer verbindet: in Kadiköy, dem antiken **Chalkedon**. Trotz seiner günstigen Lage konnte der Ort nie größere Bedeutung erlangen. Die einzige Ausnahme: Chalkedon wurde 451 Versammlungsort eines weiteren Ökumenischen Konzils, des Vierten nach kirchenamtlicher Zählung und – nach Nikaia – des bedeutendsten der Alten Kirche. Einberufen wurde es kurz nach dem Unfalltod Theodosios' II. von dessen Nachfolger Markian. Über 350 Bischöfe nahmen am Konzil Teil. Papst Leo der Große ließ sich in Chalkedon, das, wie die Vorgängerkonzile Nikaia (325), Konstantinopel (381), Ephesos (431) auch, im Wesentlichen ein Konzil der Ostkirche war, durch eine Delegation vertreten. Nach langen, harten Auseinandersetzungen fand man in Chalkedon bei den christologischen Kontroversen durch die Definition der so genannten „Zwei-Naturen-Lehre" zu einer substantiellen Klärung: Der „eine Christus" ist in *einer* Person voll Gott und voll Mensch. In seiner Person sind beide Naturen, die göttliche und die Menschliche, „unvermischt, unverwandelt, ungetrennt, ungesondert erkennbar". Der Durchbruch in der Zwei-Naturen-Lehre – die Bischöfe stimmten der Definition fast einmütig zu – brachte allerdings zugleich das Ende der vollen Kircheneinheit. Die so genannten Monophysiten (Kopten, Nestorianer, Jakobiten) rezipierten die Chalkedonensische Zwei-Naturen-Lehre nicht und gehen als „vorchalkedonensische" Kirchen bis heute ihren eigenen Weg. Und mit dem Kanon 28 des Konzils, der eine prinzipielle Gleichrangigkeit des Patriarchen von Konstantinopel mit dem Papst in Rom vorsah und den Papst Leo ablehnte, bahnte sich in Chalkedon bereits das spätere Schisma zwischen Ost- und Westkirche an.

9. Zwischen Pontosgebirge und Schwarzem Meer

Der nordöstliche Teil Anatoliens gehört bestimmt nicht zu den Reisegewohnheiten eines klassischen Kleinasienreisenden. Und doch gab es bereits im 19. Jahrhundert Unentwegte, die den Weg in den Pontus auf sich genommen haben, darunter deutsche Weltenbummler wie der in Südtirol geborene, aber zeitlebens in bayrischen Diensten stehende Jakob Philipp Fallmerayer, der Hamburger Heinrich Barth oder der Arzt Eduard Schnitzler, der unter dem Namen Hairullah Effendi sich einige Jahre in Trapezunt aufhielt und zum Islam übertrat.

Der *Pontos* ist eine Landschaft harter Gegensätze, doch verweilt man in ihr einige Zeit, zeigt sie auch ihre Liebreize.

„Thalassa, thalassa", das Meer, das Meer!, sollen 10 000 kampfesmüde Söldner gerufen haben, als sie auf ihrem abenteuerlichen Rückmarsch aus armenischen und persischen Gebieten endlich den Pontos Euxeinos, das freundliche Meer, erblickten. Sie hatten unter großen Verlusten auf Seiten des jüngeren Kyros gegen dessen Bruder Artaxerxes II. gekämpft. „Als alle auf die Berghöhe gekommen waren, da umarmten sie einander unter Tränen, sogar Strategen und Lochagen ...", so lesen wir in Xenophons „Anabasis". Die Freude der Unglücklichen war so groß, dass sie wie nach einer gewonnenen Schlacht die Sieges-zeichen aufstellten.

Als dunkel galt das Schwarze Meer im ganzen Altertum und als unheimlich seine gut 800 Kilometer lange südliche Küste. Dabei ist das Meer gar nicht schwarz oder dunkel, vielmehr leuchten die Wellen und Buchten in schönen Farben, immer im Wechsel von Blau und Grün mit allen erdenklichen Schattierungen. Felsige und schroffe Küstenlandschaften werden unterbrochen von Flussdelten und fruchtbarem Schwemmland, und je weiter man sich in Richtung Osten bewegt, um so üppiger wird die Vegetation, fast tropisch. Schon früh entstanden hier größere Siedlungen, die meisten Gründungen durch Milet. Von Milet aus führten die großen Handelswege ins anatolische Hochland. Sie sorgten für begehbare Querverbindungen zwischen den beiden Meeren und sind als Verbindungswege für die moderne Türkei noch so wichtig wie sie für antike Handelsreisende waren.

Natürlich wird die Südküste des Pontos Euxeinos in den Vorstellungen heutiger Touristen nicht mit der Küste zwischen Ephesos und Bodrum oder mit der türkischen Riviera mithalten können. Aber das muss sie auch nicht. Sie überzeugt durch ihren eigenen Charakter. Das Pontische Gebirge legt sich bis an die Grenzen der neu geschaffenen Republik Armenien wie eine Mondsichel an das Meer und formt so eine Landschaft voller Kontraste: grün und regenreich die zum Meer gewandte Seite, karg und ärmlich die scharf zum anatolischen Hochland gekehrten Felshänge, in die der Corum-Fluss, der Çoruh Nehrı, enge Schluchten gegraben hat.

Aus dieser Landschaft holte sich die griechische Mythologie ihren Stoff. In das Land der Kolcher war der thessalische Heros Jason aufgebrochen, um das Goldene Vlies zu suchen, und wurde dabei von der kolchischen Prinzessin Medea tatkräftig unterstützt. Ihre heiß entbrannte Liebe zu Jason wurde nicht erwidert. Die Enttäuschte rächte sich fürchterlich. Euripides hat den Stoff in seiner „Medea" (431 v. Chr.) im Stil einer klassischen griechischen Tragödie verarbeitet – mit nachhaltiger literarischer und dramaturgischer Wirkung bis heute.

Für die Geschichtsschreibung wird die Schwarzmeer-Küste erst mit der Besiedlung durch die Mileser greifbar. Sie ließen sich in Sinope nieder und gründeten von dort aus weitere Töchterstädte an der Küste, während landeinwärts weiter das persische Feudalsystem herrschte. An der Wende vom 4. zum 3. Jahrhundert v. Chr. schuf Tyrann Mithradates das Pontische Königreich. Er, Neffe des letzten Tyrannen von Kos, begründete damit zugleich eine Dynastie, die über 200 Jahre das Land regierte und erst mit Mithradates VI. Eupator (120–63 v. Chr.) im Streit mit Rom ihr Ende fand. 47 v. Chr., unter Cäsar, wurde das Pontische Reich endgültig römische Provinz.

Unter römischer Regie wurden die Städte an den Handelswegen und an der Küste weiter ausgebaut – und damit ideale Voraussetzungen für die Blütezeit während des byzantinischen Millenniums geschaffen. Und noch eine seltsame List der Geschichte: Der Pontos sollte ausgerechnet vom Niedergang Byzanz' noch für einige Zeit profitieren. Grund waren die Kreuzfahrer und Venezianer, die 1204 Konstantinopel überfielen und dort das so genannte Lateinische Kaiserreich errichteten. Die Folge der seltsamen Reichsgründung der Lateiner: Ein Teil der alten byzantinischen Feudalherren fügte sich der aufgezwungenen westlichen Herrschaft, andere zogen sich zurück, um dem Zugriff der Invasoren zu entgehen. Byzanz zerfiel so in mehrere größere und kleinere Herrschaftsbereiche: Konstantinopel mit seinem Hinterland und einem schmalen Streifen am Marmarameer gehörte zum Lateinischen Kaiserreich; aus dem breiten Streifen Kleinasiens vom Schwarzen Meer bis etwa unterhalb von Milet wurde um 1214 das im Osten an das Sultanat Ikonion angrenzende Kaiserreich Nikaia. Zugleich verselbständigte sich das nordöstliche Gebiet am Schwarzen Meer. Die Großkomnenen Alexios und David, beide Enkel des byzantinischen Kaisers Andronikos I. Komnenos (1183–1185), gründeten das Kaiserreich Trapezunt. Die beiden waren als Kinder kurz nach dem Sturz des Andronikos an den Hof des ihnen verwandten georgischen Königshauses gebracht worden. Unter dem Einfluss des georgischen Hofes und unter kräftiger Mitwirkung der georgischen Königin Thamar (1184–1212) nutzten sie die Schwächephase Konstantinopels und bauten ihre Herrschaft am Pontos Euxeinos bis nach Sinope aus, bis Kaiser Theodoros I. Laskaris (1204–1222) den Expansionsgelüsten dann Einhalt gebieten konnte. Angesichts der konkurrierenden Machtansprüche der Komnenen hätten die westlichen Besetzer wohl auch der Selbständigkeit Trapezunts bald ein Ende gemacht, wären diese nicht durch militärische Auseinandersetzungen auf dem Balkan gebunden gewesen. So aber blieb Trapezunt trotz der Wiederherstellung der byzantinischen Großmacht unter Michael VIII. Palaiologos (1259–1282) selbständig, bis es 1461 von den Osmanen eingenommen wurde.

In der Antike hatte Trapezunt immer etwas im Schatten des

benachbarten *Sinope* gestanden. Die Römer gar degradierten Trapezunt zur Garnisonsstadt, und auch unter Byzanz muss die Stadt nicht immer glückliche Zeiten erlebt haben. Bei Prokop lesen wir: „Im Gebiete ..., das sich dem Schwarzen Meer entlang zieht, liegt eine Stadt namens Trapezunt. Der dortige Wassermangel veranlasste Kaiser Justinian zur Anlegung einer Wasserleitung, die nach dem Märtyrer Eugenios heißt; mit ihrer Hilfe machte er der Not der dortigen Einwohner ein Ende. Dort und in Amaesia stellte er (auch) die Mehrzahl der Kirchen, die durch die Länge der Zeit gelitten hatten, wieder her."

Über das frühchristliche Trapezunt wissen wir wenig. Folgt man der örtlichen Tradition, dann hat der Apostel Andreas die erste Christengemeinde der Stadt gegründet. In mittelbyzantinischer Zeit wurde Trapezunt Sitz eines Statthalters, und die Stadt wurde als östliche Eckbastion des byzantinischen Reiches gezielt ausgebaut und befestigt. Vieles von den damaligen Bauten ist im heutigen Stadtbild noch erhalten. Auch mehrere Kirchen wurden in dieser Zeit errichtet oder erneuert, z.B. die Annakirche, zu deren Ausbau Kaiser Basileios I. um das Jahr 880 den Auftrag gab. Zu Anfang des 10. Jahrhunderts ist Trapezunt auch Sitz eines Metropoliten. Eine Inschrift auf der Kathedra in der ehemaligen Panagia Chrysoképhalos nennt für das Jahr 914 den Metropoliten Basileios.

Bereits in mittelbyzantinischer Zeit musste sich Trapezunt häufig gegen Überfälle der Seldschuken wehren. In den 260 Jahren der Selbständigkeit wurde in Trapezunt byzantinische Tradition aufrecht erhalten. Erst unter Sultan Mehmet Fâtih (1461) wurde die Stadt osmanisch. Es spricht für die Weitsicht des Sultans, dass er die traditionsreichen Handelskontore der Stadt in griechischer Hand beließ. **Trabzon** wurde Sitz eines osmanischen Gouverneurs und galt fürderhin als Hauptstadt des Paşalık Trabosan. Erst die religionspolitischen Konflikte und die forcierte nationaltürkische Aussiedlungspolitik des 19. und 20. Jahrhunderts führten zu wirtschaftlicher Stagnation, von der die Stadt sich erst allmählich wieder erholt.

Dem Gründer der modernen Türkei hat Trabzon mit der Villa Atatürk Köskü im Stadtteil Soğuksu – inzwischen Museum – ein bedeutendes Denkmal gesetzt. Atatürk weilte kurz

Abb. 24   Die Hagia Sophia von Trabzon. Ansicht von Süden.

in Trabzon, als er 1919 nach seiner Landung in Samsun in Ostanatolien von dort aus seine Armee organisierte und den Unabhängigkeitskrieg begann.

Als Fallmerayer im Sommer 1840 mit dem Schiff nach Trabzon kam, von wo aus er auch die etwas entlegeneren Regionen südlich der Stadt, so auch das Sumela-Kloster besuchte, erlebte er die Hafenstadt am Schwarzen Meer trotz der damaligen armenischen und griechischen Minderheit als verschlafen und zurückgeblieben: eben als „türkisch", wie er sich ausdrückte.

Noch heute kommen nur wenige Touristen nach Trabzon. Will man die Stadt besuchen, so hat man drei Möglichkeiten: Eine nicht oft genutzte Route wäre der Seeweg von Istanbul über das Schwarze Meer. Ein Vorteil dieser Anfahrt ist der wunderschöne Anblick des immer wieder zum Greifen nahen Pontosgebirges. In der Regel aber startet man von Ankara aus zu den Hochebenen Zentralanatoliens und fährt über Sivas, Erzincan und den sehr hohen Pass Zigana Geçidi nach Trabzon. Man kann aber auch von Samsun aus über Ordu rund 350 Kilometer die Küste entlang fahren und die üppige Vegetation in dem feuchtwarmen Klima bewundern.

Bevor man zum Rundgang durch Trabzon ansetzt, sollte man entweder zur Vorstadtvilla des Atatürk gehen – von dort hat man einen wunderschönen Blick über die Stadt und den Hafen – oder am späten Nachmittag nach Boztepe im Südosten etwas außerhalb der Stadt fahren. Von dem *„Grauen Hügel"* aus, wie der Ort im Türkischen genannt wird, erlebt man im Sonnenuntergang die schönsten Farbkontraste zwischen der im rötlichen Licht eingebetteten Stadt und dem um diese Zeit von smaragdgrün bis tiefblau schimmernden Meer. Für junge Paare ist der Boztepe ein beliebter Ausflugsort. Auf dem Weg nach Boztepe kommt man an dem ehemaligen Kloster der Panagia Théoképastos, dem Kızlar Manastırı, vorbei. Die Anlage war ein Frauenkloster. Es bestand bis 1923. Gestiftet soll es von der Prinzessin Irene Komnena, der Mutter des Alexios III., worden sein. Gebaut wurde es in der Nähe einer Höhle mit sprudelnder Quelle, die ursprünglich dem Mithras-Kult geweiht war und die heute noch ewige Jugend verspricht. Die Ausmalungen des Katholikon stammen aus dem 14. Jahrhundert.

Ein Anziehungspunkt für Heiligtümer war der *Hügel von Boztepe* – sein antiker Name war Minthrios – schon immer. Apollon hatte hier unweit der Evren depe Camii seinen heiligen Hain. So war es nur natürlich, dass in der Zeit der Komnenen hier auch dem Stadtpatron Eugenios eine kleine Kirche erbaut wurde. An deren Stelle rückte dann in osmanischer Zeit eine Moschee. Sultan Selim erbaute sie zu Ehren seines Vaters Beyazit II. Ende des 19. Jahrhunderts erwarb ein reicher persischer Derwisch die Moschee und ließ sie nach seinen Zwecken umbauen. Nach seinem Tod wurde er in ihr begraben.

Für Trabzon muss man Zeit mitbringen. Die Stadt hat nicht nur eine Menge Sehenswürdigkeiten aus byzantinischer und osmanischer Zeit zu bieten, sie erzeugt mit ihren Handwerkervierteln auch eine ganz eigenartige Stimmung, sodass es dem Besucher fast schwer fällt, zwischen Heute und Gestern noch zu unterschieden. Nur der Lärm und der dichte Verkehr machen einem bewusst, in welcher Zeit man lebt, wenn man beispielsweise in Hafennähe sein Auto parken will oder vom

Omnibusbahnhof (Otobüs Terminalı) kommend, sich über den Taksim Meydanı durch die mal breiter und mal enger werdenden Straßen und Gassen in Richtung Zitadellenstadt bewegt. Auch wenn man bereits unterwegs an vielen Sehenswürdigkeiten vorbeikommt, sollte man zuerst den inneren oberen Zitadellenbereich, die Iç Kale, aufsuchen und von da aus den Rundgang beginnen.

Ursprünglich, so wird jedenfalls vermutet, stand an der Stelle der Zitadelle die Akropolis. Heute beherrscht die *Zitadelle* mit ihren hohen, zinnengekrönten Wehrmauern das ganze Stadtbild. Das große Areal, das sich über den eigentlichen Kern der Zitadelle weit nach Norden erstreckt, ist beinahe eine Stadt für sich. Was man heute von ihr sieht, geht laut Inschrift aus dem Jahre 1324 auf Vergrößerungen unter Alexios II. – nicht zu verwechseln mit dem byzantinischen Kaiser Alexios II. Komnenos – zurück. Andere Inschriften erzählen von der bewegten Geschichte der immer wieder vergrößerten Wehranlage. Die ersten greifbaren Zeugnisse stammen noch aus der Zeit vor den Goteneinfällen. Am mittleren Osttor, dem Tabakhane Körpü, an der Ausfallstraße der ehemaligen ‚Via imperialis' ist eine Inschrift aus der Zeit Kaisers Justinians angebracht. Erweiterungen des Palastes bzw. der Zitadellenanlage sind auch aus der Zeit Andronikos' I. belegt. Es waren aber nicht die letzten. Zwischen 1223 bis 1235 folgten weitere, bis dann 1324 die Anlage stand, wie wir sie heute in Ausschnitten noch sehen können.

Die voll ausgebaute Zitadellenstadt bestand aus drei Festungsanlagen: Die untere, der Küste am nächsten gelegen, wurde dort angelegt, wo sich auch der antike (und byzantinische) Hafen befand, und heißt Aşağı Hisar. Die mittlere, die Orta Hisar, stellt das eigentliche Zentrum dar. In ihr befindet sich heute die gleichnamige Moschee, die ehemalige Panagia Chrysoképhalos. Die dritte bzw. innere Festung, die Iç Kale, bildet den südlichen Abschluss des Areals, den eigentlichen Palastbereich. Hier wurden auch die wertvollsten Informationen über die Geschichte Trapezunts vom 3. bis ins 19. Jahrhundert gefunden. Nicht weit westlich vom Palast steht die Gülbahar Hatun Camii, auch Büyük Imâret Camii genannt. Die Moschee wurde seinerzeit von Selim I. Yavuz für seine Mutter in

Auftrag gegeben. Von hier kommt man über die Zağnos-Brücke auf der Hükümet Caddesi wieder zurück zur mittleren Zitadelle, und bald ist man bei der *Ortahisar Camii* bzw. Büyük Fâtih Camii angelangt. Diese Moschee war ursprünglich die der Muttergottes geweihte Metropolitenkirche Panagia Chrysoképhalos. Der heutige Bau stammt aus dem frühen 10. Jahrhundert (913/914). Eine erste Marienkirche an dieser Stelle soll – anstelle eines heidnischen Tempels – aber bereits im 4. Jahrhundert unter Hannibalianos, einem Neffen Kaiser Konstantins, gebaut worden sein. Die Kirche wurde mehrfach verändert. Im frühen 13. Jahrhundert wurde sie in eine dreischiffige Pfeilerbasilika umgewandelt, im 14. Jahrhundert in eine Kreuzkuppelkirche, wobei man den Charakter der Dreischiffigkeit aber nicht einfach aufgegeben hat. Ihren Namen erhielt die Kirche von einer in ihr aufgestellten Marienikone, deren Nimbus aus Gold war. Unter Andronikos I. kam die Kirche zu hohem Ansehen, da man der Ikone der „Goldköpfigen Muttergottes" die wundersame Errettung von der Belagerung durch Melik (1228) verdankte. Um diese Zeit wurde die Kirche auch Krönungskirche und Begräbnisstätte der Kaiser, was ohne die Tradition der byzantinischen Hauptstadt Konstantinopel mit der Hagia Sophia und der Apostelkirche kaum denkbar gewesen wäre. Die Kirche besaß eine wertvolle Innenausstattung, u. a. Fresken, die sich unter dem heutigen Verputz möglicherweise noch erhalten haben. In der Apsis dürfte ein Mosaik mit der Darstellung der thronenden Maria angebracht gewesen sein. Reste der ursprünglichen Wandverkleidung aus verschiedenfarbigen Marmorplatten sind noch erhalten.

Durch das so genannte Andreastor verlässt man nun die mittlere Zitadelle und erreicht schon bald das Viertel Aşağı Hisar, den unteren bzw. nördlichen Festungsbereich, mit den seldschukischen Bädern. Von hier ist es dann nicht weit zu den nordwestlich gelegenen Ruinen der Nakip Camii, ursprünglich eine christliche Basilika aus dem 10. Jahrhundert. Da der Überlieferung nach der Apostel Andreas das Christentum nach Trapezunt brachte, wurde die Kirche diesem Apostel geweiht.

Über die Tabakhane-Brücke, die den östlichen Taleinschnitt Tabakhane Deresi überspannt, kommt man nach kurzer Zeit über die Maraş Caddesi zu der Küçük Ayvasıl Kilise, zur *Anna-Kirche*, dem ältesten Kirchenbau der Stadt. Es handelt sich um eine dreischiffige Emporenbasilika mit einer halbkreisförmigen Apsis, vor der eine – heute geschlossene – Krypta eingelassen war. Erhalten sind noch zahlreiche Spolien, neben ionischen Kapitellen ein antikes Relief über dem südlichen Eingang. Auch Reste von Malereien, wahrscheinlich ein Joachim-Anna-Zyklus, sind in Umrissen noch zu erkennen. Sie dürften aus dem 13. Jahrhundert stammen. Die Anfänge der Kirche selbst sind im 7. Jahrhundert anzusetzen.

Von der Anna-Kirche geht der leicht ansteigende Weg in südlicher Richtung zu der Yeni Cuma Camii östlich auf der Höhe der oberen Zitadellen-Anlage. Sie wird auch „Neue Freitagsmoschee" genannt, weil Mehmet II. Fâtih (1451–1481) nach der Eroberung Trapezunts zum ersten Freitagsgebet hierhin gekommen war. Der Platz hatte aber bereits in der Spätantike Bedeutung gehabt. Damals stand hier eine dem Stadtheiligen Eugenios geweihte Kirche, eine dreischiffige Basilika, „extra muros", errichtet direkt über dem Grabplatz des Märtyrers, mit einer polygonalen Apsis, seitlich flankiert von Pastophorien. Zu Beginn des 11. Jahrhunderts unter dem byzantinischen Kaiser Basileios II. wurde die Kirche teilweise umgebaut und erweitert. Unter Alexios III. wurde sie in eine Kreuzkuppelkirche umgewandelt, während der Bürgerrevolte von 1340 durch Brand zerstört.

Das Innere der heutigen Moschee betritt man von der Nordseite aus. Der ursprüngliche westliche Zugang mit dem inzwischen verfallenen Narthex wurde zugemauert. Wie an der Nordseite gab es auch auf der Südseite eine äußere Vorhalle. Unter dem jetzigen Wandverputz sind noch Freskenreste aus der Zeit nach dem Brand erhalten, ebenso ein qualitativ hochwertiger Marmormosaikboden, der aber von einem modernen Holzboden überdeckt ist. Laut Überlieferung soll es ein Fresko auf der Westseite gegeben haben, eine Darstellung der Kaiser Alexios II. und III. mit dem Stadtheiligen Eugenios. Wegen der hohen Bedeutung der Eugenios-Kirche wählte Mehmet II. Fâtih sie natürlich sehr bewusst für sein erstes Freitagsgebet in Trapezunt aus.

Innerhalb des heutigen Stadtgebiets von Trabzon gab es noch zahlreiche andere christliche Kirchenbauten, einige von ihnen sind noch sichtbar in ihren Rudimenten, andere wurden in jüngerer Zeit umgebaut und profaniert oder auch soweit abgetragen, dass ihr Standort nur mehr anhand schriftlicher Zeugnisse festzustellen ist. Die Stadt selbst mit ihren verwinkelten Gassen hat wie kaum eine andere in Kleinasien noch ganz den Charakter einer byzantinischen Stadt aus der Zeit der Komnenen.

Auf dem Weg zurück zum Kale Parkı, direkt bei dem modernen Hafen, kommt man durch das Handwerkerviertel, in denen heute noch wie in weit zurückliegenden Zeiten die unterschiedlichsten Produkte mit der der Gegend eigenen Betriebsamkeit hergestellt und angeboten werden.

Wir verlassen die Altstadt mit ihren engen und verschlungenen Gassen, in denen oft nur die steil aufsteigenden Minarette Orientierung bieten, und erreichen auf der Küstenstraße nach Westen etwa drei Kilometer außerhalb der Stadt die Kirche der *Hagia Sophia*, heute Aya Sofya Müzesi genannt, das bedeutendste Denkmal der Baugeschichte Trapezunts. Schon von weitem sieht man den frei stehenden Glockenturm, und man ahnt etwas von der herrlichen Lage der ehemaligen Klosteranlage auf der direkt am Meer gelegenen, ummauerten Terrasse.

Vor Betreten des Areals sollte man die gesamte Anlage in aller Ruhe ein wenig von außen betrachten. Bei einem Gang rund um die Anlage stößt man auf der nördlichen Seite auf Fundamentreste einer kleineren byzantinischen Kirchenanlage mit drei Apsiden. Der westlichen Eingangshalle gegenüber befindet sich der Turm, der möglicherweise nicht ausschließlich als Glockenturm diente, sondern, davon geht man heute auch aus, auch als Observatorium der Klosterschule genutzt wurde, und wegen der Lage direkt an der Küste könnte er auch als Leuchtturm verwendet worden sein. Im Innern des Turms sind noch Fragmente eines Stifterfreskos erhalten, wie man es auch von den Mosaiken in der Hagia Sophia in Konstantinopel her kennt. Es zeigt die Maria Theotókos mit dem Stifter Alexios IV. (1416–1429) auf der rechten und dessen Sohn Joannes IV. (1429–1448), der übrigens seinen Vater umbrachte, auf der linken Seite. Die Inschrift nennt das Jahr 1427. In der Apsis der Turmkapelle sind Reste von Malereien zu sehen, in der Kalotte ein thronender Christus zwischen Maria und Johannes dem Täufer. Darunter folgt ein Fries mit Szenen aus der so genannten Apostelkommunion – in der byzantinischen Ikonographie das Repräsentationsbild der apostolischen Tradition und Sukzession. Im darunter liegenden Feld folgen noch Kirchenväter und Heilige.

Doch wenden wir uns der Hagia Sophia selbst zu. Sie besticht vor allem durch ihre Bauplastik, durch Reliefs an den Außenseiten und die Malereien im Innenraum. Sie wurde wahrscheinlich anlässlich der Gründung des Komnenenreiches von Trapezunt gebaut. Ihr Weihetitel, die Weisheit und Macht Gottes verherrlicht in der Schöpfung, entspricht ganz dem byzantinischen Gottesverständnis. Zugleich wird daran die Anlehnung an die kaiserlich-byzantinische Herrschaftsidee deutlich. In einem Fresko, das noch im 19. Jahrhundert zu sehen war, bekennt sich Kaiser Manuel I. (1238–1263) als Stifter des Klosters. Mit dem Bau der jetzigen Anlage dürfte also um etwa 1250 begonnen worden sein. Wahrscheinlich wurde die basilikale Grundplanung noch in der Bauphase zugunsten einer Kuppelkirche aufgegeben. Um die gleiche Zeit werden auch die drei propyläenartigen Vorhallen mit ihren dreibogigen Arkadenöffnungen, die als einzige Bauträger über Reliefschmuck an der Außenwand verfügen, in Kreuzform vor dem eigentlichen Baukörper angesetzt worden sein.

Die Dreibogenarkaden der südlichen Vorhalle, in deren Zwickeln ein Kentaur mit Bogen und Pfeil zu sehen ist, der auf ein geflügeltes Fabelwesen im rechten Zwickel zielt, werden von antiken Säulen mit Blattkapitellen getragen. Das Tympanonfeld darüber ist von einem fast halbkreisförmigen Bogen mit antikisierendem Schmuckband umrahmt. In der Spitze zeigt sich ein byzantinisch-komnenischer Adler und ein für die byzantinische Architektur ungewöhnliches Vierpassfenster. Darunter folgt ein figürlicher Relieffries aus der zweiten Hälfte des 13. Jahrhunderts mit Szenen aus der Schöpfungsgeschichte. Der Relieffries wird durch die höhere Mittelarkade unterbrochen. Über der Arkade verläuft ein griechisches Inschriftband. Dieses zeigt Texte zur Schöpfung (Gen 2,8), im Figurenfries den Sündenfall und die Vertreibung aus dem Paradies.

Trabzon

Die westliche und nördliche Vorhalle weist eine ähnliche architektonische Gestaltung auf, ist jedoch nicht so reichhaltig reliefiert wie die Südseite. Besonders erwähnenswert sind wiederum die antiken Säulen mit Doppelkapitellen, unten noch byzantinisch, darüber bereits seldschukische Muqarnas-Kapitelle. Auf der Nordseite dagegen gibt es nur zwei schlicht verzierte Kapitelle. Bei den byzantinischen Kapitellen handelt es sich wohl vornehmlich um Spolien, die zu einer noch älteren Kirchenanlage in oder um Trapezunt gehört haben dürften. Früher betrat man die Kirche durch die westliche Vorhalle und gelangte von dort durch den Narthex in den großen Innenraum mit der alles überragenden Kuppel und der Hauptapsis. Der Kuppeltambour, in den zwölf Fenster eingelassen sind, ruht auf vier Säulen. Sie geben dem Kirchenraum das gleitende, von den Marmorintarsien des Fußbodens gebrochene und wieder zurückreflektierte Licht. Nach Osten schließt sich das Bema mit der großen Apsis und den die Apsis flankierenden Nebenräumen, den Pastophorien, an.

Der an sich schon faszinierende Raumeindruck wird durch die noch erhaltenen Malereien, die alle um die Mitte des 13. Jahrhunderts oder kurz danach entstanden sein dürften, zusätzlich gesteigert. Dass sie relativ gut erhalten sind, verdanken wir der osmanischen Überdeckung der Fresken mit einer dicken Verputzschicht. Es ist gut, erst einmal den Gesamteindruck auf sich wirken zu lassen, bevor man sich an die Betrachtung der Wand- und Deckenmalereien im Einzelnen macht. Wir beginnen wieder in der westlichen Vorhalle.

Dort ist das Jüngste Gericht Hauptthema. Der Blick des Eintretenden fällt direkt auf den Thron des Weltenrichters über dem Portal, mit den Verdammten auf dem linken Bildfeld und den Seligen auf der Deckenfläche. Sie sind als Mahnung an den die Kirche betretenden Gläubigen gerichtet, sein Leben an den göttlichen Gesetzen auszurichten und so auf die Auferstehung zu hoffen. Von hieraus betreten wir den Narthex und schauen dort auf das Bogenfeld mit der Darstellung der Verkündigung, direkt über dem Eingang zum eigentlichen Kirchenraum. Die Bewegtheit in der Darstellung des Engels soll dessen Botschaft besonders glaubhaft zum Ausdruck bringen. Links davon, im

*Abb. 25 Christus und die Theotókos. Fresken im Presbyterium
der Hagia Sophia von Trabzon.*

Deckenbereich, folgt die Deesis und rechts auf gleicher Höhe die Taufe Jesu. Auf den Deckenflächen erscheint in der Mitte die Hand Gottes umrahmt von den Symbolen der vier Evangelisten wie von je zwei Seraphim und Tetramorphen. Nördlich schließen sich weitere Begebenheiten aus dem Neuen Testament an.

Sind bis dahin die Bildprogramme eher als eine Art Einführung in den sakralen Hauptraum gedacht, so erlebt man nun im Naos die überschwängliche theologische Auslegung der Heiligen Schrift, die sich schon in den ausdrucksvollen Farben der Bilder widerspiegelt. Die Kuppel überragt den gesamten Raum. In ihrem Zenit erscheint der alles beherrschende Pantokrator. Man erinnert sich an Psalm 102,20-23: „Denn der Herr schaut herab aus heiliger Höhe, vom Himmel blickt er auf die Erde nieder; er will auf das Seufzen der Gefangenen hören und alle befreien, die dem Tod geweiht sind, damit sie den Namen des Herrn auf dem Zion verkünden und sein Lob in Jerusalem, wenn sich dort Königreiche und Völker versammeln, um den Herrn zu verehren." Darunter folgt auf blauem Grund ein schmaler Fries mit Engelschor und den Aposteln auf der Tambourwand zwischen den Fenstern, in deren Laibungen die Propheten eingesetzt sind. Auf den dann folgenden, in das Quadrat auslaufenden Pendentifs sind auf den vier Eckflächen die Geburt Jesu, seine Taufe und die Kreuzigung sowie die Darstellung der Anastasis wiedergeben. Diesen Szenen ist jeweils einer der Evangelisten beigesellt. In den Bogenscheitel sind Medaillons mit Heiligenbüsten eingeschrieben: Im östlichen erkennt man Christus als den Emanuel. Im Kirchenraum selbst folgen weitere Bilder aus dem Festtagszyklus, von denen im westlichen Kirchenteil noch die Fußwaschung, das Abendmahl und Jesus im Garten Getsemani erhalten sind. In den Pastophorien dagegen sind hauptsächlich apokryphe Darstellungen des Joachim-Anna-Zyklus und des Marienlebens zu sehen.

Im östlichen Teil mit der Apsis zeigt sich im Scheitel des Tonnengewölbes der thronende Christus in einer Gloriole, von Engelscharen umgeben. Dieses Szenario der Himmelfahrt wird seitlich von Maria und den Aposteln beobachtet. In der Apsiskalotte erscheint dann die thronende Muttergottes mit dem Jesusknaben auf dem Schoß, seitlich eingesäumt von den, in höfischer Tracht gekleideten Erzengeln Gabriel und Michael. In den Bildfeldern darunter waren Heilige der Alten Kirche und Kirchenväter dargestellt. Erhalten ist in der Fensterwandung ein Abbild des Bischofs Epiphanias von Zypern. An den seitlichen Chorwänden sind großformatige Fresken zu sehen, links die Begegnung Christi mit dem ungläubigen Thomas, darunter die Erscheinung Christi am See Tiberias, rechts die Aussendung der Apostel.

In der nördlichen Vorhalle befinden sich dann die Darstellungen aus dem Alten Testament: Sie beginnen direkt neben der Nordtür auf der südwestlichen Wandseite mit der Abbildung der drei Männer bei Abraham und setzen sich dann auf der Nordseite des Kirchenraumes mit Themen wie dem Traum Jakobs, dem leidenden Hiob auf der linken und dem Moses vor dem brennenden Dornbusch und Gideon auf der rechten Nordwand fort. Die Ostwand zeigt die Wurzel Jesse.

Das ganze erhaltene Bildprogramm zeigt die theologische Auslegung der christlichen Botschaft durch die Ostkirche in

Abb. 26 Türkische Brücke auf dem Weg zum Kloster von Sumela.

liturgischer und seelsorgerlicher Absicht. Durch die Sprache der Bilder wird die Kirche zum aufgeschlagenen Evangelium. Die Bilder überzeugen durch die Lebendigkeit der Darstellung ebenso wie durch die Genauigkeit des Erzählens.

Wir verlassen nun Trabzon auf dem Weg nach Erzurum in südlicher Richtung und tauchen ein in die Schluchtenwelt des bis zu 4000 Meter ansteigenden Pontosgebirges. Die Straße folgt einer alten Karawanenroute, die bereits im Altertum nicht nur eine wichtige Verbindung von der Schwarzmeerküste in das Landesinnere, sondern auch durch Armenien nach Osten bis nach Zentralasien war. Zunächst fährt man durch das fruchtbare Tal des Değirmendere mit seinen buckelig gewölbten Brücken. Abseits der Straße führen zahlreiche schmale Bergpfade zu kleineren Klöstern, die ursprünglich wohl auch als Signalstationen dienten, um die Straße zu sichern.

Bei der Ortschaft Maçka verlassen wir die Hauptstraße, um uns dann linker Hand dem Flusslauf des Meryemana Dere entlang auf einem ansteigenden schmalen Sträßchen durch die zerklüfteten Zigana-Berge hindurch dem großen Kloster von **Sumela** zu nähern. Doch sind noch über zwanzig Kilometer zurückzulegen, bis in einer steilen Gebirgswand die mächtige, über mehrere Stockwerke sich erhebende Klosterruine sichtbar wird. Das Kloster scheint mit der fast senkrechten Felswand des Melasberges beinahe verwachsen zu sein. Unterhalb des Klosters befindet sich ein Parkplatz. Von dort kann man auf einem schmalen, steil ansteigenden, nicht sehr bequemen Weg mit engen serpetinenähnlichen Spitzkehren das Sumela-Kloster zu Fuß erreichen.

Die Einsiedeleien im steilen Felsgelände, ursprünglich Reste eines Höhlensystems, entstammen ähnlich den Höhlenkirchen im Tal von Göreme dem frühen Mittelalter. Begonnen mit der Klostersiedlung im Felsen dürfte man in der justianischen Zeit haben. Man fühlt sich beim Sumela-Kloster an das „Kloster der Versuchung" in der Nähe von Jericho erinnert. Die heute so imposant wirkende Außenfassade stammt allerdings erst aus dem 19. Jahrhundert. Sie verdeckt die in den Felsen eingebaute Kirche, mehrere kleinere Kapellen und die Zellen der Mönche. Diese waren früher nur über in Stein gehauene Treppen oder über Holzleitern miteinander verbunden.

Das Kloster ist der *Panagia Theotókos ton Melas* geweiht, der Muttergottes am schwarzen Felsen. Der Bachlauf und das Tal wurden ebenfalls nach diesem Namen benannt, der ins Türkische mit Meryemana übersetzt wurde. Der Legende nach stehen die Anfänge der Siedlung in einem Zusammenhang mit dem Evangelisten Lukas. Nach dem Tod des Lukas soll dessen Marienikone, die der Evangelist immer bei sich getragen habe, von zwei Eremiten, Barnabas und Sophronios mit Namen, behütet worden sein. Sie nahmen das Marienbild auch mit, als sie sich in das unzugängliche Pontosgebirge zurückzogen, um in Einsamkeit und Enthaltsamkeit zu Gott zu finden. Der Legende nach sollen beide am gleichen Tag, dem 18. August 412, verstorben sein. Ob die Legende einen wahren Kern enthält, weiß man nicht. Doch war eine Marienikone, wenn schon nicht der Grund für das Kloster, so doch dessen nicht weg zu denkender Begleiter durch die Jahrhunderte. Bei seinem Besuch 1840 konnte Jakob Philipp Fallmerayer im Sumela-Kloster noch vor der so genannten *Heuschreckenmadonna* – so wurde die wundertätige Ikone damals genannt – beten. Sie soll die Umgebung des

Klosters gegen die periodisch auftretende Heuschreckenplage geschützt haben. Wie immer dem sei, für die bis in die zwanziger Jahre des 20. Jahrhunderts im Sumela-Kloster lebenden Mönche war das silberbeschlagene Marienbild jedenfalls der kostbarste Schatz.

Was aber die Kloster-Gründung betrifft, so dürfte Sumela, folgt man byzantinischen Quellen, in der Regierungszeit Kaiser Anastasios' I. (491–518) entstanden sein. Zu Justinians Zeiten haben jedenfalls bereits Mönche dort gelebt.

Das heutige Aussehen bekam die Klosteranlage erst im frühen 18. Jahrhundert. Aus dieser Zeit stammen auch die meisten noch erhaltenen Fresken, die später allerdings wenig fachmännisch restauriert wurden. Jüngste Untersuchungen führten zur Entdeckung von teilweise drei übereinander liegenden, jeweils nicht genau datierbaren Malschichten.

Nach dem Bericht von Fallmerayer lebten im Kloster um die Mitte des 19. Jahrhunderts noch 30 Mönche, die auch unter türkischen Herrschaft das orthodox-monastische Leben aufrecht erhalten konnten. Die strenge Abgeschiedenheit erleichterte – mitten in islamischer Umgebung – das Überleben.

Mit dem Brand von 1923 fand das Klosterleben in Sumela dann aber doch ein jähes Ende. Bei einem zweiten Brand Jahre später, dessen Ursache ungeklärt blieb, wurden schließlich auch noch Teile zerstört, die bei der Feuersbrunst 1923 verschont geblieben waren. Damit verfiel das Kloster endgültig. Die Mönche von Sumela gründeten im griechischen Makedonien eine neue Niederlassung. 1931 erlaubte man dem Athener Mönch Ambrosios, die unter der Barbarakapelle verborgene wundersame Ikone zu bergen. Sie wurde mit anderen Schätzen, darunter Kreuzreliquien und dem Evangelienbuch des Abtes Christophoros von Vazelon (644), für einige Jahre im Byzantinischen Museum von Athen ausgestellt.

Nun aber zu dem, was von der Anlage noch übrig geblieben ist: Nachdem man über unzählige Stufen hinab und hinauf gestiegen ist, steht man in einer Art Hof von unregelmäßigem Grundriss. Zur Rechten liegen die Gebäudetrakte mit den Zellen der Mönche, dem großen Bibliotheksraum, dem Refektorium und einem Gästeflügel. Gegenüber auf der linken Seite

Abb. 27 Die Klosterruine von Sumela.

befindet sich die Kreuzkapelle und die große Felsenkirche. Überall sind noch Reste von Wandmalereien auch an den Außenfassaden zu sehen. Doch die am besten erhaltenen sind die Fresken des Katholikon.

An der Decke des Kirchenraumes erkennt man im östlichen Teil den Pantokrator in einer von Engeln gesäumten Gloriole. Daran anschließend folgt die Maria Platytera in Orantenhaltung mit dem Jesusknaben, daneben in erhabener Größe der Erzengel Gabriel. Besonders auffallend sind die dekorativen Rankenornamente, in die die Wurzel Jesse eingeschrieben ist. Die Komposition dürfte auf ältere Vorlagen zurückgehen, doch der Befund selbst stammt erst aus der Restaurierung der Fresken im 18. Jahrhundert.

Der zweizonige Freskenzyklus auf der Südwand entstand erst im 14. Jahrhundert. Die einzelnen Bildfelder zeigen von links oben nach rechts: die Eltern Mariens Joachim und Anna, Josef und Maria, die Geburt Jesu und die Verkündigung an die Hirten, die Ankunft der Weisen aus dem Morgenland und deren Rückreise, die Flucht nach Ägypten und die Darstellung Jesu im Tempel. In der unteren Zone sind noch weitere sechs

Bildszenen erhalten: Christus umgeben von Engeln sowie die Anastasis. Dazwischen wiederholen sich Darstellungen der thronenden Muttergottes mit Engeln und Heiligen.

Beim Abstieg auf dem schmalen Pfad wird man sich gerne umdrehen, um noch einen letzten Blick auf das ungewöhnliche Bauwerk zu werfen, das sich an die steil aufragende Felswand anschmiegt, als suche es Schutz. Auch wenn die historische Bausubstanz größtenteils verloren gegangen ist, so spürt man doch noch etwas von der Atmosphäre von einst und ist fasziniert von der Einbindung des Klosters in die Landschaft. Natur, orthodoxer Glaube und byzantinische Architektur greifen an kaum einem anderen Ort Kleinasiens so stark ineinander wie hier.

Vom Sumela-Kloster fahren wir zurück durch das Tal der Değirmendere, bis wir bei Maçka wieder die Hauptstraße erreichen. Von dort setzen wir die Fahrt Richtung Erzurum fort. Nach ungefähr 15 Kilometern kommt das Dorf Küçük Konak. Von dort kann man einen fast drei Stunden langen Ausflug zu Fuß zu der Klosterruine des Hagios Joannis Prodromos von Vazelon unternehmen. Man muss sich aber einem kundigen Führer anvertrauen, wenn man den etwas beschwerlichen Weg durch die sehr reizvolle Schluchtenlandschaft auf sich nehmen will. Ansonsten setzt man die Fahrt über Gümüşane und Bayburt weiter fort. Es ist der Weg der zehntausend Söldner der Anabasis des Xenophon, nur in umgekehrter Richtung. Bis man Erzurum erreicht, müssen aber drei über 2000 Meter hohe Pässe überwunden werden, der Zigana-, Vaudağı- und der Kopdağı Geçidi. Auch wenn diese Strecke etwas mühsam ist, durch den wundervollen Panorama-Blick auf das Pontosgebirge wird man reich entschädigt.

Erzurum, das antike Theodosiopolis, ist heute die wichtigste Stadt Ostanatoliens. Sie liegt auf einer Höhe von rund 1900 Metern im Becken des Euphrat-Quellgebietes. Der heutige Name wird von Arzan ar-Rum abgeleitet, was soviel heißt wie „Land von Rom". So sollen ihn jedenfalls die Seldschuken verstanden haben. Erzurum ist Grenzstadt zu Armenien. Eine Siedlung hier gab es schon im 2. Jahrtausend v. Chr. Damals hieß sie noch Carina. Doch erst unter Theodosios II. (408–450

n. Chr.) wurde Erzurum als Grenzstadt ausgebaut. Als Theodosiopolis findet die Stadt zum ersten Mal Erwähnung bei Theodoret aus Anlass ihrer Belagerung durch den Perserkönig Bahram V. Gor um 420. Zur Zeit des Konzils von Chalkedon (451) war die Stadt auch Bischofssitz. 502 wurde Theodosiopolis von dem Sassaniden Kabades erobert. Bei Prokop heißt Theodosiopolis Anastasiopolis. Der neuerliche Namenswechsel dürfte auf die Rückeroberung der Stadt durch Kaiser Anastasios I. zurückgehen. Schon in der zweiten Hälfte des 11. Jahrhunderts wurde Erzurum seldschukisch, 1515 osmanisch. Heute ist Erzurum die Universitätsstadt Nordostanatoliens. Zur Zeit des Kalten Krieges war es ein wichtiger Vorposten der Nato.

Trotz der vielen, zum Teil verheerenden Erdbeben, das letzte große war 1983, haben sich im modernen Erzurum einige Sehenswürdigkeiten erhalten. Mit zu den ältesten gehören die Ulu Camii und die Çifte Minare Medrese.

Die *Ulu Camii*, die Große Moschee, liegt in der Stadtmitte unterhalb der Zitadelle direkt an der Hauptstraße. Sie ist eine gewaltige und dennoch schlichte Säulenhallenmoschee mit sieben Schiffen, das mittlere ist deutlich breiter als die anderen. Die um 1179 von dem Saltukiden Abu l'Fath Muhammed gestiftete Moschee gehört zu den typischen frühen seldschukischen Bauten. Den Mittelpunkt des Innenraumes bildet die Qibla-Wand mit der kleinen Ausbuchtung nach Südosten für den Mihrab. Der eigentliche Betbereich wird durch eine kuppelartige Wölbung aus Holzbalken zusätzlich hervorgehoben. Die Joche der Schiffe sind mit angedeuteten Tonnengewölben überdeckt. 1964 stürzte ein Teil der Moschee ein. Zu den ältesten, nicht restaurierten Bauteilen gehört die Qibla-Wand mit breiter, geometrisch verzierter umlaufender Bordüre und den bekannten Muqarnas-Wölbungen. Auch das Minarett an der Westecke der Moschee stammt noch aus seldschukischer Zeit.

Die *Çifte Minare Medrese* liegt nicht weit von der Ulu Camii in südlicher Richtung. Sie ist im Grundriss ein etwas ungewöhnlicher Bau. Ihren Namen erhielt die im 13. Jahrhundert erbaute Koranschule wegen der schlanken, fayence-verzierten Zwillings-Minarette, die das Hauptportal flankieren. Die Minarette sind mit senkrechten Kanneluren geschmückt. Die ursprünglich direkt an die Stadtmauer angebaute Medrese ist ein rechteckiger, zweigeschossiger Vier-Liwan-Bau mit offenem Hof. Die Eingangsseite wird seitlich von zwei vorgestellten pilasterähnlichen Halbtürmen mit konischem Dach eingerahmt. Das große Mittelportal umgibt ein breites Band lebensbaumähnlicher Rankenornamente, die zu beiden Seiten aus einem kugeligen Gefäß hervorwachsen. Diese vegetabilen Motive setzen sich an den seitlich eingelassenen Pilastern des Portals fort. Stalaktiten schmücken das spitz zulaufende Gewölbe des Durchganges.

Der Innenhof ist in zweigeschossige Arkadengalerien gegliedert, die den Rhythmus der Ornamentik des Hauptportals wieder aufnehmen. Über den Seitennischen des östlichen Liwans sind Inschriftenbänder erhalten mit Texten aus dem Koran.

Dem Hauptportal gegenüber folgt ein rechteckiger Korridor, an diesen schließt ein Zentralraum, der Gebetsraum der Hatuniye Türbesi, an. Neben der aufwendigen Gestaltung des Hauptportals ist dieser Gebäudeteil mit der eigentümlichste der Medrese. Es handelt sich um einen zwölfseitigen, eleganten Kuppelbau, in dem eckig eingetiefte, alternierende Muqarnas-Nischen eingeschrieben sind, Schmuckformen mit Blendarkaden, Muqarnas-Nischen und Wandeintiefungen, wie sie für den anatolischen Grabbau typisch sind.

Es gibt auch sonst noch einige Sehenswürdigkeiten in Erzurum: die Zitadelle z.B., die noch in die mittelalterlich-byzantinische Zeit zurückreicht, oder die Lala Paşa Camii, eine nach den Plänen Sinans 1562 erbaute Moschee. Die Stadt kann auch ein guter Ausgangspunkt sein für Reisen an die Grenzen Kleinasiens, besonders in das Gebiet um den Ararat oder zu den Städten des Van-See-Gebietes, damit zu den letzten Stationen unserer Türkei-Erkundung.

10. Das Land im Schatten des Ararat

Für Mitteleuropäer ist **Armenien** weit weg. Wir wissen im allgemeinen nur wenig über die verhängnisvolle Geschichte des armenischen Volkes – bestenfalls sind es flüchtige Eindrücke von einem alten Land. Aber Land – verstanden als politische Einheit – und Volk sind im Falle Armeniens recht verschiedene Größen. Armenien als Gesamtheit genommen besteht aus einen türkisch-ostanatolischen Teil, aus einem irakisch-iranischen Teil und seit dem Zerfall der Sowjetunion aus der Republik Armenien, deren Staatsgebiet mit dem der ehemaligen „Armenischen Sozialistischen Sowjetrepublik" identisch ist.

Dabei ist Armenien eine der interessantesten, aber auch schicksalsträchtigsten Landschaften überhaupt, Zeugin einer leidvollen Geschichte, die mit dem Völkermord an den Armeniern in der Türkei zwischen 1915 und 1922 ihren Tiefpunkt erreicht hat, aber auch Erbringerin großer Kulturleistungen. Orient und Okzident stoßen hier eng aufeinander. Seit zweitausend Jahren ist Armenien Durchgangsland und Schmelztiegel zugleich, und fast ebenso lange ringen die Armenier um ihre Selbstbestimmung. Immer wieder durch die Jahrhunderte und Jahrtausende wurde das Land erobert, aufgeteilt und das Volk geknechtet – von Griechen, Römern, Persern, Byzantinern, Arabern und Osmanen. Seine Grenzen wurden immer wieder verschoben. Nimmt man das armenische Siedlungsgebiet als Ganzes, so erstreckt es sich heute vom Sevan-See bis zum nordpersischen Urmia-See, dem Daryachech-Rezaiyeh, im Osten und bis zum Van-See im Westen. Gesamtarmenien ist elfmal so groß wie die Republik Armenien. Seine schwierige geographische Lage und seine besondere Beschaffenheit als Lebensraum haben das Land so gut wie nie zur Ruhe kommen lassen Dies hat natürlich auch den Volkscharakter der Armenier geprägt.

Als eigentlicher Mittelpunkt Armeniens gilt der „Heilige Berg", der 5165 Meter hohe immer schneebedeckte Ararat (Büyükağrı Dağı) an der Ostgrenze der Türkei. Er gilt den Armeniern als Sinnbild neuen Lebens schlechthin; denn hier fand die Sintflut für Noah und die Seinen ein rettendes Ende und damit der Berg Eingang in das erste Buch der Bibel. Man lese Gen 8,2–4: „Die Quellen der Urflut und die Schleusen des Himmels schlossen sich; der Regen vom Himmel ließ nach, und das Wasser verlief sich allmählich von der Erde. So nahm das Wasser nach hundertfünfzig Tagen ab. Am siebzehnten Tag des siebten Monats setzte die Arche im Gebirge Ararat auf."

Im 19. Jahrhundert. war der Ararat häufiges Ziel von Expeditionen aus verschiedenen europäischen Ländern. 1829 bestieg der Arzt und Physiker Friedrich Parrot aus Dorpat mit fünf Begleitern von dem ehemaligen Jakobskloster aus den imposanten Fünftausender. In dessen 1834 veröffentlichter „Reise zum Ararat" ist der Aufstieg ausführlich beschrieben. Die bergsteigerische Leistung Parrots und seiner Helfer ist umso beachtlicher, als sie das Vorhaben zu einem Zeitpunkt in Angriff nahmen, als der Alpinismus noch in keiner Weise die Bedeutung und die Möglichkeiten von heute hatte. Parrot und seinem Team haben wir auch die frühesten detaillierten Kenntnisse über die geologische Beschaffenheit des mit ewigem Eis bedeckten Vulkankegels zu verdanken.

In frühgeschichtlicher Zeit war das gesamte Gebiet um den Ararat Teil der altmesopotamischen Welt. Zu Beginn des 1. Jahrtausends v. Chr. hieß es Urartu. Die Hauptstadt Eriwan gehört mit zu den ältesten, geschichtlich nachweisbaren Stadtsiedlungen. 782 v. Chr. gründete ein urartäischer König die Festung Erebuni, aus der dann das heutige Eriwan hervorging. In dieser Zeit stand das Gebiet unter starkem persischen Einfluss. Das zeigte sich nicht zuletzt an der streng hierarchisch gegliederten Sozialstruktur von damals: Bauern, Handwerker, Priester, Adel. Die Macht lag beim Adel und bei der Priesterschaft. Der Oberpriester spielte eine dem König beinahe vergleichbare Rolle, die vor allem in königslosen Zeiten zum Tragen kam.

Die Armenier, die dem Gebiet auch die indogermanische Sprache brachten, kamen erst im 7. und 6. Jahrhundert v. Chr.

Armenien

Abb. 28   „Wo Noah einst landete." Der Ararat.

ins Land, zugewandert vermutlich aus phrygischen oder thrakischen Gebieten. Die ursprünglichen Einwohner nannten sich selbst Haikh. So berichten Xenophon und Herodot. Die Haikhs vermischten sich mit den Chaldäern bzw. Urartäern.

Aber schon früh setzte die politische Aufsplitterung des Landes ein. Die Römer benutzten Armenien mehrfach als eine Art Pufferzone. Die westlich des Euphrats gelegenen Gebiete wurden zur Provinz Kappadokien geschlagen. Der östliche Teil geriet unter den Druck der rivalisierenden Großmächte, des römischen Imperiums und Persiens. Sie verfolgten ihre jeweiligen Interessen ohne jede Rücksicht auf die armenische Bevölkerung und verhinderten so schon früh die Bildung eines armenischen Gesamtstaates.

Nur im ausgehenden 3. Jahrhundert schien sich das Schicksal Armeniens für kurze Zeit zu wenden. Tiridates, der Sohn des

Königs Chosrow, befreite mit römischer Hilfe Restarmenien von dem tyrannischen palmyrenischen Fürsten Odenath. Im Friedensvertrag von 297 stellte es Tiridates unter römischem Schutz. Aber durch die immer wieder aufkeimenden Zwistigkeiten zwischen dem König und dem Adel und auch zwischen dem König und der Kirchenführung wurde die Chance nationaler Konsolidierung bald wieder vertan.

Doch was die Armenier trotz aller Ungunst der Geschichte und geographischer Lage zusammenhielt, waren ihre Sprache und ihr Glaube. Ganz im Gegensatz zu den anderen römischen Provinzen Kleinasiens führte König Tiridates bereits um 301 unter dem Einfluss *Gregorios des Erleuchters* (etwa 240–320) das Christentum ein. Armenien war damit zugleich das erste Land, in dem das Christentum Staatsreligion wurde. Gregorios entstammte einer vornehmen, mit dem Königshaus verwandten Familie.

Aber mit der Christianisierung waren die inneren Gegensätze nicht überwunden. Unter König Chosrow II., einem Sohn Tiridates', konnte der Feldherr Watsche zwar die in Armenien eingefallenen Albaner und Georgier besiegen und so das Land nach außen noch einmal absichern, aber Kompetenzstreitigkeiten zwischen dem König und dem Katholikos schufen neue Unruhe, die sich durch die christentumsfeindliche Religionspolitik Kaisers Julians Apostata (361–363) noch verschärfte. Zweimal gab es von Persien aus Versuche, das Christentum durch die Lehre des altiranischen Religionsstifters Zarathustra zu ersetzen. Die inneren, auch religiös bedingten Streitigkeiten führten dazu, dass Armenien 387 zwischen Persien und dem Byzantinischen Reich aufgeteilt wurde. Um 654 eroberten dann die Araber das Land. Doch wahrte Armenien seine religiöse Einheit auch unter islamisch-arabischer Herrschaft. Zugleich behauptete das armenische Christentum trotz aller Einigungsversuche und theologischen Annäherungen seine kirchliche Unabhängigkeit gegenüber Konstantinopel.

Nach armenischer Überlieferung kam der christliche Glaube durch die Apostel Judas Thaddäus und Bartholomäus ins Land. Man nimmt an, dass es in Armenien Christen bereits ab dem

2. Jahrhundert gab. In der Kirchengeschichte des Eusebios wird mehrfach auf Armenien Bezug genommen.

Endgültig etablieren konnte sich das Christentum in Armenien aber erst, als der Versuch der Sassaniden, das Land für die Lehre des Zarathustra zu gewinnen, abgewehrt war. Gregorios gründete an den Stellen zerstörter heidnischer Kultstätten christliche Kirchen. Auch die heidnischen Festgebräuche wurden christianisiert; beispielsweise wurde aus den Ernte- und Neujahrsfeierlichkeiten zu Ehren des Gottes Vanatur ein Fest zu Ehren der Märtyrer. Der Katholikos als geistliches Oberhaupt rückte nach der Christianisierung in eine ähnliche Position, wie sie früher der heidnische Oberpriester innehatte: Er war Erster nach dem König und dessen Stellvertreter. Die starke Stellung des Katholikos war neben dogmatischen Streitigkeiten (Konzil von Chalkedon) und der Entwicklung einer eigenen Liturgie wohl auch mit ein Grund für die endgültige Loslösung von Konstantinopel.

Den größten kulturellen Reichtum Armeniens bilden seine Sakralbauten: Kirchen in typisch armenischem Stil aus Gussmauerwerk mit gewölbten Decken oder Kuppeln und szenischen Reliefs an den Außenmauern. In der armenischen Landschaft des östlichen Kleinasiens gibt es davon viele Beispiele.

Als Ausgangspunkt für eine Rundreise in das Gebiet des Ararat wählt man am besten Erzurum. Von dort fährt man in nördlicher Richtung durch die ehemalige georgische Provinz Tao-Klardschetien nach Artvin. Die drei ersten zu besuchenden Orte gehören demnach eher zu dem georgischen als zu dem armenischen Einflussbereich. Die georgische Architektur bedient sich aber weitgehend desselben Ideen- und Formenrepertoires, sodass die Unterschiede nicht sehr ins Auge fallen. Unweit der Straße durch die urwüchsige Berglandschaft befinden sich zahlreiche Ruinen von Festungsanlagen und Burgen, aber auch mittelalterliche Kirchen, die heute zum Teil als Moscheen dienen.

Nach den Ortschaften Tortum und Kaledibi fährt man auf der Hauptstraße durch das Tal des Tortum Çayı, vorbei an dem herrlich gelegenen Bergsee Tortum Gölü bis zur Wegkreuzung am Oltu Çayı, wo man sich in westlicher Richtung halten muss. Nach ungefähr zwanzig Kilometern erreicht man vor der Ortschaft Yusufeli den Platz **İşhan** nahe an der Stelle, wo der Oltu Çayı in den Çoruh Nehri mündet. Der etwas abseits gelegene, von Feldern und Obstgärten umgebene Ort wirkt inmitten der kahlen Bergwelt wie eine grüne Oase.

Besonders sehenswert ist die in der Ortsmitte gelegene ehemalige *Bischofskirche* aus dem Jahre 1032. Ein Vorgängerbau stand dort schon seit Beginn des 7. Jahrhunderts. Wahrscheinlich wurde er unter Katholikos Nerses III. errichtet, der als Armenier in İşhan zur Welt gekommen war. Im 9. Jahrhundert wurde diese Vorgängerkirche umgebaut. Dabei wurden die alten Bauelemente fast vollständig in den neuen Kuppelbau übernommen. Laut Inschrift im Tympanonfeld wurde der „Endbau" von einem Bischof Antonios errichtet. Die gleiche Inschrift nennt neben dem Architekten, Iwane Mortschaidse, auch König Bagrat IV. und dessen Vater, Georgios I. (1014–1027), unter denen der Neubau aufgeführt wurde. Auch dieser Bau, eine Kuppelkirche mit mehrstufigem Fundament, ist nur noch als Ruine zu besichtigen. Der einschiffige Naos war von einem Tonnengewölbe überdeckt. Das Auffallendste an dem Bau sind die zahlreichen, durch Wulstrahmungen eingefassten Nischen an den Außen- wie den Innenwänden. Sie geben dem Bau seine charakteristische Gliederung und erzeugen in den Wandstrukturen einen rhythmischen Wechsel von Licht und Schatten. Auf der West- wie an der Ostfassade sind dekorative Reliefs angebracht, um die Fenster ranken sich vegetabile Rahmendekors. Einen besonderen Blickfang bildet der schwebende Rest des teilweise eingestürzten Kuppeltambours.

Ursprünglich war die Kirche ausgemalt gewesen. Spuren davon sind noch erhalten. Im nördlichen Querarm befinden sich Reste eines Freskos mit der Darstellung der heiligen Königin Nana, die ein Modell der Kirche in ihren Händen hält. Auf der östlichen Wand des gegenüberliegenden Querschiffes sind Apostel abgebildet, die sich zwei Frauengestalten zuwenden. Möglicherweise gehören die Bildreste zu einer Auferstehungsszene. Im Zenit der Kuppel zeigt sich ein reich geschmücktes Gemmenkreuz in einer von vier Engeln getragenen Gloriole mit dem Sternenfirmament als Hintergrund. Die gesamte Kuppelmalerei wird von Sonnen- und Mondsymbolen eingerahmt.

Die Bildsprache ist noch stark mythisch beeinflusst. Man erkennt z.B. eine auf einem Stier reitende, mit der Mondsichel gekrönte, nur halb bekleidete weibliche Person. Die Darstellung von vier Quadrigen mit Wagenlenker und geflügelten Pferden mitten in einer Phantasielandschaft im Tambour ist ein weiteres Beispiel noch stark mythischer Prägung.

Südlich an die Kirche angebaut folgt eine kleine Kapelle. Laut Inschrift wurde sie unter König Gurgen 1006 errichtet und der Theotókos geweiht. Ein für eine Bischofskirche zu erwartendes Baptisterium ist wie auch in anderen, vergleichbaren Kirchen Armeniens nicht nachweisbar.

Nicht weit von İşhan, etwas südlich von Yusufeli auf dem Weg nach İspir, steht die **Dörtkilise.** Der türkische Name besagt, dass es sich ursprünglich um eine klosterähnliche Anlage, eine Lawra mit vier Kirchen, gehandelt hat. Die heutige dreischiffige Kirche steht sehr exponiert auf einer von der umliegenden kargen Berglandschaft deutlich sich abhebenden Anhöhe. Der Bau fällt sofort durch die gleichmäßig gegliederten steilen Blendnischen an den Außenwänden auf, die von schlanken Lisenen gerahmt sind.

Früher einmal war der Kirche im Westen ein narthexähnlicher Bau vorgelagert gewesen. Im nördlichen Bereich befand sich ein zweischiffiges Refektorium. Betritt man das Innere der Kirche durch das Hauptportal, so fallen im Eingangsbereich zwei in das westliche Joch hineinreichende Mauerflanken besonders auf. Auf der Höhe der ersten Pfeilerstellung sind – korrespondierend – schmale Pfeiler eingesetzt, wie für einen Emporenunterbau. Die Interkolumnien der ersten drei Joche haben die gleiche Weite, dagegen ist das vierte – vor der Apsis – deutlich breiter. Dabei nehmen die Gewölbeflächen der Seitenschiffe in ihrer Regelmäßigkeit keine Rücksicht auf den Rhythmus im Mittelschiff. Seitlich der Apsis liegen die jeweils in zwei Raumteile gegliederten Pastophorien.

Ursprünglich war das gesamte Innere der Kirche mit Fresken geschmückt, doch haben sich nur in der in fünf umlaufende Zonen gegliederten Apsis Reste einer Bemalung erhalten. In einer Mandorla in der Kalotte wird eine Darstellung des Kreuzes als Symbol der Verherrlichung Christi vermutet. Darunter ist noch

Maria zu erkennen in Orantenhaltung, umgeben von Engeln, mit Johannes dem Täufer. An den beiden Seiten sind die Apostel aufgereiht. Auf der Höhe des Apsisfensters sehen wir die heilige Nana, die erste christliche Königin Georgiens, mit dem Kirchenmodell. Es folgen Moses mit den Gesetzestafeln und Melchisedek mit Brot und Wein, den Symbolen der Eucharistie, dann, angeführt von David und Salomon, der Zug der Propheten und die Kirchenväter. In der unteren Bildzone sind die Darstellungen nur noch schwach erhalten. Es handelt sich um Szenen aus dem Leben Jesu. Das gesamte ikonographische Programm der Apsis setzt sich vom byzantinischen Kanon deutlich ab. Schon allein deswegen empfiehlt es sich, die Kirche zu besuchen.

Doch kehren wieder nach Yusufeli zurück und setzen die Fahrt in Richtung Kars fort. Bei der Abzweigung nahe Penek unterbrechen wir kurz die Fahrt, um bei Söğutler jenseits des Penek Çayı die Ruinen der Rundkirche von Bana, eine der grandiosesten Sakralbauten der Gegend, aufzusuchen. Vom Ort sind es noch 30 Minuten Wegstrecke, bis die ziemlich merkwürdig anmutende Anlage in etwas erhöhter Lage in Blickweite kommt.

Der wahrscheinlich in das 7. Jahrhundert zurückreichende Gebäudekomplex steht in engem Zusammenhang mit dem georgischen Königssitz von **Bana**. Durch den Geschichtsschreiber Smbat Dawitisde aus dem 11. Jahrhundert ist überliefert, Adarnase, den Sohn des ermordeten David Kouropalastos aus dem Geschlecht der Bagratiden von Tao sei zum König von Georgien ausgerufen worden. Während seiner Regierungszeit von 881 bis 923 sei Bana Residenzstadt gewesen und zugleich Bischofssitz geworden. Der Ort wurde also durch die Bagratiden von Tao zu einem der blühenden Zentren der Politik und Kultur im südwestlichen Teil Georgiens. Vermutlich entstand damals um den Hügel, auf dem der Zentralbau steht, eine Stadt. Dazu gehörte gewiss ein königlicher Palast, und bei dem Kirchenbau dürfte es sich um die Palastkirche mit königlicher Grablege gehandelt haben.

In den heutigen ruinösen Zustand wurde die Kirche im türkisch-russischen Krieg Mitte des 19. Jahrhunderts gebracht.

Durch das Erdbeben von 1985 wurden weitere Teile des aufragenden Mauerwerks beschädigt.

Der ältere Baukern aus der ersten Hälfte des 7. Jahrhunderts zeigt einen Tetrakonchos, eine außergewöhnlich komplizierte Raumgestaltung mit vier Kuppelstützen, in die jeweils quadratische Eckräume mit einer kleinen Apsis eingelassen sind, die wiederum halbrunde Exedren miteinander verbinden. Das gesamte Bauensemble ist in einen Kreis eingeschrieben. Das Innere ist dreigeschossig ausgestaltet. Dadurch wird die Steilheit des im Zentrum aufsteigenden Kuppelraumes besonders unterstrichen. Im mittleren Geschoss ist eine Empore eingerichtet, die den umlaufenden Grundriss nochmals aufnimmt. Arkadenstellungen mit hufeisenförmigen Bögen bilden die Exedren, wobei die östliche sich dadurch von den anderen abhebt, dass die Zwischenräume der Arkadenarchitektur, deren Säulen mit prachtvoll reliefierten Kapitellen geschmückt sind, deutlich schmäler ausgefallen sind.

Um diesen Kern verläuft ein großer Umgang mit regelmäßig angelegten rechteckigen Nischen, die nur von den in den Achsen eingebauten Zugängen bzw. im Osten durch einen kleinen apsidialen Nischenraum unterbrochen werden. Die umlaufende Fassade ist in mit fein profilierten Blendbögen geschmückte Arkaturen eingeteilt, deren Rhythmus im Kircheninneren wiederkehrt. Ursprünglich muss die Anlage mit üppigem vegetabilem Dekor versehen gewesen sein. An der einen oder anderen Stelle finden sich noch Motive wie Weinreben und Granatäpfel.

Auf unserer Weiterfahrt wird uns in Ani in der Kirche des Gregorios noch ein ähnlicher Bautyp begegnen, allerdings ohne dieselbe Folgerichtigkeit in der Ausgestaltung. Vermutlich haben Kirchen wie die des Hagios Sergios und Backchos in Konstantinopel oder die Kathedralkirche von Bosra im syrischen Hauran mit als Vorbild für die Kirche von Bana gedient. Die Unterschiede sind allerdings trotz vieler Übereinstimmungen augenfällig.

Wir verlassen Bana und fahren in östlicher Richtung. Sehr oft begegnen Reisende auf diesem Weg größeren Viehherden und Zeltplätzen von Nomaden, die durch die Hochebenen des

Allahüekber-Gebirges ziehen. Nach einiger Fahrzeit erreichen wir die auf 1750 Meter Höhe gelegene Stadt **Kars**.

Die Gegend von Kars ist uraltes Siedlungsgebiet Die archäologischen Funde weisen bis in die Steinzeit zurück. Bevor im 6. Jahrhundert v. Chr. die Armenier das Gebiet besetzten, lebten hier über Jahrtausende die Hurriter und die Urartäer. Den Namen der Stadt glauben die Historiker von dem im 2. Jahrhundert v. Chr. eingewanderten Turkstamm der Karsaken ableiten zu können.

Mit der Aufteilung des armenischen Großreiches durch die Byzantiner und die Sassaniden im ausgehenden 4. Jahrhundert kam Kars an die Sassaniden. Von der Mitte des 9. bis zur Mitte des 11. Jahrhunderts – bereits nach der Invasion der Araber – erlebte die Stadt noch einmal eine längere Blütezeit: Kars wurde Hauptstadt des armenischen Königreichs des kaukasischen Fürstengeschlechts der Bagratiden. König Abas I. verlegte zu Beginn des 10. Jahrhunderts seine Residenz von Schirakavan, nördlich von Ani, nach Kars. Dessen Nachfolger, Ashot III., residierte zwar wieder in Ani, aber Kars wurde Sitz einer Nebenlinie mit Königstitel.

Als um die Mitte des 11. Jahrhunderts die Byzantiner das gesamte Gebiet als strategischen Vorposten gegen die Einfälle der Seldschuken in Anspruch nahmen, war es mit der Selbständigkeit allerdings endgültig vorbei. Die Stadt wurde wichtige Garnisonsstadt, was Kars heute noch ist. Der letzte König Gagik (1059–1067) war nur noch Regent von Byzanz' Gnaden. 1064 fiel die Stadt an die unter Alp Arslan von Osten heranrückenden Seldschuken. Gagik erhielt vom byzantinischen Kaiser als Entschädigung dafür ein kilikisches Fürstentum. In der Folgezeit wechseln die Herrschaftsansprüche auf Kars mehrmals. Bis ins 13. Jahrhundert gehört es mal zum georgischen, mal zum mongolischen Reich. 1386 wurde es durch Timur Lenk halb zerstört. Zu Beginn des 16. Jahrhunderts wurde die Stadt osmanisch, aber erst im späten 16. Jahrhundert, unter Sultan Murat III., begann ihr Wiederaufbau.

Von der strategischen Wichtigkeit dieses Platzes in der Grenzregion erhalten Reisende ein eindrückliches Bild durch die massige, den Ort majestätisch überragende Wehrfestung. In neuerer Zeit geriet Kars auch mehrmals in den Herrschaftsbereich der Zaren. Die russischen Häuser aus dem 19. Jahrhundert im Stadtbild von Kars erinnern noch heute daran. Erst 1921 wurde die Stadt endgültig türkisch. Bemerkt sei auch, dass im 19. Jahrhundert hier Wolgadeutsche angesiedelt wurden. Noch bis 1950 gab es in der Umgebung von Kars Siedlungen von Deutschstämmigen.

Den Höhepunkt der Stadtbesichtigung bildet üblicherweise der Besuch der *Kümbet Camii*. Die Moschee liegt unterhalb der Festung, nahe am Fluss Kars Çayi. Es handelt sich bei ihr um die frühere, unter Alp Arslan in eine Moschee umgewandelte *Apostelkirche* von Kars. Die Kirche war eine Stiftung König Abas I. Erbaut wurde sie zwischen 930 und 937. Um einen steil aufragenden Zentralkubus hat sich ein Vierkonchenbau erhalten, dem, als das Gotteshaus im 19. Jahrhundert als russisch-orthodoxe Kirche benutzt wurde, im Westen zwei kleine Portalvorhallen vorgesetzt wurden. Spuren der damaligen Ausgestaltung finden sich auch noch im Kuppelinneren.

Der Außenbau der ursprünglich auf einem Stufensockel errichteten Kirche besteht aus glatt behauenen grauen Tuffsteinquadern mit auffallend schlichten Dekorstreifen über den Fenstern und einem umlaufenden Flechtbandfries unter dem Dach. Vereinzelt finden sich auch auf den Tuffsteinblöcken Kreuzsymbole mit variablem Rahmendekor. Den Mittelpunkt bildet der alles überragende Tambour mit der Kuppel über den außen polygonal gestalteten Konchen. Am Tambour befinden sich außen zwölf verzierte Blendbögen, die auf jeweils doppelten Halbsäulen mit schräg verlaufenden Kanneluren und Kapitellen aufsitzen. In den Zwickeln sieht man in flachem Relief frontal stehende Figuren in Orantenhaltung, vermutlich Apostel. Doch da das Patrozinium der Apostelkirche nicht gesichert ist, muss man bei der Interpretation der dargestellten Figuren vorsichtig sein. Besonders erwähnenswert ist ein Relief an der Nordwestseite der Kirche. Man erkennt auf ihm Gregorios den Erleuchter, der nach einer Legende vom König in eine Schlangengrube geworfen wurde, aber unversehrt blieb. Im Inneren hat sich von der ursprünglichen Ausstattung kaum etwas erhalten. Bis vor wenigen Jahren gehörte noch die Ikonostase aus der russi-

Abb. 29 Die Apostelkirche von Kars.

schen Epoche zu den wenigen liturgischen Ausstattungselementen als christlicher Kirche.

Heute sind die meisten Fundstücke aus der Kirche im neu eingerichteten Museum nahe der alten Steinbrücke über den Kars Çayı ausgestellt. Dort finden sich auch zahlreiche andere Exponate, darunter eine Sammlung örtlicher Kunstgewerbeartikel und von Teppichen bzw. Kelims. Es sind dort aber auch interessante Stücke vom einem urartäischen Friedhof bei Iğdir an der Nordseite des Ararat zu sehen. Dazu kommen Skulpturen, die aus Ani stammen. Sie bieten Gelegenheit, sich bereits auf die nächste Sehenswürdigkeit einzustimmen: auf die Ruinen von Ani.

Verlässt man Kars in östlicher Richtung und nähert sich im äußersten Osten der Türkei der Grenze zur Republik Armenien, so erreicht man über Subatan und Soylu nach ca. 45 Kilometern die Ortschaft Ocaklı. Etwas östlich davon, dort wo der Alaca Suyu in den Grenzfluss Arpa Çayı mündet, befindet sich auf einem dreieckförmigen Plateau die mittelalterliche Stadt **Ani**. Noch vor einem Rundgang durch Ani ist es ratsam, sich für die Bereisung des armenischen Teils der Türkei und besonders des Grenzgebiets um Ani vom Emniyet Müdürlüğü eine Besuchererlaubnis zu besorgen.

Ani ist eine seit fast sechshundert Jahren nicht mehr bewohnte Ruinenstadt. Aber es ist ein Ort voller Faszination, beeindruckend vor allem, wenn man Ani im späteren Frühjahr aufsucht und hinter dem Szenario mit den vielen Kirchen sich zum ersten Mal der Ararat in seiner ganzen majestätischen Größe zeigt, so als wollte der ‚Heilige Berg' noch heute mit Nachdruck daran erinnern, dass wir uns hier in der Hauptstadt eines einmal großen Königreiches befinden, von dem die halbverfallenen Denkmäler noch stumm Kunde geben.

Die große Blütezeit für Ani begann unter der Dynastie der Bagratiden ab der Mitte des 9. Jahrhunderts. Ani steht stellvertretend für das Goldene Zeitalter Armeniens, in dem – Höhepunkt der armenischen Baukunst – die vielen Kirchen und Klöster erbaut wurden. Der Bagratide Ashot Msaker (806–827) baute die alte Siedlung zur Stadt aus, Ashot III. machte sie nach 950 zu seiner Residenzstadt. Zugleich wurde Ani als Hauptstadt Sitz des armenischen Katholikos. Aber bereits in den vierziger Jahren des 11. Jahrhunderts wurde Ani zum ersten Mal von den Seldschuken eingenommen, dann herrschten unter Konstantinos IX. Monomachos wenige Jahre noch die Byzantiner, bis Ani, wie viele andere Städte Armeniens auch, unter Alp Arslan um 1065 endgültig von den Seldschuken erobert wurde.

Während der Mongoleneinfälle um die Mitte des 13. Jahrhunderts wurde die Stadt arg verwüstet; ein Erdbeben 60 Jahre später tat ein Übriges. Politische Konflikte und Naturkatastrophen zwangen einen Großteil der Bevölkerung, nach Kilikien oder an die Küsten des Schwarzen Meeres auszuwandern; und nicht wenige zog es nach Konstantinopel.

Wegen der besonderen Lage an der Grenze kann nur der nördliche Teil der Stadt besichtigt werden; der südliche Bereich um die Zitadelle ist militärisches Sperrgebiet. Der Reisende betritt die Stadt von Norden durch das Arslanli Kapısı, wegen der Löwenreliefs auch Löwentor genannt. Ist man im Inneren der früher von einer Mauer umgebenen Stadtanlage angelangt, geht man am besten ein Stück auf der alten Hauptstraße weiter und biegt dann rechts ab. So gelangt man zu den Ruinen der *Gregorioskirche* des Königs Gagik I. Der Zentralbau, der einige Ähnlichkeit mit dem von Bana hat, dürfte in den letzten Jahren des 10. Jahrhunderts, vermutlich als königliche Stiftung, erbaut worden sein. Wie zwei weitere Kirchen von Ani wurde auch diese Gregorios dem Erleuchter geweiht. Den Mittelpunkt des Rundbaus bildet wiederum eine Vierkonchenanlage. Die halbkreisförmigen Exedren verbinden die vier im Grundriss M-förmigen Pfeiler, die den Kuppelraum getragen haben. Nachträgliche Stützeinbauten konnten den gewaltigen Schub der Kuppel aber nicht auffangen, sodass die Kirche bereits im 12. Jahrhundert einstürzte.

Von der Gregorioskirche kehren wir wieder auf die Hauptstraße zurück. Schon nach wenigen Schritten treffen wir dort auf die Ruinen der Arakelots- bzw. Apostelkirche. Der Bau stammt aus dem frühen 11. Jahrhundert. Von hier biegt man erneut in Richtung Alaca Çayi ab und kommt zu einem weiteren kleinen Zentralbau, der so genannten Gregorios-Kirche des Prinzen Abughamrentz aus dem späten 10. Jahrhundert.

Der später durch Anbauten erweiterte zwölfseitige Baukern ruht auf einem Sockelaufbau. An den mächtigen Wandmauern sind innen sechs gestelzte Konchen eingelassen. Die östliche Altarnische ist von schmalen Pastophorien umrahmt. Der schlanke Tambour mit dem konischen Dach krönt den Raum. Gesimsbänder mit Profil schmücken die nicht sehr aufwendig gestalteten Außenseiten. Blendarkaden mit doppelt verlaufenden Bögenwülsten gliedern die Außenmauern des Tambour. Die hohen, schmalen Fenster in den jeweiligen Kompartimenten werden von einem doppelten Kordelband umrankt.

In fast genau entgegengesetzter Richtung, vorbei an dem einsam dastehenden Minarett, erreicht man schließlich die Hauptkirche von Ani, die einstige *Kathedrale*. Der fast noch vollständig erhaltene und eindrucksvoll über einem mehrstufigen Sockelplateau errichtete Kirchenbau war im Zentrum über der Vierung mit einer kegelförmigen Kuppel überdacht. Die wahrscheinlich der Theotókos geweihte Kathedrale wurde unter König Smbat II. um 980 begonnen und durch die Königin Katramide und König Gagik I. im Jahr 1001 vollendet. Der Geschichtsschreiber Asoghik von Taron verweist ausdrücklich auf den Architekten Trdat als Erbauer, der im Auftrag des byzantinischen Kaisers Basileios II. auch die von einem Erdbeben erschütterte, einsturzgefährdete Kuppel der Hagia Sophia in Konstantinopel um 989 saniert hatte.

Die rötlich-braun und grau-schwarz getönten glatten Steinquader der dreischiffigen Kuppelbasilika mit den flachen steilen Blendarkaden, die von schmalen, schlank aufgesetzten Halbsäulen getragen werden, bilden ein interessantes Farbensemble. Je nach Sonnenstand entwickelt der massige Außenbau im Wechsel von Licht und Schatten eine wundervolle Plastizität.

Durch das Westportal mit seinen aus dem Baukubus vorspringenden Seitenwangen betritt man den eindrucksvollen Innenraum der Kathedrale. Der Blick wird ganz von selbst zuerst durch die vier mächtigen, freistehenden Bündelpfeiler zur Kuppel gelenkt. Erst allmählich erfasst man das gesamte Raumgefüge der basilikalen Anlage, die in ihrer Harmonie und Ausgewogenheit fast einmalig ist. Erhabene Eleganz kennzeichnet auch das steil aufsteigende Innere des Baues. So geschlossen der Bau außen wirkt, in seinem Inneren vermittelt er den Eindruck, als schwebe er im freien Raum. Dieser Eindruck wird durch den wohlproportionierten Wechsel von den linearen Wandstrukturen zu den steil aufstrebenden Bogenarchitekturen bis vor zu der schlank wirkenden Apsis und dem der Apsis vorgelagerten Triumphbogen noch verstärkt. Dieses Schweben nach oben dürfte sich auch in der nicht mehr erhaltenen Ausstattung der Kirche – mit dem Triumphkreuz im Zenit – widergespiegelt haben.

Unweit von der Kathedrale in östlicher Richtung steht die Erlöser- oder *Amenaperkitsch-Kirche:* ein zweigeschossiger schlanker Rundbau, dessen Ostseite vor einiger Zeit in sich zusammengebrochen ist. Zwei Inschriften an der Außenwand ist zu entnehmen, dass der Zentralbau unter der Herrschaft des Hovhannes Smbat III. gegen 1036 als Stiftung des Generals Abulgharib aus der schon genannten Familie Pahlavuni anlässlich der Translation einer Kreuzreliquie aus Konstantinopel errichtet worden ist.

Über einem niedrigen Podium erhebt sich ein neunzehnseitiges Untergeschoss. An dessen Außenwand ist wieder ein Kranz leicht zugespitzter Blendarkaden angebracht, wobei die Außenwand über dem südlichen Eingang deutlich erhöht ist. Zweifach gesetzte Halbsäulen mit kugelförmigen Kapitellen tragen die Arkadenbögen. Über einem vorspringenden Gesimsabschluss läuft ein Pultdach um. Darüber, über einem schmalen Dekorband erhebt sich der hohe, ebenfalls mit (schmäleren) Blendarkaden geschmückte Tambour. Wiederum werden die mit geometrischem Dekor versehenen Bögen von filigran wirkenden zweifachen Halbsäulenstellungen optisch gestützt. Es folgt ein weiteres Schmuckband mit geometrischen Formen, darüber dann der Ansatz der Kuppelschale. Schmale Fenster in den Blendarkaden unterbrechen die Gleichmäßigkeit der Wandflächen.

Das Kircheninnere ist durch sieben gleiche Rundnischen gegliedert. An den im Verhältnis zu den Nischen deutlich größeren östlichen Apsisraum schließen seitlich pastophorienähnliche, in die massigen Grundmauern eingelassene Anräume an. An den jeweiligen, die Nischen verbindenden Wandvorlagen sind Säulen vorgesetzt, die weniger aus statischen Gründen für den aufstrebenden Tambour als vielmehr für die Gestaltung und Betonung des umlaufenden Gesimsbandes der inneren Wandfläche gedacht waren. Unter der teilweise noch erhalten Tünche werden Fragmente einer Bemalung aus dem Ende des 13. Jahrhunderts sichtbar.

Zusammenfassend lässt sich sagen: Mit den Kirchenbauten von Ani besitzen wir ein überaus reichhaltiges Repertoire armenischer Kirchenbaukunst und der besonders eindrucksvollen Reliefgestaltung am Bau. Sie vermitteln ein einmaliges Bild armenischer Religiosität. Und auch wenn die armenischen Sakralbauten – von Profanbauten ist nicht viel erhalten – immer wieder ein in sich geschlossenes Ganzes bilden, so sind sie doch zugleich künstlerischer Ausdruck einer fruchtbaren Verschmelzung mit der sie umgebenden Landschaft.

Von Ani führt uns der Weg zunächst noch einmal zurück nach Kars. Von dort geht dann die Fahrt weiter durch die bizarre Bergwelt Ostanatoliens den westlichen Ausläufern des Ararat entlang nach Dağubayazit. Hier am Fuße des ‚Heiligen Berges' kann man noch ein wenig verweilen. Aber schon ungefähr sechs Kilometer östlich der Stadt, auf einem terrassenähnlichen Hochplateau zwischen den westlichen Ausläufern des Ararat und des Akyayla Dağı treffen wir auf eines der ungewöhnlichsten Bauwerke Kleinasiens, den **Ishakpaşa Sarayı**, eine Palastanlage aus dem 18. Jahrhundert.

Das hoch herrschaftliche Sarayı im Schatten des großen Ararats wurde von Fürsten der Çıldıroğlu, einem örtlichen Herrschergeschlecht, erbaut, das während der osmanischen Zeit in Teilen Ostanatoliens und Transkaukasiens herrschte. Der Ursprung des Geschlechts liegt ziemlich im Dunkeln. Da sein Herrschaftsbereich sich auf georgisches wie auf armenisches wie auf kurdisches Gebiet erstreckte, kann man annehmen, dass das Fürstengeschlecht einer dieser Volksgruppen entstammte. Mehrere Mitglieder der Dynastie werden im 17. Jahrhundert und auch noch in späterer Zeit als Statthalter der Hohen Pforte in den Gebieten um Tiflis und Çıldır genannt. Als Erbauer des Palastes gilt der Wesir Ishak Paşa, doch nimmt man an, dass bereits unter dessen Vater Hasan Paşa mit dem Bau begonnen wurde. Finanziert wurde der Bau hauptsächlich aus Zolleinnahmen, was leicht zu erklären ist: Der Platz liegt an der Handelsroute zwischen Ankara und Teheran, der Verlängerung der einst so einträglichen zentralasiatischen Seidenstraße.

Der während des türkisch-russischen Krieges arg in Mitleidenschaft geratene Palast mit seinen hohen Umfassungsmauern über den Schluchten wirkt von außen wie eine Festungsanlage; im Innern dagegen erinnert er eher an einen orientalischen Märchenpalast. Der Erbauer hatte offensichtlich das Bedürfnis, alle bis dahin bekannten baulichen und stilistischen Elemente islamischer Palastarchitektur in *einem* Bauwerk zu vereinen. Seldschukische und osmanische Bautraditionen vermischen sich stark mit einheimischem Stilempfinden.

Der monumentale Palast ist in drei geschlossene Komplexe aufgeteilt, in einen ersten Hof mit Soldatenunterkünften und Vorratslagern, in einen zweiten mit repräsentativen Räumlichkeiten und in einen dritten, der hauptsächlich als Wohntrakt genutzt wurde. Schon die hohen Portale, durch die man in die verschiedenen Trakte des Palastes gelangt, stehen für gewollte Steigerung. Mit Absicht wählte man verschiedenfarbiges Steinmaterial. So wurden neben gelblichem und rötlichem Sandstein Basalt und Kalkstein verwendet, und für die Fassadengestaltung benutzte man neben der polychromen Steinfassung auffallend barockisierende Stilmotive. Das große zweigeschossige Hauptportal, durch das man in den ersten Hof gelangt, weicht in seinem Aussehen von den bislang bekannten islamischen Bauformen deutlich ab. Man griff – antikisierend – auf den Triumphbogen als Muster zurück, gestaltete diesen mit üppiger osmanischer Ornamentik aus, mit plastisch hervorgehobener Stalaktitendekoration im spitzbogig zulaufenden Tympanon, und schuf so bei aller Monumentaltät eine Atmosphäre schwebender Leichtigkeit.

Vom ersten Hof aus erreicht man durch einen schmalen tonnengewölbten Gang den zweiten, den Hof des Selamlik, mit kleineren Empfangsräumen links und rechts vom Eingang, dem so genannten Diwan. Es handelt sich um den Teil des Palastes, in dem Gäste empfangen und große Feste gefeiert wurden und wo sich auch das öffentliche, das politische wie das kulturelle Leben abspielte. Die bedeutendste Baulichkeit in diesem Trakt ist die Moschee auf der rechten Hofseite. Sie fällt durch ihren monumentalen Kuppelbau und durch das dahinter steil aufragende Minarett schon vor Betreten des Palastes auf. Die Moschee ist ein fast quadratischer Baukubus, über dem sich die halbkugelförmige Kuppel erhebt. An den vier Ecken befinden sich kleinere turmartige Aufbauten. Die Außenwände sind mit

Fenstereinlassungen und kleineren Schmuckfeldern verziert: Nur die östliche Wandseite weist eine Lisenendekoration – ohne Fenstereinlassungen – auf. Die Innenausstattung wirkt verspielt barock. Den absoluten Höhepunkt bildet die vielseitige Mihrab-Nische mit der Muqarnas-Apsis.

Direkt von der Moschee aus konnte man die im Norden gelegene Medrese erreichen. Dazwischen befindet sich der Aufgang zum Minarett, das allein schon durch den Wechsel zwischen verschiedenfarbenen Steinlagen und dem Stalaktitenbalkon sich deutlich von anderen Gebäudeteilen abhebt. Auf den Aufstieg sollte man schon wegen der wunderbaren Aussicht, vor allem auf den Ararat, möglichst nicht verzichten. Besonders am Spätnachmittag, wenn die schon tief im Westen stehende Sonne den schneebedeckten Gipfel in goldenes Licht taucht, zeigt sich der ‚Heilige Berg' in seiner ganzen, facettenreichen Farbigkeit.

Aber kehren wir in den Hof des Selamlik zurück. Dort fällt gleich die kleine, direkt an die südliche Moscheewand angesetzte, auf einem Sockel stehende Türbe auf, ein von schmalen, pilasterähnlichen Säulenbündeln eingefasster achteckiger Bau. Die kleine Grabstätte krönt ein Faltdach mit einem in Zickzack geformten Gesimsabschluss. Die zweizonigen Wandflächen sind im unteren Bereich mit Vasenformen und mit wappenähnlichen Schildern geschmückt. Darüber folgen reliefierte Darstellungen von aus Gefäßen herauswachsenden Lebensbäumen. Über eine Wendeltreppe gelangt man in den unteren Gruftbereich. Die Türbe war ursprünglich von einem ummauerten kleinen Garten umgeben. Heute ragen dort die Entlüftungsschächte der Anlage heraus.

Das so genannte Tor des Haremlik an der Ostseite des letzten großen Gebäudekomplexes führt schließlich in die Privaträume, in den Sarayı, den Wohnbereich der fürstlichen Familie. Im Zentrum des Wohntraktes befindet sich der salonartige Diwan mit dem daneben liegenden Bad, der Küche und den Latrinen. Die rechteckigen Wohnräume und Gästezimmer umgeben den nördlichen und westlichen Teil des Palastbezirkes.

Die Anlage, die durch das Erdbeben um 1840 sehr gelitten hat, ist in ihrer alten Pracht weitgehend wieder hergestellt. Tritt man auf die westlich anschließende Gartenterrasse heraus und blickt auf die umliegende Berglandschaft, so spürt man, wie harmonisch sich der Sarayı in seine Umgebung einfügt, und ahnt, warum die Bauherren gerade diesen Ort für ihren Palast ausgewählt haben. Die Bergkuppe des Ararat schwebt wie eine Krone über dem Ishakpaşa Sarayı.

Heute muss man nicht mehr wie früher bis Ağrı zurückfahren, um dann über Patnos bei Erciş den Van-See zu erreichen. Eine Schnellstraße führt direkt zur Stadt **Van**. Die Fahrt geht über landschaftlich reizvolle Gebirgspassagen nahe am westlich gelegenen Vulkanberg Tendürek Dağı vorbei, bis man kurz nach Muradiye den Van-See erreicht. Wir durchfahren auf diese Weise das Kernland des so genannten urartäischen Reiches. Nahe der Stadt Van dürfte einmal die Hauptstadt des urartäischen Reiches, Tuşpa, gelegen haben

Schriftliche und archäologische Zeugnisse weisen darauf hin, dass im 2. Jahrtausend v. Chr. zunächst das hurritische Königshaus der Mitanni das Gebiet beherrschte, bevor dann im 9. Jahrhundert v. Chr. das Reich Urartu, wörtlich übersetzt „Land am Berg", rings um den Van-See entstand; ein Reich, das sich nach und nach bis zum Schwarzen Meer ausdehnte. Bereits unter König Menua (um 810–786) zählte das Urartu-Reich zu den einflussreichsten Herrschaften Ostanatoliens und Transkaukasiens. Wenn wir den aufgefundenen Inschriften glauben dürfen, so gehen viele Städtegründungen, Palastanlagen, Tempelbauten und Aquädukte mit zum Teil sehr ausgeklügelten Bewässerungssystemen auf die Regierungszeit Menuas zurück.

Die Blütezeit des Reiches war allerdings von nicht langer Dauer. Der urartäische König Sarduri II. unterlag 743 v. Chr. den Truppen des aus dem 2. Buch der Könige bekannten assyrischen Königs Tigletpilesar III. Der wegen seiner markanten Gestalt noch heute nicht zu übersehende Burgberg von Van konnte damals zwar wahrscheinlich nicht eingenommen werden, doch wurde sowohl die Unterstadt wie die so genannte Gartenstadt vollkommen zerstört und das gesamte Umland von Van verwüstet. Bis zum Fall von Ninive 612 v. Chr. (Nah 2,2 ff.) stand das Land um den Van-See dann unter assyrischer Herrschaft. Die Armenier konnten das Gebiet sich erst ab dem 4. Jahrhundert n. Chr. einverleiben. Auch sie bauten Van noch einmal zu einem politischen Zentrum aus. Endgültig zerstört wurde Van mit seiner historischen Altstadt erst während des Ersten Weltkriegs im Zuge der Ausrottungspolitik gegen die Armenier.

Wen man nach Van fährt, sollte man unbedingt die Zitadelle Van Kalesi aufsuchen. Von dort hat man einen herrlichen Blick auf den Van-See – das größte Binnengewässer der Türkei, rund sieben Mal so groß wie der Bodensee – und auf dessen nähere Umgebung. Von der Zitadelle aus sieht man auch die wenigen noch verbliebenen Reste der Altstadt, das Minarett der Ulu Camii, von der nur noch die Grundmauern erhalten sind, und die beiden Kuppeln zweier osmanischer Moscheen nahe der südlichen Stadtmauer. Das Gebiet von Alt-Van ist wie eine Mondlandschaft, ausgestorben und fast gespenstig. Es lässt von seiner dreitausendjährigen Geschichte kaum noch etwas ahnen.

Bevor wir die Reise beenden, fahren wir weiter zum Südufer des Van-Sees, vorbei an zahlreichen armenischen Kloster- und Kirchenruinen. In einem landschaftlich sehr reizvollen Ambiente treffen wir zwischen den Ortschaften Gevaş und Yuva noch auf die Insel **Akdamar** mit ihrer berühmten *Kreuzkirche*. Bevor man sich auf die Insel übersetzen lässt, sollte man den Blick auf sie und auf den im Wasser des Sees sich spiegelnden Berg Süphan Dağı in Ruhe auf sich wirken lassen.

Über die Gründung dieser Klosterinsel, die wir als letztes Baudenkmal besichtigen, sind wir recht gut informiert. Zu Beginn des 10. Jahrhunderts entstand hier ein selbständiges Kleinreich, das in den historischen Quellen als Königreich von Waspurakan bezeichnet wird. Der Chronist Thomas Artsruni, aus demselben Geschlecht wie sein Auftraggeber König Gagik I. (904–938), hat in seiner Geschichte der Artsrunier sehr ausführlich über die Bautätigkeit auf Akdamar berichtet. Demnach war der Bauherr an den Entwürfen für die mit goldglänzenden Kuppeln gekrönte Anlage selbst intensiv beteiligt. Der Bau sei aus einem Guss, ohne stützende Säulen oder Pfeiler gebaut worden: „… er ist wirklich ein Wunder und übersteigt alle Einbildungskraft." Die goldenen Kuppeln vergleicht Artsruni mit

Abb. 30   Die Belebung des Reliefs durch das Licht. Darstellung der Jonaslegende an der westlichen Südseite der Kirche von Akdamar.

dem Himmelszelt; sie sollten ein gewaltiges Symbol für die Krone des Monarchen sein.

Das Prachtschloss ist aber nicht mehr erhalten. Selbst von den Fundamenten sind nur noch unbedeutende Reste übrig. Gut erhalten dagegen ist die *Heiligkreuzkirche* mit ihrem reichen plastischen Figuralschmuck an den Außenwänden. Der Chronist nennt sie die Surp Hatsch-Kirche. Sie war vom Palast aus direkt zugänglich gewesen, genau an der Stelle der Südkonche, wo sich die Königsloge befand. Erbaut wurde die Kirche zwischen 915 und 921. Das Baumaterial – ein rotbräunlicher Sandstein – wurde aus dem Gebiet von Aghznikh, nordöstlich vom heutigen Diyarbaku herbeigeschafft. Bekannt ist auch der Name des Baumeisters. Laut Artsruni hieß er Manuel und war Mönch.

Auf den ersten Blick macht die Kirche von Akdamar allerdings nicht den Eindruck eines einzigartigen Kunstwerks. Es handelt sich um einen Zentralbau, wie er in der armenischen Baukunst weithin üblich war. Den Kern bildet ein überkuppeltes Quadrat, von dem vier Querarme ausgehen, die im Inneren in Konchen münden. Die Eingangs- und Ostseite sind leicht verlängert und mit Tonnengewölben überspannt. In den Ecken des Naos finden sich diagonal zu einander kleinere Rundnischen, die sich an der Außenwand wie schmale Türme ausnehmen. Von den beiden östlichen Nischen führt je ein Zugang in die den erhöhten Apsisraum einrahmenden Pastophorien.

Auf den mächtigen Wandvorlagen der quadratischen Vierung ruht der außen sechszehnseitige Tambour. Im Inneren führen Pendentifs aus dem quadratischen Grundriss hinauf in den kreisrunden Kuppelraum. Außen wird die Kuppel von einem achtseitigen Kegeldach abgeschlossen. Ihre Höhe beträgt vom Boden bis zum Kuppelscheitel fast 21 Meter. Die Kuppel übersteigt damit die Ausmaße des Grundrisses in Länge und Breite beträchtlich. Die bewusst so gewählten Proportionen mit der steil aufsteigenden Kuppel sollen im Kirchenraum eine Atmosphäre der Erhabenheit schaffen. Aber auch dies gehört, wie wir bereits mehrfach gesehen haben, zu den Leitideen armenischer Sakralarchitektur.

Dass der Chronist mit seiner Bemerkung, bei dieser Kirche

handele es sich um ein ganz außergewöhnliches Kunstwerk, dennoch Recht hat, wird dem Besucher klar, wenn er das Bildprogramm an den Außenwänden der Kirche in Ruhe betrachtet. Diesem würde man nicht gerecht, wollte man darin nur eine der üblichen Abfolgen biblischer Szenen sehen. Das Bildprogramm ist bei weitem nicht nur ein Spiegel armenischer Frömmigkeit der damaligen Zeit, sondern – ganz byzantinisch – auch Ausdruck der Verherrlichung des Königs als Herrscher wie als Beschützer und Wahrer der Kirche. Das sieht man an der Art der Darstellung biblischer Szenen, die sich in großem Bogen von Abraham über David und die Propheten bis zu Christus und den Aposteln erstrecken. Sie geben der Phantasie viel Spielraum. Vögel und Löwen, Stiere, Bären und Wildschweine finden da ebenso ihren Platz wie Feldfrüchte und Weinranken mit Trauben. Die Figuren wirken volkstümlich, sie entstanden weitab von Konstantinopel. Doch erhalten die flächigen Bilder spätestens dann eine wundervolle Plastizität, wenn das Sonnenlicht in leichter Schräge auf die Szenen fällt. Dann erweckt das Spiel des Lichtes das Dargestellte zum Leben, und man sieht, wie armenische Lichtmystik ins Bild gebracht wird.

Es empfiehlt sich, bei der Betrachtung der Bildreliefs an der Nordostseite, an der nördlichen Konchenwand zu beginnen. Auf der rechten Seite sehen wir zunächst den Paradiesbaum, um dessen Stamm sich der Satan in Gestalt einer Schlange windet, den Kopf der vor dem Baum knienden Eva zugewandt. Links stehen Adam und Eva vor dem Baum der Erkenntnis und reichen sich den Apfel. Über diesen beiden Szenen folgen scharf aus dem Steingrund hervorspringend Tierbilder, Widder und Fische. Über diesen erscheint ein über die gesamten Wandflächen verlaufendes, mit Weinranken geschmücktes Relief. In den Weinlaubfries sind an der Nordseite in Laufrichtung von rechts nach links ein Kampf zwischen einem Mann und einem Bären, eine männliche Person mit einem Tragekorb auf dem Rücken und ein Adler mit ausgebreiteten Schwingen eingeschrieben. Im Giebeldreieck sehen wir in frontaler Darstellung einen Heiligen, der ein Buch, die Heilige Schrift, in der – verhüllten – Hand hält.

An den beiden seitlichen Wänden des nördlichen Kreuzarmes sind die Jünglinge im Feuerofen und Daniel in der Löwengrube auf der einen und Simson mit dem Philister auf der anderen Seite dargestellt. Um diese letztere Szene sind Heiligengestalten gruppiert, gedacht wohl als Augenzeugen des Geschehens. Es folgen dann noch – übereinander – zwei Bildstreifen: eine Gorgo und darüber die Darstellung, wie Simson dem Löwen das Schwert in die Brust stößt, und zwei kämpfende Hähne. Zum Bildrepertoire gehören auch noch ein Pfauenpaar, ein Adler, der einen Hasen schlägt, und ein Kamel.

Die verschiedenen Bildebenen setzen sich auf der Ostseite der Kirche fort. Der Blick fällt zunächst auf die mittlere Wandfläche zwischen den beiden steilen schmalen, oben von einem Schmuckband begrenzten Nischeneinbauten. Über dem kleinen Fenster sieht man zwischen Tierköpfen ein Medaillon mit einem Brustbild Adams, dessen erhobener Zeigefinger auf die daneben stehende Inschrift weist: „... und Adam nannte die Namen aller Tiere und Bestien". Möglicherweise ist diese Adamdarstellung auch der ikonographische Schlüssel zu dem die Kirche ganz umgebenden Tierfries. Über dem unteren Teil der Ostwand befinden sich ganzfigurige Heiligengestalten und Heiligenbüsten in Medaillons. Sie sind in unterschiedlicher Größe dargestellt, die Zuordnung zu einer bestimmten Person ist schwierig. Genau in der Mitte des Weinlaubfrieses erscheint thronend der Fürst, vor seiner Brust einen Kelch haltend und mit einer Dolde Weinreben in der erhobenen linken Hand. Im abschließenden Giebelteil erscheint parallel zur Nordseite eine Heiligengestalt, die das geschlossene Buch in der unverhüllten linken Hand hält.

Auf der gegenüberliegenden südlichen Wandseite folgen wieder biblische Szenen, wobei die mittlere Partie durch den nachträglich angebauten Glockenturm mit dem Zugang zur königlichen Loge verstellt bleibt. Die erste Szene am östlichen Wandteil zeigt David in der Szene mit Goliath. Zwischen den beiden kauert ein Rind, dessen Darstellung der skythischen Bildwelt entlehnt sein dürfte. Links steht noch eine weitere, deutlich kleinere Person mit Turban, die den Betrachter auf das Geschehen hinweist und inschriftlich als Saul benannt wird. Zur südlichen Konche hin folgen noch Darstellungen von weiteren Heiligen als ganzfigurige Gestalten oder als in Medaillons eingelassene Brustbilder. Ihnen sind phantastische Tierfiguren beigegeben, die in ihrer Gestaltung sassanidische Formsprache verraten.

Auf dem westlichen Teil der Südwand endlich sehen wir die thronende Muttergottes, die den jugendlichen Christus – die Inkarnation des Logos – auf ihrem Schoß trägt. Die sehr flächige Darstellung entspricht dem ikonographischen Vokabular, wie es uns aus der byzantinischen Kleinkunst überliefert ist. Dann folgt der thronende Christus als Pantokrator, dem von links ein Engel zugewandt ist, der mit beiden Händen auf den Thronenden weist. Es folgen zwei gegeneinander stehende Ziegenböcke, bevor dann auf dem wieder zurückspringenden schmalen Wandteil das Opfer Abrahams wiedergegeben wird – wegen der beengten Platzverhältnisse in sehr komprimierter Darstellung, wie man sie sonst nicht kennt. In der Mitte steht Abraham, der aber von den anderen Figuren der Szene regelrecht eingezwängt wird. Spätestens hier stellt sich die Frage, nach welchen Leitideen das ikonographische Programm angelegt war. Man benutzte wohl ein theologisches Programm, um die Königsidee religiös zu legitimieren.

Auf der folgenden, breiteren Wandfläche schließt sich noch die Jonaslegende an. Die Darstellung beginnt von links mit dem Meerwurf des Jonas. In der Mitte sehen wir dann das Meerungeheuer mit aufgerissenem Maul, das den Jonas ausgespien hat. Die letzte Szene zeigt Jonas unter der Kürbislaube, wo er sich ausruht. Dieser Szene sind wieder Heilige in Medaillons beigegeben, einer von ihnen ist als der Erzmärtyrer Stephanus inschriftlich ausgewiesen. Eine kleinere Figur, ein Prophet, weist gestikulierend auf eine im Schneidersitz verharrende Person. Man deutet diese Person als den König von Ninive, dem Jonas predigend sich zuwendet.

Die Darstellungen auf der Westseite versinnbildlichen den Triumph des christlichen Glaubens. Wir sehen den Stifter, König Gagik I., mit dem Modell der Kirche auf der linken Seite, und ihm gegenüber den segnenden Christus. Darunter erscheint ein Engelpaar. Es hält ein Medaillon, in das das Kreuz als Sieges-

und Triumphzeichen eingeschrieben ist. Über dem Scheitel des schmalen Fensters und an den äußeren Wandseiten kehrt das gemmenbesetzte Kreuz wieder. Unter den Füßen der Heiligen im oberen Giebelteil verläuft der Weinlaubfries, doch springt der Mittelteil deutlich aus der umlaufenden Zone heraus.

Um zum Abschluss dieser Besichtigung, mit der zugleich unsere Reise durch das östliche Gebiet der Türkei endet, zusammenzufassen und ohne das Gesehene in seiner künstlerischen wie in seiner geschichtlichen Bedeutung zu überdehnen: Die armenischen Kunstdenkmäler zeigen gleichsam prototypisch, wie Darstellungen der christlichen Heilsgeschichte und Heilserwartungen immer auch die politischen Verhältnisse, Interessen und Herrschaftsformen ihrer Entstehungszeit widerspiegeln und deren Legitimierung dienen. Auch ist in den Darstellungen dieser Kunst – die Kirche von Akdamar ist ein herausragendes Beispiel dafür – noch viel von der magischen Welt Vorderasiens aus geschichtlicher wie vorgeschichtlicher Zeit lebendig. Aber all das wird überstrahlt von einer Religiosität, für die Christus alles Licht in die Welt und ins Leben bringt. Es war diese tiefe Religiosität, die das armenische Volk trotz der so misslichen politischen Umstände und des hohen Blutzolls, der ihm abverlangt wurde, zusammengehalten und es zu einem der kulturschöpferischsten Völker Vorderasiens gemacht hat.

Zeittafel

um 7000 v. Chr.	Früheste Besiedlung von Hacılar
ab Mitte des 7. Jts.	Çatal Hüyük kulturelles Zentrum in Anatolien
5000–3000 v. Chr.	Siedlungen in Alaca Hüyük, Alişar, Canhasan
um 3000 v. Chr.	Erste Besiedlung von Troia
2500–2000 v. Chr.	Blütezeit der Hatti-Kultur
um 1950 v. Chr.	Erste schriftliche Zeugnisse in Anatolien und Gründung von Hattusa durch die Hethiter
1450–1200 v. Chr.	Hethitisches Großreich
um 1260 v. Chr.	Zerstörung Troias
um 1200 v. Chr.	Zerstörung Hattusas
um 1100 v. Chr.	Beginn der griechischen Kolonisation an der anatolischen Ägäisküste
um 900 v. Chr.	Anfang der urartäischen Kultur in Ostanatolien
900–800 v. Chr.	Phryger, Lyder, Karer und Lyker in Westanatolien
ab 800 v. Chr.	Gründung des Panionischen Bundes und griechische Neugründungen in Westanatolien
um 700 v. Chr.	Homer in Smyrna (?) geboren
Mitte 7. Jh. v. Chr.	Milesische Gründungen am Schwarzen Meer (u. a. Sinope und Trabzon)
Mitte 6. Jh. v. Chr.	Lydische Herrschaft unter dem König Kroisos
546 v. Chr.	Nach Sieg des Kyros kommen Lydien und Ionien unter persische Herrschaft
499 v. Chr.	Aufstand der ionischen Städte gegen die Perser

494 v. Chr.	Aufstand durch die Perser niedergeschlagen, Zerstörung Milets
480 v. Chr.	Niederlage der Perser bei Salamis
479 v. Chr.	Ionische Städte sind vom persischen Joch befreit
431–404 v. Chr.	Peloponnesischer Krieg
401 v. Chr.	Heimkehr der ‚Zehntausend' unter Xenophon
386 v. Chr.	Erneute persische Herrschaft in Ionien
356 v. Chr.	Geburt Alexanders des Großen
334 v. Chr.	Alexander schlägt die Perser am Granikos
323 v. Chr.	Tod Alexanders
318 v. Chr.	Antigonos Herrscher von Kleinasien
301 v. Chr.	Tod des Antigonos; Lysimachos neuer Herrscher über Anatolien
ab 281 v. Chr.	Beginn der pergamenischen Herrschaft durch Philetairos
263–241 v. Chr.	Aufstieg Pergamons unter Eumenes I.
230 v. Chr.	Sieg Attalos I. über die keltischen Galater
133 v. Chr.	Pergamon gehört nun durch Erbschaft dem Imperium Romanum
130 v. Chr.	Asia neue römische Provinz
88 v. Chr.	Rom bekämpft Mithridates VI. Eurpator Ausdehnungsbestrebungen nach Kleinasien
ab 64 v. Chr.	Der größte Teil Anatoliens unter römischer Herrschaft
31 v. Chr.	Oktavian, der spätere Kaiser Augustus, alleiniger Herrscher im Römischen Reich
27 v. Chr.	Einteilung Kleinasiens in senatorische Provinzen
40–56	Die Missionsreisen des Apostels Paulus
43	Lykien wird neue römische Provinz
zwischen 64–67	Martyrertod des Paulus unter Kaiser Nero
117	Armenien fällt unter Kaiser Trajan an Rom
150	Goten wandern zum Schwarzen Meer
196	Unter Septimius Severus verliert Byzantion vorerst die Stadtrechte

263–270	Einfälle der Goten in Kleinasien
293	Nikomedeia wird unter Kaiser Diokletian Hauptstadt
313	Edikt von Mailand
323	Sieg Konstantins über Licinus
325	Erstes Ökumenisches Konzil in Nikaia (Nicaenum I)
326	Konstantin Alleinherrscher
seit 330	Konstantinopel Hauptstadt (Nea Roma)
381	Zweites Ökumenisches Konzil in Konstantinopel (Constantinopolitanum I).
392	Verbot heidnischer Kulte durch Kaiser Theodosius
431	Drittes Ökumenisches Konzil in Ephesos
438	Codex theodosianus
451	Viertes Ökumenisches Konzil in Chalkedon
528	Codex iuris civilis unter Kaiser Justinian I. (Codex Iustinianus)
537	Einweihung der neuen Hagia Sophia in Konstantinopel
Mitte des 6. Jahrhunderts.	Höhepunkt der byzantinischen Macht – größte Ausdehnung des Reiches
553	Fünftes Ökumenisches Konzil in Konstantinopel (Constantinopolitanum II)
610	Mohammed tritt als Prophet auf
626	Bedrohung Konstantinopels durch die Awaren
628	Herakleios I. besiegt die persischen Invasoren
629	Byzanz erobert kurzfristig das von den Persern eroberte Jerusalem zurück
636	Am Yarmuk unterliegen die Byzantiner den Arabern
680	Sechstes Ökumenisches Konzil in Konstantinopel (Constantinopolitanum III)
717/8	Belagerung Konstantinopels durch die Araber

730/31	Beginn des Bilderstreits
754	Ikonoklastische Synode von Konstantinopel
787	Siebentes Ökumenisches Konzil in Nikaia (Nicaenum II); u.a. Wiederzulassung der Bilderverehrung
843	Beilegung des Bilderstreits auf einer Synode in Konstantinopel
963/9	Rückeroberung von Kilikien durch Nikephoros II. Phokas
1054	Endgültige Spaltung zwischen West- und Ostkirche
1071	Der Seldschuk Alp Arslan schlägt die Byzantiner; Beginn der seldschukischen Landnahme Kleinasiens
1071–1283	Seldschukische Herrschaft in Anatolien (Sultanat von Rum)
ab 1176	Seldschukische Vormachtstellung in Kleinasien
1204–1261	Lateinisches Kaiserreich
1240	Osmanen in Westanatolien
1242	Ende der Seldschukenherrschaft
1281–1326	Osman I., Gründer der osmanischen Dynastie
1326	Bursa wird erste Hauptstadt des Osmanischen Reiches
1402	Mongolische Invasion Anatoliens
1453	Eroberung Konstantinopels durch Mehmet II. Fâtih
1520–1566	Unter Sultan Süleyman dem Prächtigen Blütezeit des Osmanischen Reiches
1571	Niederlage der Osmanen gegen die christlichen Mächte in der Schlacht von Lepanto
1821	Beginn der Unabhängigkeitskriege der Griechen
1826	Ausrottung der Janitscharen und der Bektasi unter Sultan Mahmut II.
1876/77	Russisch-türkischer Krieg

1882	Mustafa Kemal Atatürk in Thessaloniki geboren
1914	Die Hohe Pforte tritt auf Seiten Deutschlands in den Ersten Weltkrieg ein
1919	Mustafa Kemal Paşa wird Heeresinspekteur in Anatolien
1920	Eröffnung der ‚Großen Nationalversammlung' in Ankara
1922	Vertreibung der griechischen Minderheit aus Kleinasien. Abschaffung des Sultanats
1923	Ausrufung der Türkischen Republik mit Ankara als Hauptstadt
1938	Tod des Mustafa Kemal, gen. Atatürk
1940	Eintritt in den Zweiten Weltkrieg auf Seiten der Alliierten
1946	Mitglied der Vereinten Nationen
1950	Erste demokratische Wahl unter Beteiligung der Oppositionsparteien
1960	Militärputsch
1961–1980	Zweite Republik
1971	Rücktritt der Regierung Demirel
1974	Türkische Truppen besetzen den nördlichen Teil Zyperns
1980	Neuerlicher Militärputsch
1983	Erstmals wieder freie Wahlen
1987	Die Türkei stellt Antrag auf Vollmitgliedschaft in der Europäischen Union

Glossar

Adyton	Das Allerheiligste in einem griechischen Tempel, s. Cella
Agora	Marktplatz der antiken Stadt
Akropolis	Hochgelegene, befestigte Siedlung oder Burg der griechischen Antike
Akroter	Bekrönendes Schmuckelement, zumeist Giebelverzierungen an Tempeln, Stelen etc.
Ambon	Kanzelanlage in frühchristlichen oder byzantinischen Kirchen
Anastasis	Höllenfahrt (und Auferstehung) Jesu
Anten	Vorgezogene Seitenwände der Cella
Arabeske	Islamische Dekorationsformen
Architrav	Waagerechte Steinbalken von Säulen getragen
Archivolte	Bogenstellungen über Säulen
Baptisterium	Taufkirche
Bedesten	Ein bedeckter arabischer Markt
Bema	Ein durch Stufen oder Schrankenplatten abgegrenzter Bereich im Presbyterium einer frühchristlichen und byzantinischen Basilika
Bouleuterion	Griechisches Rathaus, Versammlungshaus
Camii	Moschee
Cavea	Halbkreisförmiger Zuschauerraum eines antiken Theaters
Cella	Das Allerheiligste eines griechischen und römischen Tempels
Deesis	Darstellung von Christus zwischen Maria und Johannes dem Täufer
Diakonikón	Südlicher liturgischer Raum neben der Apsis, zur Aufbewahrung von liturgischen Geräten und Gewändern

Diazoma	Im Halbkreis angeordneter, breiter Umgang zwischen den Sitzreihen im griechischen Theater
Dipteros	Griechische Tempelform mit doppelter Säulenstellung
Ephebe	Griechischer Ausdruck für Jüngling
Esonarthex	Innere Vorhalle einer frühchristlichen oder byzantinischen Kirche
Exedra	Halbkreisförmiger oder rechteckiger Erweiterungsraum mit Säulengängen
Exonarthex	Äußere Vorhalle einer frühchristlichen oder byzantinischen Kirche
Firman	Verordnungen des Staatsoberhauptes in islamischen Ländern
Forum	s. Agora
Hamam	Türkisches Bad
Han	Lagerhaus und Übernachtungsmöglichkeit, in osmanischer Zeit dann auch Speicher und Handwerkerhof in den Städten
Heroon	Kultstätte eines als Heros verehrten Menschen
Hetoimasía	Christliche Darstellung des leeren Thrones, der für den Pantokrator bereitet ist
Hüyük	Kreisförmiger Grabbau
Ikone	Kultbild der orthodoxen Kirche, auch Sinnbild der orthodoxen Spiritualität
Ikonographie	Bestimmung des thematischen Inhalts und Sinns einer bildnerischen Darstellung
Ikonoklasmus	Bilderfeindlichkeit, umschreibt die Zeit des byzantinischen Bilderstreites
Ikonostase	Bilderwand in einer orthodoxen Kirche
Imâret	Arabische Armenküche
in situ	In ursprünglicher Lage
Ka'aba	Das Hauptheiligtum des Islams in Mekka
Kanneluren	Senkrecht, halbrund eingetiefter Schmuckdekor an Säulen und Pfeilern
Karyatide	Stützpfeiler in Form einer weiblichen Gewandfigur
Kathedra	Bischofsstuhl
Katholikón	Hauptkirche eines orthodoxen Klosters

Kenotaph	Grabmal zum Gedenken eines Verstorbenen
Kibla	Die Gebetsrichtung eines Muslims nach Mekka
Kilise (türk.)	Kirche
Kline	Ruhebett, Totenbahre bzw. Liegestatt für Verstorbene
Koímesis	Tod bzw. Entschlafen Mariens
Konche	Halbkreisförmig ausgreifender Gebäudeteil
Külliye	Die Gesamtheit der zu einer Moschee und Stiftung gehörigen schulischen und karitativen Einrichtungen
Lisene	Senkrechte Wandstreifen aus dem Mauerverband hervortretend (ähnlich Pilaster)
Liwan	Überwölbte, zum Hof hin offene Halle in der islamischen Architektur
Logothetes	Ursprünglich einer der höchsten Beamten der byzantinischen Verwaltung
Medrese	Öffentliche Schule, an der u. a. islamisches Recht und Koranexegese unterrichtet wird
Mescit	Ort, an dem man sich zum Gebet niederlässt
Mihrab	Gebetsnische in einer Moschee, ausgerichtet nach Mekka
Minbar	Kanzel, von der die Freitagspredigt gehalten wird
Muezzin	Gebetsrufer, der die Gläubigen fünfmal am Tag zum Gebet ruft
Muqarnas	Islamisches Architekturornament, zumeist Formgebung als Stalaktiten
Naos	Innenraum eines Tempels bzw. Mittelschiff einer christlichen Kirche
Narthex	Quergelagerte, schmale Vorhalle einer frühchristlichen oder byzantinischen Kirche
Nekropole	Friedhof
Nymphaion	Quell- bzw. Brunnenheiligtum
Odeion	Theaterähnlicher antiker Bau
Orante	Person in Gebetshaltung mit ausgebreiteten Armen
Oratorium	Im weiteren Sinn ein Betsaal
Orchestra	Halbkreisförmiges Zentrum des griechischen Theaters

Orthostaten	Unterste Schicht eines aufgehenden Mauerwerks
Pantokrator	Weltenherrscher bzw. Allherrscher in der byzantinischen Ikonographie
Parekklesion	Nebenkirche, auch für Grablegen genutzt
Pastophorien	Liturgische Raumeinheiten seitlich der Apsis
Pendentif	So genannte sphärische Dreieckfelder zur Überleitung vom quadratischen Grundriss in den runden Kuppelbau
Peribolos	Ein den Tempel umgebender Bezirk, s. Temenos
Peristyl	Säulenhalle um einen Hof
Pilaster	Wandpfeiler mit Basis und Kapitell
Polychromie	Verschiedenfarbigkeit
Polygon	Vieleck
Presbyterium	Liturgischer Raum, in dem der Altar steht
Pronaos	Vorhalle einer Cella
Propylon	Torbau eines meist von Mauern umschlossenen antiken Bezirks
Proskenion	Erhöhte Bühne vor der Scenae frons
Prothesis	Nördlich der Apsis gelegene liturgische Raumeinheit, s. Diakonikón bzw. Pastophorien
Protom	Durch Girlanden miteinander verbundene menschliche und tierische Oberkörper oder Köpfe
Qibla	Gebetsrichtung nach Mekka, s. Mihrab
Refektorium	Speiseraum eines Klosters
Sanktuarium	Raum mit dem Heiligtum
Satrap	Statthalter einer persischen Provinz
Soter	Heilender, Heiland
Spolie	Wiederverwendetes antikes Werkstück
Stoa	Griechische Säulenhalle mit geschlossener Rückwand
Stylobat	Standfläche für die Säulen
Substruktion	Unterbau
Synthronon	Halbkreisförmige, in mehrere Sitzreihen aufgeteilte Priesterbank in der Apsis einer christlichen Kirche

Tambour	Zylindrisch, trommelförmiger Unterbau einer Kuppel
Tekke	Derwischkloster
Temenos	Umfriedeter heiliger Bezirk
Templon	Abschrankung des Altarraumes
Theotókos	Gottesmutter bzw. Maria als Gottesgebärerin
Tholos	Rundbau bzw. -tempel
Trompe	Trichterförmiger Gewölbeteil
Tropaíon	Siegeszeichen
Türbe	Islamischer Grabbau
Tympanon	Bogenfeld über Portalen und Fenstern, auch Giebelfeld eines antiken Tempels
Vezir	Hoher islamischer Verwaltungstitel
Volute	Spiralförmig eingerolltes Band
Ziborium	Von Säulen getragener Überbau, vergleichbar mit Baldachin

Bibliographie

Die in Auszügen abgedruckten Bibelzitate stammen aus: Neue Jerusalemer Bibel. Einheitsübersetzung (Freiburg i. Br. ⁶1992).

Nachweis der Übersetzungen:

H. W. Haussig (Hrsg.), Herodot, Historien (Stuttgart 1955).
H. Kraft (Hrsg.), Eusebius von Caesarea, Kirchengeschichte (München 1981).
B. Kytzler, M. Minucius Felix, Octavius. Reclams Universal-Bibliothek 9860 (Stuttgart 1977).
W. Plankl (Hrsg.), P. Ovidius Naso, Metamophosen und Elegien. Reclams Universal-Bibliothek 7711 (Stuttgart 1977).
O. Veh (Hrsg.), Prokop, Bd. V: Bauten. Tusculum (München 1977).
H. Vretska (Hrsg.), Xenophon, Des Kyros Anabasis. Reclams Universal-Bibliothek 1184 (Stuttgart 1986).
F. Winkelmann (Hrsg.), Eusebius von Caesarea, Vita Constantini (Berlin 1976).

Literatur in Auswahl:

B. Altaner/A. Stuiber, Patrologie. Leben, Schriften und Lehre der Kirchenväter (Freiburg ⁹1979).
P. Bamm, Frühe Stätten der Christenheit (München 1974).
G. E. Bean, Kleinasien, 4 Bde. – Die ägäische Türkei von Pergamon bis Didyma; Die türkische Südküste von Antalya bis Alanaya; Jenseits des Mäanders, Karien mit dem Vilayet Muğla; Lykien. Kohlhammer Kunst- und Reiseführer (Stuttgart u. a. 1985–1986).

H. Chadwick, Die Kirche in der antiken Welt. Sammlung Göschen 7002 (Berlin, New York 1972).

W. Conrad, Christliche Stätten in der Türkei. Von Istanbul bis Antakya (Stuttgart 1999).

F. K. Dörner (Hrsg.), Vom Bosporus zum Ararat. Kulturgeschichte der Antiken Welt, 7 (Mainz ²1984).

V. Eid, Ost-Türkei. Völker und Kulturen zwischen Taurus und Ararat. DuMont Dokumente: DuMont Kunst-Reiseführer (Köln 1990).

W. Elliger, Ephesos. Geschichte einer antiken Weltstadt. Urban-Taschenbücher 375 (Stuttgart 1985).

K. S. Frank, Grundzüge der Geschichte des christlichen Mönchtums. Wissenschaftliche Buchgesellschaft Grundzüge 25 (Darmstadt 1983).

K. S. Frank, Grundzüge der Geschichte der Alten Kirche. Wissenschaftliche Buchgesellschaft Grundzüge 55 (Darmstadt 1984).

J. Freely, Türkei. Ein Führer (München 1992).

V. u. H. Hell, Türkei. Istanbul und die vordere Türkei. Kohlhammer Kunst- und Reiseführer Bd. 1 (Köln, Mainz ⁴1987).

J. Koder, Der Lebensraum der Byzantiner. Byzantinische Geschichtsschreiber, Erg.Bd. 1 (Graz, Wien, Köln 1984).

W. Koenige, Türkei. Die Westküste von Troja bis Knidos. Artemis-Cicerone (München 1987).

F. Kolb / B. Kupke, Lykien. Antike Welt 20, 1989 (Sondernummer).

E. Kühnel, Die Kunst des Islam. Kröners Taschenausgabe 326 (Stuttgart 1962).

J. Odenthal, Istanbul, Bursa und Edirne. DuMont Dokumente: DuMont Kunst-Reiseführer (Köln 1990).

K. Onasch, Liturgie und Kunst der Ostkirche in Stichworten unter Berücksichtigung der Alten Kirche (Leipzig 1981).

G. Ostrogorsky, Geschichte des Byzantinischen Staates (München 1965).

L. Padovese u. a., Turchia. I luoghi delle origini cristiane (Casale Monferrato 1987).

M. Restle, Istanbul, Bursa, Edirne und Iznik. Reclams Kunstführer. Reclams Universal-Bibliothek 10262 (Stuttgart 1976).

W. Schadewaldt, Die Anfänge der Philosophie bei den Griechen, Bd. 1. Die Vorsokratiker und ihre Voraussetzungen. Suhrkamp Taschenbuch – Wissenschaft 218 (Frankfurt/Main ⁷1995).

D. Schneider, Türkei. DuMont ›Richtig reisen‹ (Köln ⁵ 1988).

H. Stierlin, Byzantinischer Orient: von Konstantinopel bis Armenien und von Syrien bis Äthiopien (Stuttgart 1996).

U. Vogt-Göknil. Die Moschee. Grundformen sakraler Baukunst. Studiopaperback (Zürich, München 1978).

J. Wagner, Türkei. Die Südküste von Kaunos bis Issos. Artemis-Cicerone (München 1986).

Bildnachweis

Abb. 10: aus O. Benndorf/G. Niemann, Reisen im südwestlichen Kleinasien. I. Reisen in Lykien und Karien (Wien 1884)

Abb. 11: aus Ch. Fellows, Discoveries in Lycia (London 1841)

Abb. 16: aus F. Krischen, Weltwunder der Baukunst in Babylonien und Ionien (Tübingen 1950)

Abb. 1, 4–9, 13–15, 17–21, 29, 30 nach W. Elliger, Tübingen

Abb. 2, 3, 12, 22–27 nach P. Jakobs, Titisee-Neustadt

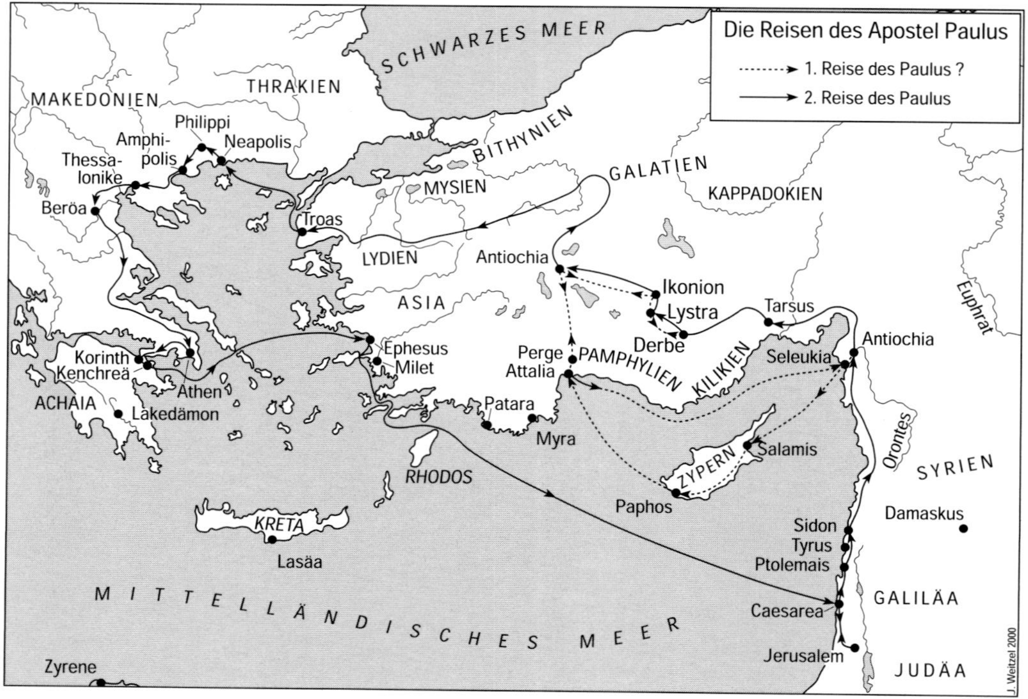
Die Reisen des Apostel Paulus
1. Reise des Paulus ?
2. Reise des Paulus
SCHWARZES MEER
MAKEDONIEN
THRAKIEN
BITHYNIEN
GALATIEN
KAPPADOKIEN
MYSIEN
LYDIEN
ASIA
PAMPHYLIEN
KILIKIEN
ZYPERN
SYRIEN
GALILÄA
JUDÄA
ACHAIA
KRETA
RHODOS
MITTELLÄNDISCHES MEER
Euphrat
Orontes
Philippi
Neapolis
Amphi-
polis
Thessa-
lonike
Beröa
Troas
Antiochia
Ikonion
Lystra
Derbe
Tarsus
Antiochia
Seleukia
Perge
Attalia
Ephesus
Milet
Korinth
Kenchreä
Athen
Lakedämon
Patara
Myra
Salamis
Paphos
Damaskus
Sidon
Tyrus
Ptolemais
Caesarea
Jerusalem
Lasäa
Zyrene
J. Weitzel 2000

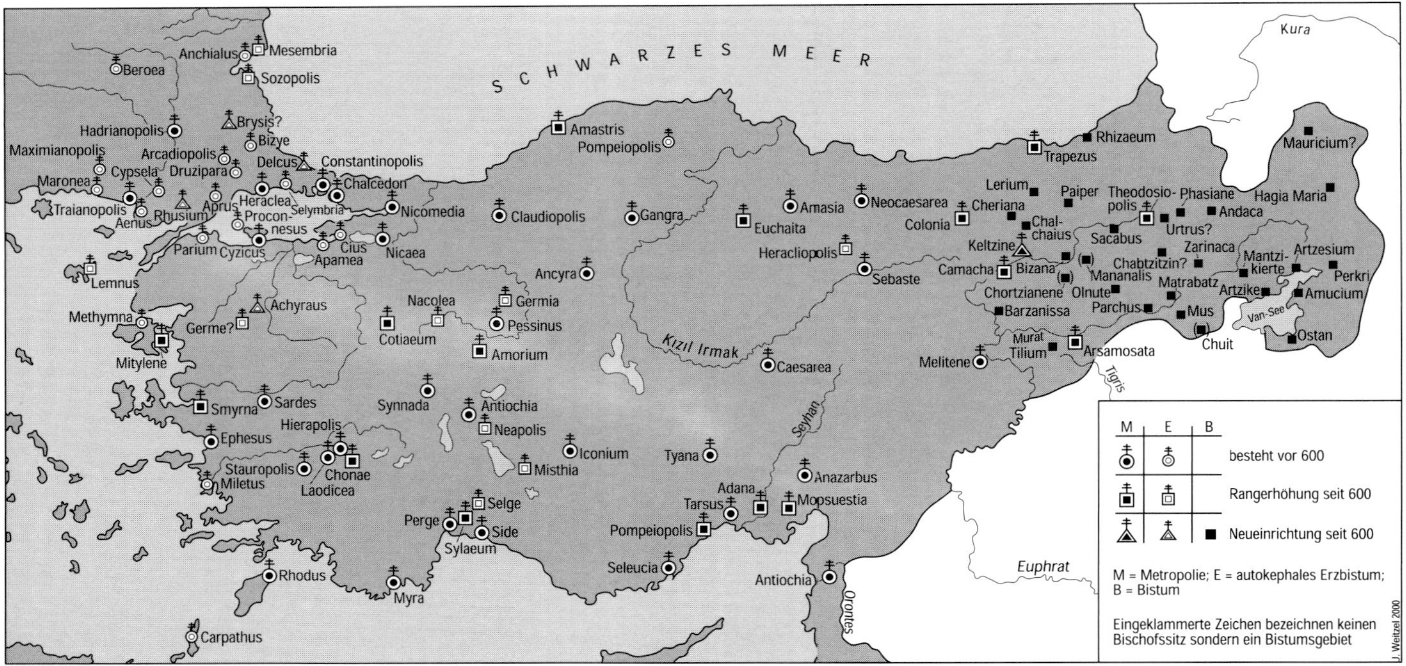

M	E	B	
☦◉	☦◎		besteht vor 600
☦▣	☦▢		Rangerhöhung seit 600
☦▲	☦△	■	Neueinrichtung seit 600

M = Metropolie; E = autokephales Erzbistum; B = Bistum

Eingeklammerte Zeichen bezeichnen keinen Bischofssitz sondern ein Bistumsgebiet